# EL KALEVALA

LA GRAN EPOPEYA NACIONAL FINLANDESA
COMPENDIO DE LAS LEYENDAS MÍTICO-RELIGIOSAS
DE LOS PUEBLOS NÓRDICOS

La primera vez traducido al castellano
por el célebre crítico literario
JUAN BAUTISTA BERGUA
EDICIONES IBÉRICAS

Edición, traducción, adaptación,
prólogo y notas de
JUAN BAUTISTA BERGUA

Colección La Crítica Literaria
www.LaCriticaLiteraria.com

Copyright del texto: ©2014 Ediciones Ibéricas
Ediciones Ibéricas - Clásicos Bergua - Librería Editorial Bergua
(España)

Copyright de esta edición: ©2014 LaCriticaLiteraria.com
Colección La Crítica Literaria
www.LaCriticaLiteraria.com
ISBN: 978-84-7083-970-2

Imagen de la portada: "Aino-taru, triptyykki" por Akseli Gallen Kallela
(1891). El viejo Vainamoinén persigue a Aino en el lago.

Ediciones Ibéricas - LaCriticaLiteraria.com
C/ La Punta Del Cuerno 191
39318 Cuchía, Cantabria
www.EdicionesIbericas.es
www.LaCriticaLiteraria.com

Impreso por LSI (Internacional)

# ÍNDICE

# PRÓLOGO

Ostiakos, vogules, magiares, ziríanes, votiakos, permiakos, tcheremisos, mordvas, finlandeses, carelianos, estonianos, lives y lapones son hoy grupos diferentes e incluso que hablan dialectos distintos de una lengua común: la lengua finlandesa.

Vicisitudes históricas les separaron en el decurso de los siglos, y hoy habitan, unos, ciertas regiones de Siberia occidental (los vogules, los ostiakos y los mordvas); otros, en la cuenca media del Volga (los ziríanes, los votiakos y los permiakos) o en la alta (en ésta, los tcheremisos), es decir, en Rusia, y los más occidentales (finlandeses, carelianos, estonianos y lapones), en las regiones de este nombre.

Actualmente no sólo sus idiomas son, como digo, variedades o dialectos de una lengua primitiva, detalle importante que permite reconocer que todos ellos son ramas de un tronco común, el ugro-finés o finlandés, por otro nombre uralo-altaicos, sino que asimismo tenían una religión común, que precisamente es la que ofrece el Kalevala, detalle que asimismo denota su primitiva identidad étnica. Esta religión transformada hoy, como la lengua, no sólo por el tiempo que hace que todo evolucione, sino a causa de las influencias de los pueblos dentro de los cuales están como islotes los anteriores (influencias especialmente iranias, eslavas y escandinavas), ofrece matices diferentes. Así, la de los magiares es profundamente católica; los finlandeses propiamente dichos y los estonianos, son luteranos; los finlandeses rusos, es decir, los mencionados grupos repartidos por la cuenca del Volga alto y medio, ortodoxos, e incluso algunos de ellos islamitas, y, en fin, los finlandeses asiáticos, o sea los que viven en la Siberia occidental, conservan todavía supervivencias profundas de las antiguas creencias de las que el Kalevala es un espejo. A saber, una religión a base de magia, religión que constituye las creencias de este tipo seguidas y practicadas por los «chamanes», sacerdotes o brujos del Chamanismo, curiosa variedad religiosa que el lector que no la conozca puede ver en el tomo segundo de mi Historia de las religiones.

Kalevala quiere decir «el país de los héroes».

La epopeya en la que estamos refleja perfectamente el carácter del suelo, de la flora y de la fauna del país en que se desarrolla, además del modo de ser, poetizado, de los primitivos habitantes de Finlandia. Como clima, un invierno largo, extremado, nevoso. Como suelo, las tundras, llanuras áridas, gran parte de ellas simples campos de brezos, con cuya madera uno de los héroes del poema, el herrero Ilmarinen, encendía su fragua. Llanuras de vegetación escasa y pobre. Es decir, la que el frío intenso y la humedad permite subsistir en determinadas regiones septentrionales: brezos, musgos, líquenes, algunos sauces y abedules enanos, de las partes comestibles de todo lo cual se alimentan renos, alces y bueyes almizcleros. Y lagos sembrados de abundantes islas. Y ríos y cataratas. Y el mar de costa sinuosa, abrupta, recortada por bahías pedregosas, y por promontorios: los promontorios del poema y las calas donde se refugian o de donde parten los héroes del Kalevala cuyas excursiones por mar forman parte importante de la acción. En fin, al Norte, el país de Pohja o Pohjola del poema. La Laponia finlandesa que aun con carácter más nebuloso, pobre, sombrío, oscuro y frío se extiende por Rusia, Noruega y Suecia, región muy próxima ya del círculo polar ártico, casi inhóspita y sólo rica en renos y otros animales, éstos de piel muy apreciada, y que tanto en Europa como en América (la parte correspondiente geográficamente) está hoy bastante civilizada y hasta con medios modernos de comunicación, pero cuya ingratitud natural revela perfectamente el poema.

* * *

Estos pueblos tenían, como todos, una abundante literatura mítico-religiosa, base durante siglos (hasta que en el XIV hordas armadas suecas, llegando en son de conquista, impusieron, al mismo tiempo que la férula material de sus brazos, la espiritual de sus creencias) de su religión. Esta literatura, cristalizada en forma de cantos y narraciones poéticas, se transmitía, como todas las tradiciones orales base de las primitivas religiones, de boca a boca, es decir, de padres a hijos, lo que, como es natural, contribuiría mucho tanto a su variedad como a su enriquecimiento.

Así las cosas, hacia el año 1828 el erudito finlandés Lönnrot tuvo la idea de reunir los cantos populares de la antigua Finlandia. Para ello empezó a recorrer el país, sin descuidar, muy al contrario, las aldeas pequeñas y los caseríos más modestos, pues la vida sencilla y la ignorancia ha sido siempre y en todas partes el medio más favorable para la conservación de las tradiciones mítico-religiosas, consiguiendo recoger una gran cantidad de cantos o runot que el pueblo se transmitía de generación en generación, cantos que, ordenados y combinados por él, dieron forma a la epopeya heroica denominada Kalevala.

Este poema apareció por primera vez en 1835. Estaba integrado entonces por unos doce mil versos. Su éxito fue enorme. Lo que llamamos «civilización» se suele extender por todas partes tan rápidamente, que lo considerado como exótico ora a causa de su antigüedad, bien por provenir de regiones aún no muy contaminadas por la civilización a causa de detener a ésta ciertas barreras naturales, suele ser siempre recibido con alborozo. Lönnrot, animado al ver que el más lisonjero éxito había coronado sus esfuerzos, prosiguió sus averiguaciones, y catorce años después, en 1849, dio una edición más completa, que había de ser la definitiva, es decir, la actual, que contiene casi el doble número de runot: veintidós mil ochocientos.

*  *  *

Esta epopeya, además de su interés literario, que hace de ella una curiosísima estampa de tiempos ya remotos, tiene el de ser el espejo de la primitiva religión finlandesa, y al mismo tiempo, como es natural, el cuadro interesante y completo de su antigua mitología. Ofrece incluso una breve cosmogonía, y asistimos al principio del poema, a falta de una verdadera teogonía, por lo menos al nacimiento del héroe principal de esta obra: «El viejo e imperturbable Vainamoinén». Este curioso personaje es, en Finlandia, la encarnación de esa gran fuente de inspiración poética popular, anónima, que en todas partes ha ido sacando de la imaginación de los poetas tanto a los dioses como a los héroes. Partos graciosos que han constituido en todos los pueblos las primitivas religiones y sus correspondientes mitologías. E incluso encarna el arte de los bardos que relataban o cantaban las leyendas una vez ya formadas, y que ellos mismos, para satisfacer la curiosidad de sus auditores, irían aumentando con nuevos episodios. El viejo Vainamoinén es, pues, la encamación ideal de la «poesía» y de la «música» del país que le dio vida. Y por ello el título de «el runoia eterno» (la eterna inspiración poética) que le es aplicado tantas veces en el poema. Así como dos veces (pues la primera se pierde con gran dolor suyo) fabrica con sus propias manos la kantele, maravilloso instrumento musical del que se servía para entonar y cantar sus versos.

*  *  *

Según el poema, Vainamoinén era hijo de Luonnotar, la Virgen del Aire, que a su vez era hija de Ilma, divinidad de este elemento. Luonnotar, fecundada, como tantas otras vírgenes de otras mitologías por modo maravilloso, ella por el mar, llevó a su hijo en sus entrañas durante siete siglos. Al cabo de este tiempo, harto Vainamoinén de tan largo cautiverio, consiguió, valiéndose del dedo gordo de su pie izquierdo, salir a la luz. Y luego de siete años (el número siete asiento de tanta preferencia supersticiosa: en la Biblia, entre los pitagóricos, aquí, en otros cien sitios, siete es el número clave, ¿por qué? ¡Hasta presidiendo uno de los más importantes períodos de tiempo, los días de la semana!), durante los cuales fue incesantemente lleva do de un lado a otro por las inquietas olas, consiguió al fin llegar a una isla cuya tierra, hasta entonces árida e inculta, con la ayuda de Sampsa, dios de los campos, y de otros dioses menores, pero sobre todo a costa de sus esfuerzos y trabajos, consiguió hacer apta para el cultivo.

Vaínamoinén es, pues, el héroe providencial, héroe-dios por cuanto hijo de diosa, a quien Kalevala (Finlandia) debe todo: bienes materiales y espirituales. Pero su papel como dios no existe en el poema. No se olvide que el Kalevala es un poema del Norte y que los hombres del Norte han gustado de construir sus mitologías dando preferencia a los héroes (es decir, a los hombres que se han distinguido real o imaginativamente luchando contra la dura e ingrata Naturaleza) sobre los dioses. Religiones y mitologías son en todas partes hijas del antropomorfismo. Donde la Naturaleza es pródiga, donde con poco trabajo, a veces sin otro esfuerzo que alargar la mano al fruto que ofrece el árbol, basta para satisfacer la más apremiante de las necesidades naturales, la de alimentarse, se comprende que los hombres imaginen dioses amigos, providentes. Donde, por el contrario, la Naturaleza es pobre e inclemente y para vivir el hombre debe luchar día y noche contra ella, forzosamente el papel de los héroes que se distinguen en esta lucha tiene que ser superior al de los negligentes y olvidadizos dioses.

Aquí, en el Kalevala, a lo largo del poema, Vainamoinén será el héroe protector de su patria, a la que sólo abandona al final, como vemos en la epopeya, perdiéndose otra vez en el mar luego de haber contribuido larga y generosamente a su riqueza y tras haberla legado el tesoro incomparable de las artes nobles: la música, el canto y la poesía.

* * *

Con Vainamoinén toman parte importante en el poema otros héroes, en primer lugar el herrero Ilmarinen, especie de Hefaistos de la mitología griega, bien que, por la razón indicada, más héroe que dios, no obstante haber realizado obras tan maravillosas como las que él, en un momento de inocente orgullo, asegura haber hecho: «Yo he sido quien ha forjado la bóveda del cielo y quien ha martilleado la cobertera del aire, cuando de ello no existía ni el menor átomo». Ilmarinen era también el autor del Sampo, aparato maravilloso no bien definido en el poema, pero que por lo visto venía a ser una especie de molinillo que en vez de triturar producía. Haciéndole funcionar «molía» de modo tan providente para aquel que le manejaba que daba, en la cantidad y abundancia que se quería, no tan sólo trigo (producto raro y rico en los climas fríos, más aptos para producir cebada y centeno), sino incluso dinero. Por la posesión de tal tesoro refiere la epopeya una porción de interesantes episodios.

Son también personajes muy importantes Jukahainén, joven de Laponia (en síntesis, el argumento y objeto del poema es la lucha entre los héroes de las tierras del Sur, Kalevala, contra los de las del Norte, la sombría, triste y nada rica Laponia) que, envidioso de la gloria de Vainamoinén, el gran «runoia», el bardo eterno, el inigualado cantor, intenta matarle. Pero que es vencido y sepultado por Vainamoinén en un pantano, del que el héroe no le saca sino cuando Jukahainén le promete darle a su hermana en matrimonio, a la hermosa Aino. No quiero adelantar acontecimientos, pero el gran Vainamoinén en cuestiones de faldas no tiene suerte. Las bellas, tanto en el Norte como en el Sur, gustan de los poetas, de los músicos y de los cantores, pero, ¡ay!, sin la larga barba blanca que tan pródigamente adornaba la cara de Vainamoinén.

Otro personaje importante es el simpático Lemmikainén; el alegre, despreocupado, hermoso y mujeriego Lemmikainén. Y el reverso de su medalla, Kullervo, que, por el contrario, es el héroe perseguido por funesto destino que torna contrario todo, incluso a él mismo, en lo que Kullervo pone la mano.

Gran parte en la pintoresca acción toma también Luhi, la vieja desdentada (las viejas producen con más facilidad repugnancia y aversión que los viejos amor) dueña, gran abuela, ama, lo que se quiera, de Polhjola, primera aldea en tierras ya de Laponia. Luhi, bruja consumada, es la peor enemiga de Vainamoinén y de sus compañeros.

Y la calidad de esta vieja nos mete en otra de las grandes particularidades de esta epopeya: la «magia». Como veremos, todos los personajes son tan expertos de este arte que, mediante conjuros, realizan cuanto les conviene.

Como sabemos, la magia, elemento esencial de mitologías y religiones, que en todas partes y en todo tiempo se levantaron sobre el trípode magia, ignorancia, fe, si bien no falta, como digo, en ninguna mitología, en ésta tiene un papel preponderante. De tanta importancia que aún hay pueblos emparentados étnicamente con los finlandeses donde las prácticas de esta clase constituyen la base de su religión, aquellos pueblos donde se sigue practicando el Chamanismo.

\* \* \*

En esta faceta, en la religiosa, el poema nos pone en contacto con los principales dioses del panteón finlandés. Estos dioses, en realidad, intervienen muy poco. La acción corre a cargo de los héroes, que en lo que a las divinidades afecta se limitan a invocarlas alguna vez, tampoco

mucho. A invocarlas para que les ayuden y les saquen de apuros si por
casualidad la potencia mágica de sus conjuros, a la que acuden en primer
término, no les hace el servicio que pretenden de ella. En realidad, en
todas partes el papel de los dioses es el mismo: el de socorredores
supremos cuando todos los demás recursos han fallado. Pero mientras que
en otras religiones se procura mantener propicios a los dioses mediante
prácticas culturales y oraciones, aquí, en el poema, no hay ni rastros de
esto.

En cambio, sí se ve claramente que en lo que a estos dioses afecta,
como digo primitivamente bastante olvidados, acabó por influir el
Cristianismo, que llegó hasta ellos al llegar junto a sus no muy fervientes
adoradores los suecos, que les dominaron. Así lo demuestran ciertos
epítetos con que es designado, por ejemplo, Ukko, por otro nombre
Jumala, el dios supremo, divinidad del cielo, de la atmósfera y del rayo, al
que, como a Zeus, le estaba consagrada la encina. Pues bien, ciertos
epítetos, como digo, tales que el de «Creador», el de «Dios supremo» y,
sobre todo, el de «Dios revelado», prueban algo más que una pura
tendencia al monoteísmo: evidencian el contacto con la religión cristiana.
Pues la tendencia hacia el monoteísmo acaba fatalmente por aparecer en
todas las religiones en cuanto llegan a un determinado grado de desarrollo
por obra simplemente del antropomorfismo. El hecho de que en las
naciones o en los Imperios hubiese un jefe supremo, del cual dependían
todos los demás, llevó naturalmente a hacer crecer que en el esperado
cielo ocurría lo mismo. Y a causa de ello la tendencia evidente en todas
partes, por ejemplo tanto en la religión griega como en la romana, que
acabó por adoptar enteramente los grandes dioses de aquélla, a vincular el
poder supremo en Zeus (Júpiter), del cual los demás dioses acabaron por
ser simples subordinados o servidores. Como en las cortes de los
monarcas terrestres, ministros, generales y demás dignatarios respecto al
monarca.

En el Kalevala la influencia del Cristianismo es particularmente
manifiesta en el último capítulo, en el que un bardo cristiano poco
afortunado, bardo más apto seguramente para manejar el hisopo que el
cálamo de poeta, alteró enteramente la narración primitiva para introducir
el inocente episodio de la casta virgen Marjatta (en cuyo propio nombre
incluso no es difícil adivinar el de Marieta, María), que concibe de
milagroso modo (cierto que también lo había hecho Luonotar, la madre de
Vainamoinén; el hecho de que ciertas vírgenes conciban por modo
milagroso y no por obra de varón es frecuente, como se sabe, en las
mitologías; con gran sorpresa de los misioneros católicos españoles, se
encontró hasta en América al llegar a ella Colón), que concibe de
milagroso modo, decía, y que tiene que ir a dar a luz a un establo.

Pero no quiero dar detalles por no quitar al lector el placer de saborear por sí mismo la serie de leyendas que integran el Kalevala. Me limitaré a repetir que la importancia de esta epopeya es mucha y por partida doble: No sólo por su valor, tanto legendario como literario, sino por ponernos en contacto con una mitología sumamente notable.

Lo que no me explico es cómo no fue vertida antes al castellano. Si lo fue, yo no he tenido noticia de ello. En todo caso, para mí ha sido un verdadero placer el hacerlo, y espero que el lector juzgará, leyendo este libro, que ni he perdido ni ha perdido su tiempo.

JUAN BAUTISTA BERGUA

## INVOCACIÓN

Hace días que no soy el mismo. Una sensación extraña recorre mi cuerpo, inquietándome y privándome de sosiego. Sensación extraña y en cierto modo dolorosa. En realidad no es que me produzca dolor, pero sí que me llena de algo semejante a él a causa de la inquietud y desasosiego que me origina. Como una mujer que sabe que tiene que dar a luz, pero que aún no lo ha hecho nunca, y cuando siente que el momento se acerca es víctima de sentimientos cuyo resultado es también una sensación extraña consecuencia de una lucha en que los combatientes son el temor y la alegría, la curiosidad y el recelo, el miedo y la esperanza. Así estoy yo también, y aún más desasosegado y receloso, pues ella sabe que la Naturaleza fatalmente realizará su obra, mientras que yo, ¡ay!, ¿seré capaz de llegar con mi parto espiritual a buen puerto? Porque días hace, sí, que trato inútilmente de hallar el medio o el modo de iniciar este angustioso deseo de crear, sin poder conseguirlo. Que trato en vano de hacer realidad esta plenitud que llena mi alma. Que torturo mi cerebro buscando, sin poderlo realizar, cómo encender la chispa creadora que me ayude a poner en marcha lo que, no obstante ser ya tan difícil contener, no consigo expulsar. Porque quiero, quisiera empezar a modular palabras que siento que serán hermosas. Palabras que constituyen una especie de himno nacional. El canto, viejo ya, pero que siempre parecerá nuevo para los que lo escuchen con buena voluntad. Que siempre ha emocionado y seguirá emocionando el corazón de la gran familia finlandesa. Pero las palabras, en vez de salir y devolverme la paz, se licuan en mi boca. Las frases, en lugar de precipitarse por ver la luz, empujándose unas a otras, se limitan a vanas amenazas no realizadas, causándome indecible desazón. ¡Ah, cuán mil veces más difíciles son en muchas ocasiones los partos espirituales que los físicos! Pero ¿no será porque quisiera que este mío fuese tan hermoso y singular que los hombres se maravillasen siempre escuchándole? ¿Por qué pretendo hacer nuevo y cada vez más hermoso un poema que incluso fragmentario hace siglos que deleita a los hijos de nuestra tan amada patria?

En tiempos, bien me acuerdo, siendo niño, mi padre cantaba trozos de este poema incomparable que yo quisiera poder reunir ahora, mientras cortaba y disponía hábilmente un mango nuevo para su hacha, o cuando dallaba la hierba, o cuando araba un campo o preparaba a la orilla del río los aparejos de pesca. Y lo hacía con palabras sencillas y sin esfuerzo. Con palabras que formaban frases encantadoras. Las mismas o muy semejantes me las repetía mi madre, entre sonrisas, con su voz tan dulce, mientras deshacía con mano ágil el copo de lana dando vueltas al huso. ¡Recuerdos inolvidables! Yo entonces apenas era un niño que no sin trabajo aquella suave y siempre contenta criatura había conseguido que dejase su pecho untando un poquito de amargo en los próvidos botones de rosa. ¡El primer amargor de mi vida! ¡Y obra de aquel ángel, toda rubia, toda blanca, toda paciente, mujer adorable a la que más he querido! ¡Qué gran lección si hubiera sabido aprovecharla! Lección que enseñaba, pero entonces no lo comprendía bien, que aun en la cumbre de la felicidad, ¡y cual comparable a la de un niño inocente y muy amado!, acecha siempre, escondida, una gota de acíbar.

En efecto, un poco de acíbar encontraría ya siempre en adelante, cuando, para empezar, en ese lindero difícil que separa la infancia de la juventud, pastor aún, buscaba las palabras que ya no oía ni a mi padre ni a mi madre, conduciendo el ganado a los prados jugosos. Palabras que, cierto que sin despegar los labios, con el pensamiento, les rogaba que me repitiesen. O a los rosales silvestres. Y a los arroyos. Y a las ramas de los árboles. Y a los agrios frutos aún no en sazón. O a las primeras flores, a las abejas que se afanaban de cáliz en cáliz, y a los pájaros y al Sol, y a las verdes colinas, y a los olorosos pinos. Al oso, al lobo, al alce, a las plateadas zorras se lo hubiese pedido de haberme salido al camino. ¡Pero árboles, y vientos, y arroyos, permanecían mudos no obstante ser tan rumorosos!

Crecí, y lo que la Naturaleza no quiso revelarme se lo pedí a los libros. ¡Pero éstos nada sabían tampoco de aquel poema! Me pareció que me decían: «Precisamente hace falta que se escriba uno que lo cuente. Cuando así ocurra, bienvenido será a nuestro lado».—«¿Pero cómo si mi madre y mi padre, que lo sabían casi por entero, no son ya?»—«Pregunta a otros padres y a otras madres, a los ancianos e incluso a las doncellas, que con mejor memoria que tú, hayan retenido lo que tú olvidaste. En una palabra, al pueblo».—«Pero hilvanar lo que me digan será empresa larga y difícil».—«La vida es larga también. En cuanto a dificultad, no habrá si amas tu empresa. Sólo lo que no gusta pesa y desagrada. Y si la amas es que eres bardo, poeta, y no tardarás en hallar el camino».—«¡Sí, sí, siento que voy a hacerlo! ¡Que quiero hacerlo! ¡Que debo hacerlo! Pero, ¡ay!, ¿quién me dará la chispa que encienda la inspiración? ¿Quién será mi guía por el país del verso?»—«Si de verdad gustas de los versos, no te preocupes. Todo está lleno de runos[1] para los bardos: los campos en cualquier tiempo, las flores mientras no se marchitan, la lluvia, caiga gota a gota o formando una cortina; el mar pues, los traen, cantando, las olas; el

---

[1] Runos, *runot* en realidad, plural de *runo*: verso, canto, poema.

aire, los vientos los arrastran, los pájaros; los árboles, si desnudo el cierzo hace chocar sus ramas, o en el buen tiempo, las brisas primaverales, que se besen sus hojas. Y la Luna. Y el Sol y cuanto alienta en la Naturaleza. En vez de gemir, pues, satúrate de belleza y espera hasta que de pronto se abra, como una flor, el capullo de tus anhelos. Que se abrirá, no lo dudes, cuando menos lo pienses».

¡Ay, que me parece que la profecía se cumple! ¡Si, sí, el parto llega al fin, y qué suave y qué sin dolores! Voy a cantar, voy a entonar ya sin demora un poema magnífico, un canto esplendoroso. Ya nada puede impedirlo y estoy tan contento que quisiera celebrarlo. Dadme antes de empezar de ese buen pan de centeno y un jarro colmado cerveza de cebada. Y si se acaba la cerveza y mi boca seca, beberé agua pura y me sabrá a frambuesas. Voy cantar, sí, dando forma bella a cuanto he oído. Y si no he acabado, al llegar la noche seguiré cantando y cantando me cogerá él nuevo día. Y sólo cuando haya acabado será cuando al fin cerraré los ojos y me entregaré al descanso, brille la Luna o brille el Sol. Escuchad, que empiezo.

JUAN BAUTISTA BERGUA

# EL KALEVALA

## I. EMPIEZA EL POEMA. NACIMIENTO MARAVILLOSO DE VAINAMOINÉN.

El Tiempo había nacido, porque el Tiempo nació al hacerlo la primera criatura, y Luonnotar no era la primera criatura. Luonnotar era una virgen, una hermosa virgen hija de Ilma[2]. Su vida se deslizaba hacía mucho tiempo casta y pura. ¿Cuánto? Esto no se sabe porque no lo dijo el runoia[3] que la creó. Porque los dioses, sus hijos y cuanto pertenece a ese maravilloso más allá, que está por encima de lo puramente terrenal, dominio es del incomparable arte de los poetas, y éstos a veces dejan sus creaciones incompletas para que los demás hombres discurran sobre ellas. Pero lo que sí nos dijo el que hizo a Luonnotar casta, pura e hija de Ilma fue que vivía en medio de las vastas regiones del aire, recorriendo, por hacer algo, los espacios inmensos de la bóveda etérea.

Mas he aquí que de pronto sintió el aburrimiento de aquellos días iguales y sin fin. Y no esto tan sólo, sino algo que nació al mismo tiempo que este sentimiento: la insoportable fatiga de su virginidad estéril. Por geniales que sean los poetas, imposible les es imaginar algo que no sea imagen en cierto modo de ellos mismos y de lo que los rodea. y por ello el que los dioses se parezcan tanto a los hombres y que Luonnotar acabase por encontrar insoportable su existencia solitaria en medio de las vastas regiones del aire y de sus llanuras desiertas y tristes.

Así, un día aún más insoportable que los precedentes descendió de las altas esferas y se lanzó mar adentro, hollando con sus pies de plata la blanca grupa de las olas.

Traqueteada por la tempestad, pues de pronto un viento impetuoso empezó a soplar viniendo de Oriente, hinchando el mar y levantando montañas de agua, empezó a flotar, indiferente, de ola en ola a través de aquellas cimas líquidas coronadas de espuma. Haciéndolo, el soplo del viento vino a acariciar su seno, y el mar, fuente de vida, la hizo fecunda.

Durante siete siglos, durante nueve vidas de hombre, soportó su pesado fardo sin que el que debía de nacer naciese. Sin que aquel a quien nadie había engendrado viese el día.

---

[2] *Luonnotar* quiere decir «Hija de la Naturaleza», *Ilma*, en la mitología finlandesa, era la personificación del aire.
[3] Los *runoia* eran los bardos, los que componían o cantaban los runot. Este término implicaba también la potencia mágica.

Entre tanto la virgen madre nadaba. Y nadando atravesó el Oriente y luego el Occidente; nadando siempre cruzó el Noroeste y el Mediodía, es decir, todas las orillas batidas o acariciadas por el viento. Espantosos dolores la quemaban las entrañas; pero el que debía de nacer no nacía, ni salía a la luz aquel que nadie había engendrado.

Luonnotar, la virgen madre, llorando dulcemente, empezó a decir: «¡Desgraciada de mí, qué tristes, ¡ay!, son mis días! Y mi vida, ¡criatura mísera que soy!, no sólo solitaria, sino errante. Por todas partes y sin cesar, bajo la inmensa bóveda del cielo, empujada por los vientos, llevada por las olas, todo para mí es ir y venir por el seno de este inacabable mar, ¡de estas olas sin límites! Luego, dirigiéndose al mayor de los dioses, se expresó de esta manera:

«¡Oh, Ukko, Dios supremo! Tú, que soportas el Mundo, ven aquí, pues tu socorro es necesario. ¡Apresúrate a correr adonde te llaman! ¡Ven a librar a una joven de sus angustias, a una mujer de los dolores que la destrozan las entrañas! ¡Pero ven pronto, no te detengas, pues la necesidad de tu ayuda es cada vez más imperiosa!

Pasó un instante, breve como instante, largo como espera, y de pronto un águila soberbia de caudalosas alas, tomando impulso empezó a cortar el espacio inmenso. ¿De dónde había salido? ¿Por qué cortáis la narración con preguntas que no tendrán respuesta? El poeta que, creó todo esto con su fantasía sería el único, si quisiera, que podría darlas, ¡y quién sabe dónde estará ya! Mejor es seguir al águila, que con sus pode rosas alas empezó a trazar surcos en el aire con estrépito inmenso, buscando un lugar donde hacer su nido, un lugar que pudiera servirle de morada.

Como la virgen madre nadando, así ella recorrió con clamoroso vuelo el Oriente y el Occidente, el Noroeste y el Mediodía, sin encontrar un sitio donde poder construir su nido, donde detenerse y establecer su morada.

Aún voló más hasta que de pronto se detuvo y empezó a pensar, meditando del modo siguiente: «¿Tendré que establecerme en las regiones del viento o en medio del mar? Pero el viento derribaría mi casa y el mar la tragaría entre sus olas». E indecisa, la poderosa ave volvió a tender su mirada, con ira, por los espacios inmensos.

Lo hacía, inquieta siempre, cuando he aquí que la virgen del aire levantó una de sus rodillas por encima de las olas ofreciendo con ello al águila un espacio en el que establecer su morada, donde construir su nido tan amado.

Entonces el soberbio pájaro detuvo su vuelo al advertir la rodilla de la hija de Ilma sobresaliendo sobre la moviente superficie azul, creyendo que era una tierra capaz de cubrirse de verdura, tomándola por un montículo de muelle césped. Y luego de balancearse suavemente unos instantes en el aire, se dejó caer sobre la protectora rodilla y allí construyó su nido. Y en aquel nido puso seis huevos. Seis huevos de oro y aún un séptimo de hierro[4].

Luego, el águila se puso a encubar sus huevos. Llevaba un día sobre ellos, luego dos, al cabo casi tres, cuando de pronto la hija de lima sintió un calor que la abrasaba la piel, y la pareció que su rodilla ardía y que iba a acabar por derretirse.

Entonces, sin mirar más bajó la rodilla para meterla en el mar y al moverla y al mismo tiempo todos sus miembros, los huevos rodaron al abismo, rompiéndose al cortar el agua que arriba formaba las olas.

Pero ni sus pedazos se perdieron hundiéndose en el légamo del fondo ni se mezclaron con el agua, sino que aquellos trozos que parecían destinados a desaparecer se transformaron, ¡oh maravilloso poder de los elementos en los tiempos primitivos!, en cosas tan hermosas como útiles y excelentes.

«De la parte inferior de los huevos—lo pongo entre comillas, pues conviene señalar bien cuanto puede constituir una enseñanza—se formó la Tierra, madre de todos los seres; de la parte superior el sublime cielo; lo amarillo se tornó en Sol radiante; de lo blanco de los huevos nació la reina de las noches, la brillante Luna; ciertos pedazos moteados se transformaron en estrellas; otros negros, en las nubes del aire, entonces sombrías, porque cuando las cosas empiezan todo es caótico, hasta que el orden hace luz y trae calma».

Y el Tiempo, al que nada puede detener, siguió adelante, y los años nacidos al nacer sus dos grandes relojes, el Sol y la Luna, empezaron su eterna sucesión. Pero Luonnotar, la hija de Ilma, continuó aún errando por

---

[4] Una vez más, aquí en la mitología finlandesa, la teoría del «huevo» creador que aparece también en otras varias. El hecho realmente sorprendente de que bastase que las hembras de los pájaros se colocasen durante varios días sobre los huevos para que las substancias semilíquidas que había en su interior, substancias aparentemente sin vida, se transformasen en un animal, debió de sorprender de tal modo a los hombres siempre, que cuando trataron de explicarse la formación del Universo no es extraño que pensasen en un huevo primitivo del que salieron todas las cosas. Por ello, el que se encuentre esta creencia en muchas mitologías. Aun en aquellas que, impregnadas de «magia», como esta finlandesa, hubieran podido resolver la cuestión fácilmente con sólo poner una varita de esta naturaleza en manos del principal de los dioses, o de un subalterno como los demiurgos del *Timaios* de Platón. Pero, sin duda, pareció más natural y menos milagroso, por fenomenal que en realidad lo fuese, sacar la vida cósmica de un huevo primordial, como salía un pollo de ave de un huevo de éstas, que hacerlo a fuerza de magia pura poniendo a la cabeza de las facultades de los dioses la del todo poder.

la vasta superficie del mar, sobre las olas coronadas de nieblas turbias. Por debajo de ella, siempre la llanura húmeda. Por encima, allá arriba, el a ratos claro cielo.

Y pasó el noveno año y el décimo estío llegó. Entonces Luonnotar sacó la cabeza fuera del agua y se puso, a su vez, a crear en torno a ella.

Por todas partes allí hacia donde extendía su mano, hizo surgir promontorios; donde, sea donde fuese que tocasen sus pies, horadó agujeros para los peces; allí donde se zambullía los abismos se hacían más profundos. Al aparecer en las márgenes de la tierra allanó sus orillas; al chocar contra ella sus pies aparecieron bajos fatales a los salmones; al golpearla con la frente surgieron ensenadas, bahías y golfos.

Al punto tomó nuevo impulso y, llegando hasta el centro del mar, creó allí rocas y produjo escollos fatales para los navíos y para la vida de los marineros.

Así, y sin tardar, las islas emergieron de las olas, los pilares del aire se levantaron sobre su base, la tierra, nacida de una palabra[5], desplegó su masa sólida, y las venas de mil colores dibujaron surcos en las piedras y esmaltaron las rocas. No obstante, Vainamoinén no había nacido aún. El eterno runoia todavía no había aparecido.

Aún le fue preciso al ya viejo e imperturbable Vainamoinén pasearse en el seno de su madre durante treinta veranos, seguidos de otros treinta inviernos, sobre el abismo inmenso coronado de olas nebulosas.

Mientras lo hacía, meditaba profundamente revolviendo en su pensamiento esta pregunta: si le sería posible existir, pasar la vida en aquel retiro sombrío, en aquella estrecha mansión hasta la cual jamás ni la Luna ni el Sol hacían penetrar su luz.

Al fin, desesperado, exclamó: «¡Oh Luna, rompe estos lazos! Por tu parte, Sol, ¡líbrame! En cuanto a ti, radiante Otava[6], ¡enseña al héroe a franquear estas desconocidas puertas, estas vías infranqueables! ¡Ayúdame a salir de este oscuro reducto, de esta sofocante guarida! ¡Llévame hasta la superficie de la Tierra; de la que quiero ser viajero! ¡Apiádate del hijo del hombre[7] y hazle que alcance al fin un lugar bajo la bóveda del aire para que pueda contemplar el Sol y la Luna y admirar tu esplendor, ¡oh Otava!, y gozar del fulgor de las estrellas!»

---

[5] Esto de «la tierra nacida de una palabra» parece demostrar la acción de influencias cristianas en esta mitología. En el último capítulo se verá esta influencia ya con toda claridad.

[6] *Otava*, la Osa Mayor.

[7] Expresión curiosa aquí.

Pero la Luna no rompió los lazos que le retenían prisionero, el Sol tampoco hizo nada por liberarle, y Otava fue muda a sus súplicas asimismo. Entonces los días de Vainamoinén fueron cada vez más aburridos, su vida más llena aún de fatiga. Al fin, incapaz de soportar más aquella inactiva soledad, golpeó rudamente con el dedo sin nombre[8] la puerta de la fortaleza[9] hasta conseguir forzar el espeso tabique. Luego se arrastró sobre las uñas de sus manos y de sus pies hasta conseguir estar fuera de aquel recinto.

¡Al fin libre! Libre pero hundido hasta la boca, hundido hasta el extremo de sus dedos en el abismo. Mas el poderoso héroe aguardó sin desesperar sometiéndose sin protestar al poder de la onda gigantesca. Que la fuerza verdadera de los hijos de los dioses está precisamente en no enfrentarse locamente al todo poderoso Destino. En saber esperar.

Así, durante cinco años, durante seis años, durante siete y ocho años[10] se sintió empujado de ola en ola, hasta que al fin pudo detenerse y hacer pie en un cabo desconocido. En una tierra al parecer no muy hospitalaria, despojada de plantas y de árboles.

Habiendo conseguido con ayuda de sus codos y de sus rodillas abordar allí, se enderezó cuan alto era ¡y lo era mucho! (los hombres saben que lo primero que distingue a los seres divinos o semidivinos es su talla gigantesca) y se puso a contemplar lo que desde la Tierra es más digno de ser contemplado: los astros. Y antes que todo otro al benéfico Sol, la gran linterna de la noche y la esplendorosa Otava. Cuando hubo admirado bien estas maravillas, se puso a admirar asimismo el brillo y número de las chispas lejanas: las estrellas.

---

[8] El dedo sin nombre es el anular. El vocabulario finés que tiene palabras para los otros dedos, no para éste.

[9] Golpear la puerta de la fortaleza con el pulgar en lugar de con los puños obedece sin duda a un rito mágico. De la importancia de la magia en este poema nos daremos cuenta al punto. No olvidemos que es un poema mítico-religioso, que la magia nació con las religiones y que aún hoy mismo es su elemento esencial.

[10] El poema refleja las condiciones de vida de los países nórdicos donde todo se hace a fuerza de paciencia, de esperar. Hay que esperar sin impacientarse a que pase la larga estación invernal donde toda actividad cesa. Esperar, a veces, horas y horas, a que la foca aparezca por el agujero hecho exprofeso en la costra sólida del helado mar. Esperar siempre y para todo. La prisa, donde la Naturaleza misma duerme tanto tiempo, no es de aquellas regiones. Y Vainamoinén es su gran héroe.

Tal fue el nacimiento de Vainamoinén. En todo caso así le fue revelado al ilustre runoia que le cantó el primero. Gracias a él sabemos, y es una primera verdad que conviene mucho no olvidar, que una mujer divina le llevó en su seno. Que fue la hija de lima, soberano del aire y amo de los vientos por gracia y voluntad de Ukko, el poderoso dios del cielo, quien le trajo a la luz.

## II. KALEVALA

Vainamoinén dirigió sus pasos a través de aquella isla situada en medio del mar. A través de aquella tierra despojada de árboles.

En aquella isla sin nombre, en aquella tierra estéril, vivió muchos años.

A sobra de tiempo, puso en juego su espíritu y meditó a solas con su cerebro preguntándose: «¿Quién habrá de venir para sembrar estos campos? ¿Quién los llenará de gérmenes fecundos?»

Lo hizo, acudiendo a su duda, quien podía hacerlo: Sampsa, el dios de los campos. Sampsa, pues, llenó de semilla aquellos. Su sabia y pródiga mano extendió los granos vivos por todas partes, pues natural es en un dios ser pródigo y generoso. Él echó en las llanuras y en los pantanos, en los taludes donde la tierra era blanda y en los espacios entre las rocas, pero, claro, no en éstas. Pues no creáis que el dios desperdició la semilla, sino que lo que hizo fue dar a cada lugar la que le convenía, por lo que en las colinas nacieron pinos, en las alturas abetos, la maleza en los arenales. Los valles los llenó de arbustos jóvenes.

El viejo, el imperturbable Vainamoinén fue a ver lo que Sampsa había hecho. Y libre de esa manía de los hombres de criticar cuanto no es obra de sus manos, reconoció que los jóvenes retoños habían agarrado y crecido, que los árboles estaban también más grandes. Sólo de la encina, tan lenta, parecía no haber fecundado la simiente; sólo el árbol de Jumala[11] no había echado raíces.

Entonces cuatro vírgenes, divinidades de las aguas, salieron rápidas del seno de la onda y prestamente empezaron a cortar las altas hierbas, y a dallar seguidamente el césped húmedo aún a causa del rocío. Y a medida que avanzaban amontonaban la hierba con un rastrillo, haciendo con ella como una larga colina. Al punto la cortada hierba fue pasto del fuego y

---

[11] *Jumala,* otro nombre del dios supremo Ukko. Su primitivo nombre pues todo parece indicar en el Poema que Jumala, palabra pariente de otra que significa trueno, había sido substituido en sus funciones divinas por Ukko, «padre antiguo que remaba en el Cielo», dios del cielo y del aire y que soportaba el Mundo, reunía las nubes y hacía caer la lluvia. En todas las mitologías el poder sobre lluvias y vientos, de soberana influencia las primeras sobre las cosechas y los segundos sobre la temperatura, fue puesto siempre en las manos de los dioses superiores (en la India en las de Indra, en Grecia en la de Zeus: «Zeus llueve», decían los griegos). A Ukko se le invocaba cuando los demás dioses fallaban por decirlo así. La esposa de Ukko era Ekka, llamada también Romi a causa de estarla consagrada el serbal.

pronto todo fue una enorme llama. Todo se ardió, hasta quedar reducido a pura ceniza.

Y fue luego cuando en aquella ceniza, en su corazón mismo, en aquel hollín muerto, empezó a crecer el follaje bien amado, donde germinó la bellota de la que saldría la encina. Ya está aquí la hermosa planta, su verde brote aparece; ¡vedla brillante y seductora como la apetitosa y perfumada fresa! ¡Ved y admirad su tallo, del que escapa como una doble rama![12].

Pronto estas ramas se dilatan, su copa sube hasta el cielo, su follaje invade el espacio deteniendo el vuelo de las ligeras nubes, interrumpiendo el curso desenfrenado de las grandes, impidiendo penetrar hasta el suelo al Sol y a la Luna.

Entonces el viejo Vainamoinén reflexionó profundamente y al cabo dijo: «¿Es que nadie será capaz de arrancar la encina? ¿Nadie abatirá este hermoso árbol cuyas ramas desafían hasta a los astros? De no ocurrir tal, el tedio se apoderará de los hombres a fuerza de vivir en las tinieblas; los propios peces nadarán difícilmente si la Luna no brilla y si la antorcha del Sol queda oscurecida».

Pero ni hombre ni héroe se presentó para abatirla; para derribar a aquel árbol de las cien ramas que oscurecía el cielo.

El viejo Vainamoinén, contrariado, dijo: «¡Oh mujer, madre que me has llevado en tu seno! ¡A ti hablo, a ti, Luonnotar, que me alimentaste! Envía hasta aquí a una de las potencias del mar si quieres que la Tierra que creaste viva. Envía al capaz de arrancar la encina. Al fuerte que destruya este árbol fatal que invade la Tierra. Porque si no deja vía libre a los rayos del Sol, y asimismo a los de la Luna, la oscuridad maldita acabará con todo!»

Entonces un hombrecillo, por mejor decir un diminuto héroe, salió del seno de las aguas. Como tamaño, no era superior al pulgar de los hombres; un palmo de mujer hubiese sido gigantesco a su lado.

El viejo e imperturbable Vainamoinén, al verle, dijo: «¿Y eres tú el socorro que me envía mi madre? ¿Quién podrá creer que has sido hecho para abatir la enorme y poderosa encina, árbol maravilloso que, como ves, luego de apoderarse de la Tierra empieza a desafiar al cielo?»

---

[12] En este entusiasmo del poeta por la encina hay que ver no tan sólo que este árbol benéfico estaba consagrado entre los finlandeses o fineses a Ukko, como más al sur lo fue a Júpiter, sino lo que representaba este árbol en la vida de los pueblos del Norte, donde lo era casi todo para ellos, empezando por la bellota, primer pan de gran parte de la Humanidad primitiva en todas las regiones frías.

El héroe respondió: «No olvides, Vainamoinén, tu condición. Deja para los hombres los juicios equivocados y temerarios. Para los hombres que en su precipitación emiten opiniones no reflexionadas sin darse cuenta de que nada saben, no ya sobre los dioses, sino sobre las fuerzas y elementos de la Naturaleza, mintiendo constantemente tanto acerca de aquellos a los que nunca conocerán, pues su inteligencia no tiene fuerza para ello, sino sobre éstos que tardarán mucho, asimismo, en conocer. Tú, pues, espera antes de hablar y ahora mira». Y dicho esto el héroe marino se puso a cambiar de tamaño y al hacerlo, de forma. Empezó a golpear el suelo con su pie y a cada golpe crecía y crecía. Tanto, que a poco su frente alcanzaba las nubes, mientras su barba le llegaba hasta las rodillas y el pelo hasta los talones. Luego volvió a hablar ordenando a Vainamoinén que le diese una hoja de grama, y cuando la tuvo en su mano, añadió: «Voy a transformar esta brizna de hierba en un útil sin el cual los hombres serían siempre víctimas del bosque, valiéndome de la magia. La magia es la ciencia de los seres divinos. Los hombres sólo a fuerza de estudio y de reflexión, al cabo de muchos siglos, muchos, conseguirán que esta ciencia, resumen y compendio de todas, es decir, del «saber» en su más alta expresión, conseguirán, digo, ser maestros en ella, y conseguido, hacerse inmortales y empezar a parecerse a nosotros, sus amos. Por supuesto, a los menos diestros en magia de nosotros, pues el camino del conocimiento no tiene fin. Hay que aprender siempre y luego de aprender crear utilidad con el trabajo de las manos cristalizando en hechos lo aprendido; primero el espíritu, luego el brazo; uno sin otro son poca cosa; y es el propósito y voluntad de hacerlo sin descanso, lo que establece diferencias hasta entre los dioses; y lo que un día, al fin, igualará los hombres a nosotros». Luego, a favor de unos conjuros misteriosos y terribles, transformó la hojita de grama en un hacha, cuya hoja abrillantó y afiló con una, dos, tres, seis y hasta siete piedras. Seguidamente, tras incorporarse, poniéndose en movimiento a favor de sus ágiles pies, dio rápidamente un paso por la arenosa llanura, luego un segundo, esta vez por la tierra color de hígado, y finalmente un tercero, mediante el cual llegó al pie de la deslumbrante encina.

Entonces, con su hacha, golpeó una vez, golpeó dos veces. Al tercer golpe, brotó fuego del acero y la encina se bamboleó unos instantes para al fin caer a tierra.

Y cuando la encina hubo caído, abatido el árbol maravilloso, el Sol y la Luna hallaron al fin sitio a través del cual asaetear con sus rayos, las nubes espacio libre para continuar su carrera, el arco iris horizonte a través del cual tender su faja de colores desde el extremo del cabo nebuloso a la isla tan rica en umbrías.

Con lo que los matorrales empezaron a verdear, los bosques a crecer alegremente, las hojas a vestir los árboles, el césped a adornar la tierra, los pájaros a gorjear entre las enramadas, los tordos a loquear persiguiéndose, los cucos a cantar en la copa de los verdes hijos de los bosques[13].

Y las bayas maduraron en sus tallos, las margaritas doradas, abriéndose, esmaltaron los campos, todo lo verde, en fin, tomando mil formas, se repartió por cien lugares. Pero la cebada no había germinado aún, la tan querida planta aún no había crecido.

El gran paro cantó en lo alto de un árbol, diciendo: «La espiga no crecerá, la avena no germinará, si los árboles que cubren los campos no son abatidos y consumidos por el fuego».

Entonces, el viejo e imperturbable Vainamoinén se hizo al punto fabricar un hacha de agudo corte. Luego abatió una gran cantidad, una inmensa cantidad de árboles. Todos aquellos hermosos árboles cayeron bajo sus golpes. Tan sólo un abedul, un único abedul quedó en pie, para servir de punto de reposo a los pájaros del cielo, para que el cuco pudiese desde él hacer oír sus cantos.

En esto un águila tomó rápido impulso a través del cielo. ¿Por qué el abedul había sido respetado? He aquí lo que quería saber. ¿Por qué, sí, el hermoso árbol no había sido abatido?

El viejo Vainamoinén la dijo: «Ha quedado este árbol de pie para servir de punto de reposo a los pájaros del cielo, de refugio al águila caudalosa».

El águila, pájaro del aire, respondió: «Ciertamente, has obrado bien». Luego, el águila hizo un gran brasero con los árboles abatidos. La llama se levantó con enorme violencia. El viento del Norte y el viento del Noreste atizaron el incendio. Todo fue devorado, reducido a ceniza.

Un día, dos días, tres noches, una semana, un mes pasaron. El viejo, el imperturbable Vainamoinén, fue a visitar el campo y encontró todo a su gusto: la cebada estaba ya alta, su espiga tenía tres líneas de granos, el tallo tres articulaciones.

Entonces, el viejo Vainamoinén tendió la vista en torno suyo.

El cuco de verano se acercó y, viendo al abedul desplegar su rica corona, dijo: «¿Por qué el abedul ha sido respetado? ¿Por qué el hermoso árbol no ha sido abatido?»

---

[13] El cuco o cuclillo que tantas veces aparece en el *Kalevala* era el pájaro venerado de los pueblos del Norte. Se le consideraba y sigue considerando como ave de buen agüero cuyo canto, decían, anunciaba no solamente el día sino los acontecimientos felices.

El viejo Vainamoinén respondió: «Ha sido respetado el abedul con objeto de que tú tengas una rama donde descansar y desde la cual dejar oír tus cantos. Canta, pues, ahora, ¡oh hermoso cuclillo, canta a pleno pulmón!, ¡oh tu pecho sonoro!, ¡pecho de oro! Canta, sí, por las tardes, canta cada mañana, ¡canta también en medio del día! ¡Entona tus mejores trinos en honor de mis hermosas llanuras, alaba la dulzura de mis bosques, los tesoros de mis riberas y la fecundidad de mis campos! Y canta también, cuando lo merezcan, a los hombres que van a nacer y a los que van a cultivar. Porque la semilla de hombres ha sido echada entre las demás semillas. Y sus hazañas buenas ¡celébralas con tus mejores trinos!

## III. VAINAMOINÉN Y EL JOVEN JUKAHAINÉN

El viejo e imperturbable Vainamoinén pasaba los días de su vida en los bosques y en los campos libres de ellos, de Kalevala. Allí entonaba sus cantos y al hacerlo, como era sabio en cosas graves y secretas, manifestaba su ciencia.

Día y noche, sin interrupción, resonaba su poderosa voz, a la que rendían pleitesía inclinándose ante ella, sometiéndose, ora obedeciendo, si ello era preciso, plantas animales, cosas y elementos. Y aturdiendo a los hombres que no bien despiertos aún, pues acababan de nacer, todo lo consideraban con asombro y a él ante todo. Unas veces mandaba y mandando ordenaba lo aún incierto, otras deleitábase evocando en alta voz sus antiguos recuerdos, o celebraba el origen de las cosas, misterios que a todas las criaturas les sería imposible cantar, que todos los hombres incapaces serían incluso de comprender en su corta y triste vida, ni aun en los momentos y horas supremas de sus perecederos días. Con ello la fama de la sabiduría del runoia llegaba muy lejos; tan lejos, que voló desde las regiones del Sur hasta las altas tierras de Pohjola.

En esto sucedió que el joven Jukahainén, el descarnado joven de Laponia, un día que se paseaba por la aldea, oyó contar allí aquellas noticias maravillosas que llegaban del Sur. Por ellas supo, y al aprenderlo se le llenó de acíbar el corazón, que alguien cantaba mucho mejor en los bosques y tierras libres de Kalevala que él mismo era capaz de hacerlo. Y que aquellas canciones revelaban cosas que él no había aprendido de su padre.

De la envidia a la cólera hay muy poco camino, de modo que, en efecto, una colérica envidia feroz se encendió en su pecho contra Vainamoinén, pues bien se dio cuenta de que iba a ser sobrepujado por él.

La mayor parte de los hombres soportan mejor los golpes contra su cuerpo que contra su vanidad. En el Mundo la envidia hace más daño que las tormentas. Pocos son los que se libran de esa enfermedad que es la cólera, doblemente funesta no tan sólo por prender fácilmente sino porque en pleno ataque no hay para ella medicina. Jukahainén fue adonde estaba su madre y la anunció su propósito de ir a Vainola para provocar allí mismo al runoia. Vainola era la mansión misma de Vainamoinén.

La madre de Jukahainén desaprobó su designio; su padre, por su parte, se esforzó por disuadirle. Pero los jóvenes no gustan de consejos. Éstos escurren sobre ellos como las aguas por los cauces de los torrentes o las rocas por las laderas de las montañas cuando las lluvias torrenciales se llevan a favor de las avalanchas líquidas que ocasionan, la tierra o los árboles que las contienen. Además, si difícil es luchar contra la naturaleza física, contra la moral aún más. Y es propio de la juventud creer que la prudencia y experiencia de los viejos no son sino rémoras estúpidas y que ellos no necesitan consejos porque saben más. La madre y el padre de Jukahainén le dijeron: «Por lo que se puede juzgar de lo que dicen del viejo Vainamoinén, mucha es su ciencia y poderosas sus artes. Si te presentas ante él como enemigo, serás manteado, burlado, embrujado. Sus palabras crisparán tus manos, inmovilizarán tu cuerpo y atarán de tal modo tus pies que ni moverte podrás».

El joven Jukahainén respondió: «No hay duda que la ciencia de mi padre es buena, y la de mi madre, mejor. Pero la mía es muy superior. La edad os vuelve, es natural, temerosos. No insistáis para no haceros también ridículos. Sobre que perderíais el tiempo porque no os haría caso».

Y partió sin querer escuchar más consejos. Preparó su caballo de llameante boca y jarretes de fuego, le enganchó a su trineo de oro, al trineo de gala, montó en él, hizo chasquear su látigo adornado con perlas, y salió a todo galope desafiando al espacio.

Su paso hubiérase dicho el de la tempestad. Atronándolo todo marchó un día, marchó dos días. Al tercer día llegó a los bosques de Vainola. Más allá empezaban los campos, sin árboles, de Kalevala.

El viejo, el imperturbable Vainamoinén, en aquel momento caminaba lentamente por el camino. A los jóvenes parece que les falta el tiempo cuando quieren hacer algo. A los viejos, la experiencia y los fracasos les han enseñado que suele haber tiempo para todo. Si algo temen, cuando no son sensatos, es que lo último que hay que hacer, volver al valle sin recuerdos, llegue demasiado pronto.

Al fin, el joven Jukahainén estuvo frente a él. Los trineos chocaron, los arneses se mezclaron, las colleras se enmarañaron, los corceles, poco antes humeantes, se detuvieron.

Entonces, el viejo Vainamoinén dijo: «¿De qué raza eres tú, tú que llegas como un loco a mi camino para destrozar mi trineo, mi hermoso trineo, el de las fiestas?»

El recién llegado en tromba, el loco y orgulloso Jukahainén, respondió: «Yo soy el joven Jukahainén. En cuanto a ti, ¿de dónde sales? ¿Cuál es tu familia? ¿Cuáles son, miserable, tus antepasados?»

El viejo Vainamoinén dijo: «Si tú eres el joven Jukahainén, apártate de mi camino, puesto que tu edad es inferior a la mía».

El joven Jukahainén añadió: «Aquí no se trata de juventud ni de vejez. Que el que sea mayor en cuanto a sabiduría, más poderoso en saber recordar, siga adelante, ¡y que el otro le ceda el paso! Si es verdad que tú eres el viejo Vainamoinén, el runoia eterno, empieza a cantar. Que el hombre dé una lección al hombre, ¡y que uno de nosotros triunfe del otro!»

El viejo Vainamoinén dijo: «¿Qué podría yo tener de sabio y qué podría valer como runoia, yo que he vivido toda mi vida en estos bosques solitarios, en medio de mis campos, atento solamente al canto de mi cuclillo? No obstante, no dejes por ello de hacerme oír lo que tú sabes, y lo que comprendes mejor que los otros».

El joven Jukahainén respondió: «Yo sé una cosa y aún otra cosa; lo que poseo, con toda claridad lo poseo. Sé que el paso del humo está junto al tejado, que la llama no está lejos del fuego, que la vida es fácil para el perro de mar y para la foca que se revuelca en el agua. Si esto no te basta, sé aún otras cosas, poseo aún otros motivos de sabiduría».

El viejo Vainamoinén dijo: «La ciencia del niño y la memoria del niño no son las del viejo héroe barbudo; como tampoco las del hombre que ha tomado mujer. Habla, si eres capaz, de las cosas serias, importantes y eternas».

El joven Jukahainén respondió: «Conozco el origen del pinzón. Sé que el pinzón es un pájaro, que la culebra es una serpiente, que la perca es un pez de agua dulce, que el hierro es flexible, que la tierra negra es amarga, que el agua hirviendo produce dolor, que el fuego quema rabiosamente. Y aún me acuerdo de algo: me acuerdo del tiempo en que me ocupaba de labrar el mar, en sondear los abismos, en hacer agujeros para los peces, en zambullirme hasta el corazón del agua, en formar los lagos, en amontonar las colinas, en reunir juntas a las rocas. Yo estaba presente cuando la. Tierra fue creada, cuando el espacio fue desenrollado».

El viejo Vainamoinén dijo: «Tú lo que haces es amontonar mentira sobre mentira».

El joven Jukahainén dijo: «Si mi ciencia no es suficiente, mi espada la suplirá. En cuanto a ti, viejo Vainamoinén, runoia de la abundante boca, ¡ven sin tardar a medir tu espada con la mía! ¡Ven a probar mi lámina de acero!»

El viejo Vainamoinén dijo: «En verdad que me tiene sin cuidado y me inspiran tanto miedo como las hojas que caen de los árboles, tu espada, tu cólera, tus venablos y tus desafíos. No obstante, no sería propio de mí el medirme contigo, pobre, loco e infeliz muchacho; ni el batirme contigo, insecto vil, renacuajo miserable».

El joven Jukahainén torció la boca, sacudió la cabeza, agitó al hacerlo su negra cabellera y dijo: «Aquel que se niegue a medirse conmigo le cambiaré en puerco y le daré una jeta alargada. A los héroes de esta clase los enviaré, a unos, a un lado, a otros, a otro. Los arrastraré por los basureros. Los amontonaré en el más oscuro y asqueroso rincón de un establo».

Entonces Vainamoinén, llenándose de indignación, estalló en cólera, poniéndose de pronto a cantar, entonando palabras mágicas.

Vainamoinén canta, y los pantanos mugen, y la tierra tiembla, y las montañas de cobre se bambolean, y las enormes losas vuelan hechas pedazos, y las rocas se hienden, y las piedras de las costas se desmenuzan.

Agobia al joven Jukahainén con sus embrujamientos. Evoca, transformando en ramas hojosas, la collera de su caballo, en manojos de mimbre su arnés, en tallos de sauce sus riendas. Luego cambia su trineo de costado de oro, su hermoso trineo de fiesta, en un arbusto seco en medio de un pantano. Su látigo, adornado de perlas, en una de esas cañas que nacen al borde del agua. Su caballo de estrellada frente en piedras de esas de las cataratas. Su espada de puño de oro en relámpago. Su arco adornado de mil colores en arco iris. Sus aladas flechas en flotantes ramas de pino. Su perro de hocico ganchudo en hito de los campos. Su gorro en afilada nube. Sus guantes en nenúfares de un estanque. Su manto azul de lana en niebla. Su fino cinturón en reguero de estrellas.

Luego mantea al propio joven Jukahainén y le precipita en un pantano, donde se hunde hasta medio cuerpo; al punto en un prado, hasta los riñones; seguidamente en una tierra llena de brezos, hasta los sobacos.

Y fue entonces cuando el joven Jukahainén supo y conoció que aquel al que había encontrado en su camino, y con el cual había querido luchar, era verdaderamente el viejo Vainamoinén.

Abrumado, anonadado, humillado, derrotado, intenta, creyendo que al menos sus pies le obedecerían, escapar del último sitio en que ha sido hundido, pero sus pies se niegan a todo movimiento. Y esto no solamente uno, con el que primero ensaya, sino el otro al punto. Los dos estaban como calzados con zuecos enormes de piedra.

Tras ello la desesperación se apodera del joven Jukahainén y sintiendo que todo le es funesto exclama, cada vez más vencido: «¡Oh, sabio Vainamoinén! Vuelve adonde dormían tus palabras sagradas y tus encantamientos mágicos, y si tu corazón no es absolutamente insensible a la piedad, ¡líbrame de las angustias que me anonadan! ¡Hazlo y tu generosidad no quedará sin recompensa, pues te pagaré, no lo dudes, un rico rescate, un rescate digno de ti!»

El viejo Vainamoinén respondió: «Si vuelvo mis palabras adonde dormían encerradas dentro de mí y te libro de tus angustias, ¿qué me darás?»

El joven Jukahainén dijo: «Dos arcos tengo, dos hermosos arcos, los más seguros y a propósito para el tiro. De los dos, ¡oh poderoso anciano!, coge el que quieras»,

El viejo Vainamoinén replicó: «¡Hombre de cortos pensamientos! ¡Despreciable gusano! ¿Qué podría yo hacer con tus arcos? ¡Tanto me importan tus arcos, aplastado monstruo, como aquello que no ha de nacer o lo que nunca existirá! ¿Acaso crees, aturdido y miserable joven, que a mí me faltan arcos? ¡Cada muro de mi casa está tapizado de ellos! ¡Y qué arcos! Solos, sin que nadie los maneje, van a cazar al bosque. Y si hace falta, y tal es mi voluntad, ellos mismos atraen, sin que jamás falle su propósito, a los animales que han de ser atravesados por su acerada punta: osos, lobos, uros polares o aquellos cuya piel o cuya carne me apetezca. Como mis venablos y mis lanzas cortas a las útiles e indefensas focas. Para ti, pues, tus arcos, ¡desdichado!»

De este modo traqueteó de nuevo al joven Jukahainén, e incluso le hundió aún más en el pantano.

El joven Jukahainén, cada vez más abatido, suplicó: «¡Oh anciano y venerable Vainamoinén! Escúchame, te lo ruego. No vayas a irte de aquí dejándome en tan triste estado como me has puesto. Si mis arcos, bien lo veo, nada valen para ti, tal vez sea más de tu agrado mi casco lleno de oro y mi gorro de piel rebosando plata. Tendrás, sí, todo el oro y toda la plata que mi padre ganó en sus combates. (¡Padre valeroso y prudente, y tú no menos avisada y cariñosa madre! ¿Por qué no os escuché?) Cuanto trajo, puedes estar seguro, de sus correrías guerreras».

El viejo Vainamoinén dijo: «Nada tengo que hacer con tu dinero. Ni me tienta, ¡insensato!, ni voy tras de tu oro. Mis cofres estallan incapaces de contener el que les llena. ¡Y de qué ley! Mi oro es antiguo como la Luna, mi plata tiene la edad del Sol».

Y burlándose de nuevo del joven Jukahainén, le hundió aún más profundamente en el pantano.

El joven Jukahainén había llegado al colmo de la desgracia. Se veía hundido hasta el mentón, con la barba metida en el húmedo y pestilente cieno; entrando ya en su boca el espeso musgo; a punto de morder las raíces de los pinos que llegaban hasta allí.

Casi ya sin fuerzas, dijo aún: «¡Oh, sabio Vainamoinén, haz que vuelvan adonde dormían tus conjuros mágicos! ¡Atráelos de nuevo a ti! ¡No acabes con mi vida! ¡Sácame, te lo suplico, te lo imploro, de este horroroso pantano que parece no tener fondo! ¡Si encadenas de nuevo tus palabras sagradas, te daré a mi hermana Aino! ¡Te prometo, sí, a la hija de mi madre, que bien enseñada por ésta, tendrá tu casa en orden! Ella barrerá el entablado suelo de tu cámara, limpiará tus jarras para la leche, lavará tu ropa, tejerá para ti un manto con hilillo de oro, incluso te hartará, créeme, ¡de bollos de miel!»

Oyendo aquello, Vainamoinén sintió que su corazón se llenaba de alegría. La esperanza de encontrar en la hermana del joven Jukahainén el sostén de sus viejos días conmovió su corazón.

Entonces cantó un momento, luego otro momento y aun un tercero, atrayendo hacia él sus palabras sagradas, sus encantamientos mágicos.

Con ello el joven Jukahainén pudo salir del abismo

El joven Jukahainén, cuando pudo, respondió: «Toda mi vida, ¡oh, madre mía!, lloraré y me lamentaré, porque... ¡he dado mi hermana Aino a Vainamoinén! Se la he dado para que sea su esposa. Para que le sirva de sostén cuando se tambalee. De apoyo al que pronto no saldrá del rincón de los viejos».

La madre del joven Jukahainén dijo, frotándose las manos: «No llores, hijo querido, pues ninguna razón tienes para estar triste. En cuanto a mí, mis más ardientes deseos van al fin a verse cumplidos: veré al gran héroe en mi casa, tendré a Vainamoinén por yerno, ¡el célebre runoia por esposo de mi hija!»

Pero la hermana del joven Jukahainén empezó a llorar a su vez; y lloraba amargamente. Lloró un día, lloró dos días, tumbada en la escalera de la casa.

Su madre la dijo al fin: «¿Por qué lloras tú, mi querida Aino; tú, a quien ha caído en suerte tan incomparable prometido; tú, que vas a habitar la casa de runoia tan ilustre; tú, que te sentarás junto a su ventana y podrás parlotear con él en el propio banco en que se sienta?»

La joven muchacha respondió: «Razón tengo, ¡oh, madre mía!, para llorar. Lloro por mi hermosa cabellera y por mis hermosos bucles, a los que va a ser preciso que cubra y oculte[14], siendo como soy aún pequeña y cuando tanto tengo que crecer todavía.

»Lloro también pensando en la dulzura de este Sol, en los encantos de la soberbia Luna y en toda la majestad del hermoso cielo; ¡pues forzoso me será perder todo siendo tan joven aún!»

La madre dijo a su hija: «Seca tus lágrimas, amor mío, criaturilla loca. El Sol de Dios no brilla tan sólo en la ventana de tu padre, sino que brilla también en otros lugares. No es únicamente tampoco en los campos de tu padre y en los bosques desbrozados por tu hermano donde encontrarás, pobre criatura inocente, bayas sabrosas y perfumadas fresas que recoger. De todo ello crece en abundancia en otras montañas, como otras muchas cosas en otras llanuras. No olvides que lo que hace las cosas gratas y la vida amable es nuestro estado de ánimo. Que muchas veces es dentro de nosotros donde está la ventura y la felicidad. Alegra, pues, el tuyo, palomita».

---

[14] Las mujeres finlandesas no se cubren la cabeza sino luego de casadas.

Aino, la joven virgen; Aino, la hermana de Jukahainén, fue al bosque para hacer haces de varas de abedul. Y cuando volvía a la casa, atravesando el bosque con paso rápido, el viejo Vainamoinén llegó.

Vio a la joven, adornada con un collar de perlas, andando sobre el césped nuevo. Y la dijo: «Es tan sólo para mí y no para otro para quien debes llevar, ¡oh joven!, un collar de perlas, adornar tu pecho con un broche de metal y anudar tus cabellos con una cinta de seda».

La joven dijo: «No es por ti ni por otro por lo que yo adorno mi pecho con un broche de metal, ni por lo que anudo mis cabellos con una cinta de seda. Ni los hermosos vestidos incitan mis deseos, ni las rebanadas de pan de trigo candeal. Prefiero cubrirme con vestidos humildes y alimentarme de mendrugos de pan duro en la casa de mi padre, junto a mi madre querida».

Y diciendo esto desabrochó el broche que llevaba en el pecho, quitó de sus dedos los anillos, el collar de perlas de su cuello, la cinta roja de sus cabellos, y lo arrojó todo al suelo para que la tierra disfrutase de ello a su capricho. Lo dispersó todo por el bosque, para que el bosque lo utilizase en provecho suyo Tras lo cual volvió llorando a su casa.

La madre de Aino trabajaba, en la escalera de la aitta[15], ocupada en descremar leche.

«¿Por qué lloras, hija mía, virgencita adorada?»

«Porque, ¡ay!, madre mía, mi suerte es cruel y amarga. Lloro y me lamento, sí, pero, ¿cómo podría hacer otra cosa? Había ido al bosque y ya volvía cuando, de pronto, desde el fondo de los valles Vainamoinén me gritó estas palabras: «Es sólo para mí y no para otro para quien debes, ¡oh joven!, llevar un collar de perlas, adornar tu pecho con un broche de metal y anudar tus cabellos con una cinta de seda».

La madre dijo a su hija: «Ve a la aitta construida en la colina, a la aitta ricamente guarnecida, y una vez allí abre el mejor cofre, levanta su hermosa tapa. En él encontrarás seis cinturones de oro y siete faldas azules. Ciñe tu frente con una cinta de seda y tus mejillas con otra de oro. Suspende perlas brillantes a tu cuello y pon el broche de oro en tu pecho. Cambia tu camisa de tela gruesa por otra de lino del más fino. Ponte un traje de lana, un cinturón de seda y medias hermosas también de seda. Anuda las trenzas de tus cabellos con un cordón de seda asimismo. Adorna tus dedos con anillos de oro y tus brazos con brazaletes de plata».

---

[15] *Aitta,* especie de almacén, elevado y separado de la casa, pero dentro del recinto de las mansiones finlandesas. Servía a un tiempo de cuarto de servicio, de ropero y de sitio para almacenar lo inservible.

Así habló la madre a su hija. Pero Aino permaneció insensible a sus exhortaciones y se fue, llorando, a vagar por el recinto de la casa. De pronto dijo en voz alta:

«Mejor hubiera sido para mí no haber nacido, ni haber crecido, puesto que tenía que conocer estos días funestos en un Mundo vacío de alegrías. Mejor hubiera sido para mí morir cuando sólo tenía seis noches de edad, apagarme al octavo día de mi existencia. Entonces poco me hubiera hecho falta: un simple pedazo de tela y un minúsculo rincón de tierra. No hubiera costado sino unas lágrimas a mi madre y otras, menos aún, a mi padre. En cuanto a mi hermano, ni tan siquiera una».

No obstante subió a la aitta construida en la colina; abrió el mejor cofre y de él sacó los seis cinturones de oro y las siete faldas azules. Luego se las puso. Y coronó sus sienes con un aderezo de oro y entrelazó sus cabellos con hilo de plata. Y ciñó su más ancha, roja.

Así ataviada se puso a recorrer los campos y los huertos, los bosques desbrozados y los amplios terrenos desiertos, y en su carrera vagabunda cantaba:

«Sufre mi corazón y sufre mi cabeza. Pero aún no es bastante. ¿Por qué, ¡ay!, no sufro mil veces más todavía? De ser así, la muerte vendría a librarme de mis miserias».

Aino caminó así un día, caminó dos días. Al tercero, el mar extendió ante ella sus orillas cubiertas de cañas. Y la noche llegó, suspendiendo su marcha. Las tinieblas la obligaron a detenerse.

Lloró toda la noche. Toda la noche la pasó lamentándose, sentada en una piedra, al borde del inmenso mar. A la mañana siguiente, cuando amanecía, vio allá en el extremo de un campo, a tres muchachas que se bañaban.

Aino quiso ser la cuarta. Colgó su camisa en una rama de mimbre, su vestido en un álamo, dejó sus medias en la tierra desnuda, sus perlas sobre arenosa orilla y sus anillos sobre las piedras de la playa.

Una roca se levantaba sobre la superficie del agua. Una roca manchada de diversos colores y brillante como el oro bruñido. La joven se esforzó por llegar a ella nadando. Mas apenas llegada y sentada sobre ella, cuando de pronto la roca, vacilando, se hundió en el abismo. Aino se hundió con ella.

Así desapareció la paloma. Así murió la pobre joven. Según descendía al fondo de las aguas, dijo muriendo:

«Había venido para bañarme en el mar. Para nadar en esta ensenada. ¡Y he aquí que desaparezco bajo las ondas, pobre de mí, mísera paloma! ¡De muerte prematura acabo, triste pajarillo que soy! ¡Que mi padre, ¡ay!, jamás venga en lo que le quede de vida a pescar a este golfo, ni mi madre a sacar agua para hacer pan!

«Cuantas gotas de agua encontrasen aquí, gotas serían de mi sangre. Los peces, jirones de mi carne. Las ramas dispersadas sobre la orilla, otros tantos fragmentos de mis huesos. Cada tallo de césped, un hilo de mi cabellera».

Tal fue la triste aventura de la joven. Tal el fin de la linda paloma.

Y ahora, ¿quién llevará la noticia a la afamada casa, a la hermosa casa de Aino?

La liebre será la que lleve la noticia. Y, en efecto, la liebre se puso a saltar, sus orejas entraron también en movimiento, aquellas largas orejas. Sus patas ganchudas empezaron a medir el espacio. Pronto, llegando junto a la habitación de los baños, se acurrucó en el umbral de la puerta.

La sala de baños estaba llena de muchachas, que dijeron a la liebre:

«Ven aquí, animal de los pies oblicuos, que te vamos a cocer».

La liebre respondió, audazmente: «He venido a traer la noticia. La muchacha, la palomita, ha caído al agua. La hermosa, la de la hebilla de estaño, la del cinturón de cobre, la de la venda de plata, ¡ha desaparecido! Ha descendido al fondo del mar, allá, bajo las inmensas olas, para llegar a ser la hermana de los peces, la compañera de los habitantes de las ondas».

Entonces la madre de Aino empezó a llorar y a lamentarse, diciendo de este modo:

«¡Guardaos, ¡oh pobres madres!, guardaos durante esta vida terrestre, de acunar, de mecer a vuestras hijas, de alimentarlas a vuestro pecho, si luego habéis de unirlas con hombres que ellas no hayan escogido, como yo he hecho, yo, con mi hija, con mi querida paloma!»

Y la madre continuó llorando. Las lágrimas, saliendo de sus ojos azules, corrían por sus tristes mejillas.

Lloró tanto, que de aquellas lágrimas salieron tres ríos. Y de cada río tres cataratas impetuosas como la llama. Y en medio de aquellas cataratas, tres islas. Y sobre los bordes de cada isla, una montaña de oro. Y en la cima de cada montaña, tres abedules. Y en la copa de cada abedul, tres hermosos cuclillos.

Y los cuclillos empezaron a cantar.

El primero dijo: «¡Amor, amor!»

El segundo dijo: «¡Prometida, prometida!»

El tercero dijo: «¡Alegría, alegría!»

El que había dicho «¡Amor, amor!» cantó durante tres meses para la muchacha privada de amor. Para la que reposaba en el fondo del mar.

El que había dicho «¡Prometida, prometida!», cantó durante seis meses por el prometido privado de prometida. Por aquel que había quedado presa de amargos sentimientos.

El que había dicho «¡Alegría, alegría!», cantó toda su vida por la madre privada de alegría. Por la que lloraba sin reposo.

Y la madre de Aino dijo: «Es preciso que una madre abrumada de dolor no escuché demasiado tiempo al cuclillo que canta. Cuando el cuco canta, el corazón bate, el llanto viene a los ojos, las lágrimas corren por las mejillas, más gruesas que guisantes maduros, más hinchadas que la semilla de las habas. Y la vida se usa una vara, el cuerpo envejece un palmo y todo nuestro ser se quebranta cuando se escucha al cuclillo de primavera».

Entre tanto la noticia había hecho mucho camino. La noticia de la muerte de la joven. De la desaparición de la hermosa.

Al saberlo, el viejo, el imperturbable Vainamoinén fue asaltado por el dolor. Lloró a la joven todas las tardes, la lloró todas las mañanas, la lloraba casi todas las noches. Lloraba el funesto destino de Aino, su muerte en la onda húmeda, bajo las olas profundas. Y marchó con el corazón angustiado y los ojos llenos de lágrimas, hacia la orilla del azulado mar.

Allí, se dirigió hacia su barco de pescar. Examinó sus redes y sus anzuelos. Luego metió uno de éstos y un garfio de hierro en su saco y avanzó a fuerza de remos hasta el extremo del cabo nebuloso, de la isla rica en umbrías.

Llegado, lanzó el anzuelo al mar, provocando y al mismo tiempo espiando a su presa. El tallo de cobre temblaba, el sedal de plata silbaba, el hilo de oro murmuraba.

Al fin, una mañana sintió que un pez mordía el anzuelo. Tiró, le sacó fuera del agua y le echó al fondo de su barco.

Luego, examinándole con cuidado, dijo: «He aquí el primer pez que no conozco. Tal cual parece, aseméjase a un salmón de mar, a una perca de las olas profundas».

Y desenvainó el cuchillo de mango de plata que colgaba de su cinturón. Al punto se dispuso a cortar el pez en pedazos con objeto de comerle.

Pero he aquí que el pez, el magnífico pez, escapó de entre sus manos y saltó fuera del rojo barco de Vainamoinén.

Luego, a la quinta bocanada de viento, sacó la cabeza fuera del agua y le dijo:

«Aprende, viejo Vainamoinén, que yo no había sido hecha para ser cortada en pedazos, como un salmón, con objeto de servirte de comida».

El viejo Vainamoinén dijo, a su vez: «¿Para qué, pues, fuiste hecha?»

«Yo estaba destinada a llegar a ser tu paloma y a reposar sobre tu seno; a sentarme eternamente a tu lado; a ser la compañera de tu vida. ¡A esto estaba destinada, oh viejo insensato, estúpido Vainamoinén, que no has sabido retener a la virgen húmeda!»

El viejo Vainamoinén, abrumado de dolor, bajó la cabeza y dijo:

«¡Oh hermana de Jukahainén, vuelve una segunda vez junto a mí!»

Pero la joven no volvió. No volvió ni una sola vez en todo el curso de esta vida. Desapareció de la superficie del mar, hundiéndose en las entrañas de la piedra abigarrada, en las fisuras de la roca morena como el hígado.

Entonces el viejo Vainamoinén bajó la cabeza, lleno de tristeza el corazón, su gorro completamente inclinado sobre la oreja, y dijo:

«¡Oh, que inmensa ha sido mi locura! ¡Qué estúpido lo que tengo de hombre! ¿Dónde están los días en que poseía inteligencia, en que mi pensamiento era poderoso y mi corazón grande? Ahora ya, ¡ay!, en esta mi triste vida, en esta edad miserable, mi inteligencia ha disminuido, mi pensamiento ha perdido su vigor. Todo cuanto había en mi alma de potencia y de energía se ha desvanecido».

Y el viejo Vainamoinén se puso a caminar lentamente, los ojos llenos de lágrimas, el corazón abrumado de tristeza. Llegando cerca de su casa dijo:

«Mis alegres cuclillos cantaban en otro tiempo mañana y tarde. Cantaban incluso en el centro del día. La pena ha quebrado su sonora voz. Su hermosa voz ha sido destruida por la desesperación. Por ello es por lo que no se les oye cantar al ponerse el Sol, para hacer encantadoras mis horas de la tarde; ni para alegrarme cuando la aurora se levanta.

»¿Cómo podría aún soportar la vida, seguir viviendo en este mundo, viajar a través de sus regiones? Si mi madre viviese aún, ella me inspiraría sin duda lo que tuviera que hacer, con objeto de que la pena no me destrozase, para no sucumbir de desesperación en estos lamentables días a causa de estas angustias llenas de amargura».

De pronto, la madre de Vainamoinén, despertando en su tumba, le dijo desde el seno de las aguas:

«Tu madre vive aún. Tu nodriza no está entumecida por el sueño de la muerte. Puede, pues, decirte lo que debes hacer. Vete a las regiones de Pohjola. Allí es, ¡oh, hijo mío!, donde debes buscar esposa. Toma la mejor de las muchachas de Pohjola. Escoge una virgen, de hermoso rostro, bella de cuerpo, ligera de pies y viva y despierta en todos sus movimientos».

El viejo, el imperturbable Vainamoinén, resolvió ir a la región helada, a la sombría Pohjola. Tomó un caballo ligero como la paja, esbelto como un junco; puso un freno de oro en su boca, a su cuello una brida de plata y luego, montando sobre su lomo, se lanzó al espacio.

Pero el joven Jukahainén, el descarnado muchacho de Laponia, alimentaba en su corazón un odio inextinguible contra el viejo Vainamoinén, contra el eterno runoia.

Se fabricó un arco rápido como la llama. Un arco admirable de ver. Era de hierro mezclado de cobre, y guarnecido de oro y plata.

Y Jukahainén talló una gran cantidad de flechas, la vara era de encina, la triple punta de abeto. A ello unió plumillas de golondrina, más otras de ala de gorrión. Luego endureció el todo metiéndolo en baba negra de serpiente, en el mortífero veneno de la víbora.

Y una vez las flechas preparadas y cuando el arco estuvo dispuesto para ser tendido, Jukahainén se puso a espiar el paso de Vainamoinén. Esperaba por la tarde, esperaba por la mañana, esperaba en el centro del día.

Un día al fin, al alba, levantó los ojos hacia Noreste. Volvió la cabeza del lado del Sol y advirtió una mancha negra allá sobre el mar, un punto azulado sobre las olas.

No era una nube de Oriente, no era el crepúsculo de la mañana; era el viejo Vainamoinén, el eterno runoia, que iba a Pohjola sobre su caballo ligero como una paja, esbelto como un junco.

Entonces, el joven Jukahainén agarró su arco, su hermoso arco, decidido a matar a Vainamoinén.

Su madre le dijo: «¿Por qué te precipitas de este modo sobre tu arco, sobre tu arco de hierro?»

El joven Jukahainén respondió; «Porque quiero matar a Vainamoinén. Porque voy a dispararle sobre Vainamoinén. Lanzaré mis flechas a través de su corazón, del corazón del runoia eterno, a través de su hígado, a través de la carne de su espalda».

Su madre se esforzó por hacerle cambiar de propósito:

«No tires sobre Vainamoinén, es de noble origen. Si matases a Vainamoinén, de pronto desaparecería la alegría de la vida, el canto se desterraría de la Tierra».

Entonces el joven Jukahainén se detuvo un instante pensativo, indeciso. Una mano le incitaba a tirar, la otra mano le retenía. Sus nerviosos dedos quemaban como el fuego. Al fin dijo:

«¡Que desaparezcan, incluso si fuesen mil veces más hermosas, las horas alegres de la vida! ¡Que callen todos los cantos! Todo me tiene sin cuidado. No por ello dejaré de tirar sobre Vainamoinén».

Y apoyando el arco en el hombro derecho, soltó la tendida cuerda. La flecha voló demasiado alta, pasan do por sobre la cabeza de Vainamoinén, yendo hasta el cielo, hasta las fuentes de la lluvia, hasta las nubes que se arremolinan.

Jukahainén tiró una segunda vez. La flecha ahora fue demasiado baja. Penetró hasta las profundidades de la Tierra, y la Tierra pareció hundirse en sus entrañas, y las rocas se hendieron.

Jukahainén tiró una tercera vez. Ésta, la flecha, dio en el blanco: alcanzó el bazo del hermoso caballo de Vainamoinén, aquel caballo ligero como la paja, esbelto como un junco. Le hirió en el anca izquierda, atravesándole las carnes.

El viejo Vainamoinén cayó de bruces en el mar. Lo primero que tocó el elemento líquido fueron sus manos. Sus puños, lo primero que se hundió en las turbulentas olas.

Y he aquí que de pronto se levantó una enorme tempestad; el héroe fue arrebatado y empujado por una ola impetuosa lejos, muy lejos de la orilla, a través del seno del vasto abismo.

Entonces, con acento soberbio, el joven Jukahainén le gritó: «¡Oh, viejo Vainamoinén, ya no volverás más, con tus dos ojos vivos, con tus ojos de ascua, mientras dure el Mundo y la Luna brille como una bandeja de plata; ya no volverás a cabalgar por los bosques de Vainola ni por las landas de Kalevala!»

Y volvió a su casa. Su madre, entonces, le preguntó al punto: «¿Has tirado sobre Vainamoinén? ¿Has matado al hijo de Kalevala?»

El joven Jukahainén respondió: «¡Sí! El viejo está ahora dando zancadas por el mar. Entreteniéndose en barrer las olas. Ha caído sobre sus propios puños. Sus manos han chocado contra el elemento líquido. Luego ha dado media vuelta y ha quedado boca arriba, para ser llevado de aquí para allá hasta que se hunda en el seno del abismo; empujado sin descanso por las tempestuosas olas».

La madre dijo: «Has cometido una mala acción, ¡oh miserable!, tirando sobre Vainamoinén, matando al héroe más grande, al más hermoso de los hombres de Kalevala. ¡Triste destino el de los inspirados; puesto que suelen ser odiados por las armas y por la negra ignorancia! Y, sin embargo, cuanto hay y habrá en el Mundo de grande, de noble y de digno, a ellos siempre será debido. A ellos, héroes y enamorados de la verdad y de la luz, mártires de la torpeza, de las bajas pasiones, de la envidia, ¡que por envidia y sólo por envidia has matado tú a Vainamoinén!, y de los más torpes fanatismos. ¿Y yo te he llevado en mi seno un mes, cinco meses, nueve meses? ¿Y yo te he alimentado con mi leche? ¡Vergüenza siento de haber traído al Mundo a un hombre que no se cree hombre si no empuña un arma y que piensa que se puede ser grande con sólo matar!»

Pero la Justicia que siempre se pasea por el Mundo (algunas veces, cansada, se duerme en un rincón y entonces el Mundo llora), un día pasó por allí. Jukahainén cantaba mientras se disponía a derribar un árbol. Desde que creía haber dado muerte a Vainamoinén el canto casi no se apartaba de su boca. La Justicia se paró a pocos pasos de él y empezó a mirarle con sus ojos profundos. Jukahainén dejó clavada el hacha en el árbol, se detuvo, puso sus manos en sus caderas y dijo con insolencia:

«¿Quién eres? ¿De dónde vienes? ¿Qué has visto con esos ojos de lechuza que parecen escudriñarlo todo? ¿Tienes algo que decirme?»

La Justicia replicó con voz grave:

«Soy quien menos te convendría que fuese. Vengo de Pohjola. He visto con estos ojos de lechuza a quien menos quisieras que hubiese visto: Al gran, al inmortal runoia. ¡A Vainamoinén! Es todo lo que tengo que decirte». Y volviéndole la espalda se puso a caminar.

Las piernas de Jukahainén empezaron a temblar pero de tal modo que dieron con el cuerpo que sostenían en el suelo. Cuando pudo al fin hablar dijo extendiendo las suplicantes manos.

«No te vayas, seas quien seas, sin decirme lo que debo hacer».

La Justicia, sin volverse siquiera, con un gesto de una de las suyas le señaló la copa del árbol mismo que poco antes tan animosamente quería derribar. Jukahainén levantó la cabeza y vio en la rama más baja, una rama muy fuerte, una sólida cuerda enroscada en ella.

El bosque no volvió a oír la voz en triunfo de Jukahainén.

Las aves que gustan de cierta clase de pastos empezaron a comerse su cuerpo al siguiente día. Y comieron un día, y comieron dos días, y comieron tres días; cuando ya la cuerda no pudo sostener al cuerpo acabaron su festín en el suelo.

## IV. VAINAMOINÉN VA A POHJOLA

El viejo, el imperturbable Vainamoinén, flotó, como lo hubiera hecho una rama de abeto, durante seis días, durante siete noches de verano, a través de los vastos abismos. Ante él se extendía el húmedo mar, por encima de su cabeza el cielo radiaba.

Flotó aún dos noches, y todavía durante dos muy largos días. Al fin, luego del octavo día, tras la novena noche, se sintió fatigado, se sintió enfermo, pues ya ni tenía uñas en los pies ni piel en los dedos.

Entonces el viejo Vainamoinén dijo: «¡Desgraciado de mí, infortunado como ninguna otra criatura, puesto que estoy solo, perdido y abrumado por la desgracia! ¿Para qué he dejado mi país? ¿Para qué he abandonado mi antigua mansión donde todo ya me era familiar y amable? Ahora, heme aquí solo y triste bajo la bóveda igual y monótona del cielo, llevado de un lado a otro sin rumbo y casi ya sin esperanza a través de espacios sin límites, de mares sin orillas. Hace frío, tengo frío al menos, y como en este momento, zarandeado por este infatigable mar, el Mundo nada tiene que ver conmigo, pues todo en él me es hostil, en mi mundo, en el mío, hace frío, porque yo le tengo. Y lo tengo a causa de llevar mucho tiempo empujado de aquí para allá, como un leño, de la cima de una ola a otra. Que nadie diga, si no quiere mentir, que el Mundo y la vida es hermosa y grata, sino cuando por casualidad la felicidad llama a la puerta de su casa».

De pronto, desde las alturas de Laponia, desde las regiones del Noreste, un águila se lanzó al aire con poderoso impulso. Con un ala rozaba el mar, con la otra barría el cielo; su cola, cuando las alcanzaba, rompía las olas, su pico hacía surcos profundos en las islas. Todo mientras el viejo Vamamoinén seguía llevado y traído sobre la superficie del mar.

El águila dijo, con poderosa voz: «¿Qué haces ahí en medio de las ondas? ¿Qué haces. ¡oh héroe!, agitado cual pobre pavesa por las olas?»

El viejo, el imperturbable Vainamoinén, respondió:

«Aquí estoy, sí, zarandeado por las olas, errando a través de este mar sin límites, a causa de haber pretendido ir en busca de la muchacha de Pohjola. Caminaba veloz a lo largo de la orilla del mar, ahora libre de hielo, cuando de pronto mi caballo fue herido por una flecha que habían dirigido contra mí mismo. Entonces caí al mar, las olas se apoderaron de mí y aquí estoy empujado siempre por ellas y sacudido además por los vientos».

El águila, el gran pájaro del aire, dijo: «Cesa de gemir, ¡oh Vainamoinén!; súbete sobre mí, te ayudaré a hacerlo con mis alas, y una vez que te haya sacado del mar te llevaré adonde quieras. No he olvidado aquellos tiempos mejores cuando al abatir los bosques de Kalevala para convertirlos en campos buenos para los granos, respetaste al abedul tan sólo para que las aves pudieran descansar en sus ramas, y que yo misma hallase en él, de necesitarlo, refugio. Si los hombres se diesen cuenta de que el favor favores engendra, como odios el odio y la violencia violencias, el Mundo y las cosas no andarían tantas veces de medio lado».

El águila llevó a Vainamoinén, a través del espacio, todo a lo largo de los caminos del viento y de los de la tempestad, hacia las lejanas fronteras de Pohjola. Una vez allí, le dejó en el suelo, y ella volvió de nuevo hacia las nubes.

El viejo Vainamoinén, al verse de nuevo solo, esta vez sobre aquel promontorio desconocido, empezó a deshacerse en lágrimas y gemidos, cuyo estrépito comenzó a alterar la paz y silencio de orilla y promontorio. Tenía el cuerpo lleno de heridas a causa de los mil golpes que le había dado la tempestad, la barba erizada, la cabellera en desorden.

Lloró dos noches, lloró tres noches y otros tantos días, porque no sabía, extranjero como era allí, qué camino debía de tomar para volver a su antigua morada, al lugar de su nacimiento.

La criadita de Pohjola, la muchachita rubia, había hecho un pacto con el Sol y con la Luna: habían convenido en que siempre se levantarían al mismo tiempo; despertarse siempre a la misma hora. Era un pacto poco grato, más bien triste, pero cuando no se tiene fortuna y se depende de otro fuerza es que agrade lo que a éste le conviene. Así anda la vida pero aún no se ha encontrado el medio de detenerla.

Pero un día la niña se anticipó al Sol y a la Luna con objeto de recoger la basura en un cubo de cobre y llevarla al campo más alejado, aquel que lindaba con la cerca de la finca. Y, llegada, oyó sollozos que venían de la parte del mar, gemidos que eran lanzados desde el otro lado del río.

La niña volvió al punto a la casa y dijo:

«He oído sollozos que venían del lado del mar, gemidos lanzados al otro lado del río».

Luhi, la madre de la familia de Pohjola, la desdentada vieja, se apresuró a salir al patio y se puso a escuchar. Luego dijo: «Esos llantos no son los de un niño; tampoco son gemidos de mujer; es el llanto de un héroe barbudo, los gemidos de un mentón erizado de pelos». Y como la niña abriese mucho los ojos, asombrada de cómo podría saberlo, Luhi añadió rápidamente: «Hay dos clases de hermosura: la de la juventud y la de la vejez. La primera, fruto de la primavera de la vida, es toda rosa, toda blanca, toda risa, toda suave; la segunda, nacida en su invierno y entre canas y arrugas, es menos grata de ver, pero no menos útil. El nombre de la primera, toda seducción, toda atractivo, es gracia; el de la segunda, experiencia. De faltar cualquiera de ellas, el mundo se acabaría».

Así dijo Luhi, la vieja desdentada, y luego corrió a la orilla del mar, echó su lancha al agua, subió y lanzose a través de las olas, dirigiéndose a fuerza de remos hacia donde gemía el viejo Vainamoinén, el héroe al que la desesperación abrumaba.

El viejo Vainamoinén lloraba en medio de un vasto campo inculto, al que rodeaba un espeso bosque.

Luhi, la madre de la familia de Pohjola, le dijo: «¿Me atreveré a preguntarte, ¡oh héroe magnífico!, quién eres y de dónde has venido?»

El viejo, el imperturbable Vainamoinén, respondió: «Yo he sido antes bastante afamado; bastante celebrado, sí, en otro tiempo, como el hombre de la alegría en las horas de reposo de la tarde, durante las cuales mis cantos celebraban la hermosura de los valles y la riqueza de los bosques de Vainola, y asimismo la majestad de los campos en espera del arado, de Kalevala. Pero ahora, ¡infortunado cual me siento! ¿Qué soy y qué va a ser de mí? Ni yo mismo, ¡ay!, lo sé. ! Nada más difícil de borrar que el sello que la desgracia imprime en la frente de los hombres!»

Luhi, la madre de la familia de Pohjola, dijo: «Sal de entre esa maleza, ¡oh héroe!, y ven a contar tus desgracias. Ven a relatar, sí, las aventuras de tu vida. Ésta, para la generalidad de los hombres, es tan monótona y tan aburrida, que nada les agrada tanto como oír contar la suya a los que han sido acariciados por la fortuna o maltratados por la desgracia. Abrir a un hombre un horizonte nuevo equivale a ofrecerle una nueva vida».

Luego sacó al héroe de sus llantos y de sus escandalosos gemidos y le hizo entrar en su barca. Por su parte, sentándose en el banco de los remos, se dirigió hacia Pohjola, donde una vez llegados llevó al extranjero a su casa.

Allí, tras hacer que se secase bien, pues hasta los huesos tenía empapados, sació su hambre. Luego le preparó un baño, le frotó, le dio masaje, hizo que la salud volviese a su cuerpo y, finalmente, le dijo: «¿Por qué llorabas, Vainamoinén, en aquel lugar inhóspito al borde del mar, donde te be encontrado?»

El viejo, el imperturbable Vainamoinén, dijo: «Motivos de sobra tengo para llorar y gemir, siendo como he sido traído lejos de mi patria, de mi tan amado país, a estas regiones desconocidas, a esta tierra extranjera».

Luhi, la madre de la familia de Pohjola, dijo: «Pues bien, ¿qué me darías si yo te volviese a dejar en tu país, a la entrada de tu campo, cerca de tu sala de baño?»

El viejo Vainamoinén respondió: «¿Qué podrías pedirme si me volvieses a mi habitación, si en efecto me llevases a ella de tal manera que oyese la voz de mi cuclillo, el inolvidable canto de mi querido pájaro? ¿Quieres un casco lleno de oro? ¿Un gorro colmado de plata?»

Luhi, la madre de la familia, dijo: «¡Oh sabio Vainamoinén, runoia eterno! No quiero ni tu oro ni tu plata. Las piezas de oro son flores para los niños, las piezas de plata el adorno sonoro del caballo. Pero, ¿podrías acaso forjarme un Sampo[16], un Sampo de suntuosa tapa? ¿Serías capaz de forjarle con la punta de las plumas de un cisne, la leche de una vaca estéril, un pequeño grano de cebada nacida sin haber sido sembrada y un copo de lana de una oveja fecundada antes de conocer al macho? Si fueses capaz, como premio a tu trabajo, te daría una virgen, una hermosa virgen, y te llevaría a tu país, allí donde tu pájaro canta, donde tu gallo hace oír su voz».

El viejo, el imperturbable Vainamoinén dijo: «Yo no sabría forjarte un Sampo de suntuosa tapa, un Sampo como tú quieres. Pero condúceme a mi país y te enviaré desde allí a Ilmarinen el herrero. Y él te forjará el Sampo y, a golpes de su martillo, una tapa como no habrá habido otra. Y además encantará a la virgen joven, y será la alegría de tu hija.

»Ilmarinen es un herrero maravilloso, un habilísimo batidor de hierro. Él es el que ha forjado la bóveda del cielo, quien ha hecho a martillo la cobertera del aire, sin que en todo ello se adviertan los golpes del martillo ni las mordeduras de las tenazas».

Luhi, la madre de la familia de Pohjola[17], dijo: «Prometo dar mi hija, mi hermosa hija, mi niña la sin igual, al que me forje un Sampo de tapadera suntuosa. Al que le forje con la punta de las plumas de un cisne, la leche de una vaca estéril, un pequeño grano de cebada nacida sin haber sido sembrada y un copo de lana de una oveja fecundada antes de conocer al macho».

Dicho esto enganchó su caballo rojo, aquel su caballo rojo, a su trineo; hizo sentarse en él a Vainamoinén y le dijo antes de que se pusiera en

---

[16] El *Sampo* es un talismán maravilloso que concede a quien lo posee cuanto puede desear y, desde luego, fortuna y toda suerte de prosperidades y venturas. Lo que justifica las luchas que por su posesión se van a presenciar. Como forma, ya se verá también, tenía la de un molinillo capaz de moler cuanto se echaba en él, no sólo material (trigo, sal, monedas, lo que fuese) sino, por lo visto, espiritual. Pero «moler» principalmente en el curioso sentido de producir. Es decir que moliendo, o sea puesto en movimiento, producía cuanto se solicitaba de él. Y si, efectivamente, además de producir deshacía cuanto molestaba a sus poseedores, valía la pena de hacer cuanto hubiera que hacer por conseguir poseerlo.

[17] La palabra *emantá*, que traduzco por «madre de la familia», significa también huéspeda, ama de la casa, reina y soberana del hogar. También hubiera podido traducir, y ello hubiera dado mejor cuenta de su importancia, «la gran abuela de Pohjola».

marcha: «No levantes la cabeza, no endereces el cuerpo, a menos que el caballo se fatigue o que la tarde haya caído. Si levantases la cabeza, si enderezases el cuerpo, desgracias inevitables caerían sobre ti, y éste sería tu día fatal».

Entonces, el viejo Vainamoinén lanzó el caballo al galope, aquel caballo de crines blancas cual ningún otro veloz, y con gran estrépito se alejó de la sombría Pohjola.

## V. LAS PRUEBAS. LA HERIDA.

Bella era en verdad la virgen de Pohjola. Era, de la tierra, la gloria; de la onda, el adorno. Estaba sentada sobre la bóveda del aire, apoyada en el arco iris, toda resplandeciente con sus vestidos blancos. Tejía un tejido de oro, un tejido de plata, con una lanzadera de oro, en un telar de plata.

El viejo e imperturbable Vainamoinén se alejaba de la sombría Pohjola. Cuando llevaba hecho un poco de camino oyó el ruido de la lanzadera por encima de su cabeza.

Levantando los ojos hacia el cielo, vio un hermoso arco desplegado sobre la bóveda del aire, y, sobre este arco, una joven que tejía un tejido de oro, un tejido de plata.

El viejo e imperturbable Vainamoinén detuvo al punto el caballo, y tomando la palabra dijo: «Ven, ¡oh muchacha!, a mi trineo. Desciende, maravillosa joven, hasta mi hermoso trineo».

La joven dijo: «¿Por qué quieres tenerme en tu trineo, en tu hermoso trineo?»

El viejo e imperturbable Vainamoinén respondió: «Quiero tenerte en mi trineo para que prepares mis bollos de miel, para que hagas mi cerveza, para que cantes en cada uno de los bancos de mi casa y para que encantes a cuantos te vean asomada en mi ventana».

La joven dijo: «Ayer por la tarde, cuando hollaba con pie ligero la llanura de oro, un zorzal cantó en el follaje. Cantó el alma de las muchachas y el alma de las mujeres jóvenes.

»Y yo dije al pájaro: «Zorzalillo encantador, dime: ¿cuál es la más dichosa, la más envidiable, la joven que se queda en la casa del padre o la mujer que vive bajo el techo de su marido?»

»Y el zorzalito me respondió: «Brillante es el día de verano, pero más brillante es aún la suerte de la joven. El hierro hundido en el hielo es frío, pero más fría aún es la suerte de la mujer casada. La joven es en la casa de su padre como la semilla en una tierra fecunda; la mujer es bajo el techo de su marido como el perro en la cadena. El esclavo raramente gusta de las dulzuras del amor, la mujer esclava, jamás. Si la mujer que se une a un hombre que ama sólo es feliz mientras dura su ilusión, pasajera fatalmente como las lluvias en el estío, no hay suerte, en lo desgraciado, comparable a la de la que unen a un hombre contra su voluntad. Las costumbres son las cadenas de las sociedades: unas son de oro, otras de plata, otras de hierro, muchas de infamia. Entre éstas ninguna es comparable, en cuanto a los males y lágrimas que acarrea, a la que prohíbe que la mujer descontenta se aparte del hombre que la hace desgraciada».

El viejo e imperturbable Vainamoinén dijo: «Los cantos del zorzal vacíos están de sentido. Ven, ¡oh joven!, a mi trineo, a mi hermoso trineo. Yo no soy un hombre de poco valor, ni un héroe menos avisado que los demás».

La joven respondió maliciosamente: «Yo te llamaré un hombre, y te consideraré como un héroe, si eres capaz de partir en dos a lo largo una crin de caballo con un cuchillo sin filo, y si haces con un huevo un nudo invisible».

El viejo e imperturbable Vainamoinén hendió en toda su longitud una crin de caballo con un cuchillo sin filo e hizo con un huevo un nudo invisible. Luego llamó de nuevo a la joven para que bajase a su trineo.

La joven le dijo maliciosamente: «Tal vez consintiera en seguirte, si de la superficie de una piedra sacases corteza de abedul, y si fueses capaz de labrar dos estacas con hielo sin que éste se deshaga en pedazos, sin que uno tan sólo de ellos caiga a tierra»[18].

El viejo e imperturbable Vainamoinén no se apuró en modo alguno por ello. Sacó corteza de abedul de una piedra y labró dos estacas con hielo sin que éste se deshiciera en pedazos y ni uno tan sólo cayese a tierra. Luego llamó de nuevo a la joven para que bajase a su trineo.

La joven le respondió maliciosamente: «Sólo bajaré hacia aquel que pueda construir un barco con los restos de pelusa que quedan en mi huso y con los menudos fragmentos de lana que se enganchan en mi lanzadera; y que hecho, le bote al agua sin empujarle con las rodillas, sin moverle con las manos, sin agitarle con los brazos y sin dirigirle con el hombro».

El viejo e imperturbable Vainamoinén dijo: «No hay tal vez en la Tierra, ni en toda la extensión del Universo, constructor alguno de barcos que pueda rivalizar conmigo».

Dicho esto, tomó los restos del huso y los fragmentos de la lanzadera y empezó a construir el barco. a fabricar la nave de mil planchas, sobre una roca dura como el acero, sobre una losa como el hierro.

---

[18] Una vieja costumbre quería que las jóvenes que eran solicitadas en matrimonio, impusieran a los que trataban de hacerlas sus mujeres, pruebas que éstos debían resolver victoriosamente. Naturalmente aquí estas pruebas tienen el carácter fantástico que conviene a la leyenda donde, como se va viendo, nada importante se resuelve o consigue sino a fuerza de magia. Al propio Vainamoinén le vamos a ver al punto tratar de curar las heridas que se hace con un hacha, a fuerza de encantamientos, y no conseguirlo a causa de serle imposible acordarse de los necesarios.

Carpinteaba con soberbia confianza y con amenazador orgullo. Trabajó un día, trabajó dos días, trabajó casi tres días, sin que el hacha tocase la losa, sin que su cabeza de acero golpease contra la dura roca.

Trabajaba con tal tesón y tal entusiasmo que no se dio cuenta de que Lempo, Paha e Hiisi los tres genios malos, terrestres, que le acechaban escondidos tras una roca inmediata, se concertaban en contra suya. Y decididos a que se hiriera con el hacha, para que tuviese que interrumpir su trabajo, tras hacerse invisibles se acercaron a él sin que se diese cuenta.

Así, hacia la tarde del tercer día, el hacha tocó la losa, la cabeza de acero golpeó contra la roca y, escurriéndose, fue a herir la rodilla del héroe y luego el dedo del pie de Vainamoinén. Y la sangre empezó a correr. Sangre caliente que brotaba a borbotones.

Lempo, Paha e Hiisi habían unido sus esfuerzos para desviar el hacha hacia la rodilla de Vainamoinén. En efecto, caía una vez más el hacha del héroe cuando Hiisi que era delgado como un hilo y escurridizo como una culebra, con un empujón de sus largos dedos hizo oscilar el mango; Lempo, según caía el hacha ya desviada, atrajo hacia él el corte, y Paha no tuvo ya sino acabar de desviar el golpe. Hecho el mal escaparon riendo sin que Vainamoinén se diera cuenta de que había sido burlado.

El viejo e imperturbable Vainamoinén, el eterno runoia, tomó la palabra y dijo: «¡Oh hacha, oh media luna de acero, has creído morder la madera, has creído trabajar el abeto, horadar el pino, hendir el abedul, y lo que has hecho ha sido desgarrar mi carne y precipitarte a través de mis venas!»

Y empezó a recitar sus encantamientos, a cantar las palabras originales[19] y fundamentales, los runot de la ciencia. Pero imposible le fue

---

[19] Esta idea, creencia, prejuicio o como se le quiera llamar, de que el lenguaje primitivo era infinitamente superior a los en que había degenerado, era común a todos los pueblos antiguos. En el propio *Antiguo Testamento* la vemos en lo que. afecta al nombre de Yahvé, y luego en los Apócrifos a propósito del Hijo del hombre cuyo nombre sólo sería revelado un día. Y antes existió en Egipto, y en la India, y en otros muchos pueblos donde era creencia profundamente anclada en las conciencias de que mediante las palabras primitivas, de algunas de las cuales estaban aún en posesión los magos y los sacerdotes, se podía incluso poner en acción a los elementos, y producir efectos milagrosos y fuera de lo normal. Sería curioso saber cómo en todas partes se formó esta creencia: si fue a causa de ser el lenguaje algo propio de los seres humanos y que por ello se llegó a pensar que el hombre lo tenía como un don divino, y por consiguiente que el primitivo lenguaje recibido del Cielo, tenía, por lo mismo, que ser infinitamente superior a aquellos en que luego degeneró; si fue simplemente un engaño más de los primeros que

acordarse de las grandes palabras, de las palabras reveladoras de la génesis del hierro, únicas capaces que de cerrar la abierta herida y de curar los golpes que el azulado acero le había dado.

Entonces el héroe fue víctima de atroces dolores y lloró amargamente[20]. Al fin enganchó su caballo al trineo y se puso en marcha.

Tomó el primer camino, se detuvo ante la casa que encontró la primera y dijo a través de la puerta: «¿Hay alguien en esta casa que pueda examinar la obra del hierro, oponer un dique al río que desborda, a las olas de sangre que se precipitan?»

Un anciano de barba gris que estaba casi metido en una estufa, le respondió con voz que era un rugido: «Ríos más grandes han sido encadenados, torrentes más fieros han sido domados, con las tres palabras del Creador, en virtud del misterioso poder de las palabras originales. Con

---

aprovechando la ignorancia y fanatismo general se nombraron representantes de los dioses antiguos, o si, aceptada en todas partes la *magia,* pareció natural que hubiese un lenguaje también mágico cuya modulación producía efectos insospechados, maravillosos y sorprendentes. Tal vez fue un resultado de las tres cosas y, en síntesis, de la audacia de unos pocos y de la ignorancia, fanatismo y gusto hacia lo maravilloso de los demás. En todo caso aquí, en el *Kalevala,* la magia está a la orden del día. Claro que en lo que a Vainamoinén respecta lógico era que fuese expertísimo en ella, puesto que era un retoño divino.

También es curioso observar en este poema la escasa importancia que adquieren los dioses (apenas, al principio, vemos a Luonnotar, la «Hija de la Naturaleza», nacida de lima, el aire, crear el Mundo a manotazos y a patadas) y en cambio la mucha que tienen todos los expertos en magia. Si a ello se une que hoy mismo los pueblos del Norte son los menos religiosos, sería curioso elevarse, a fuerza de reflexión, al por qué siempre ocurrió tal cosa. Pero para elevarse reflexionando es necesario estar seguro de no exponerse a una caída, y como yo me he dado ya algunos batacazos, aquí me detengo.

[20] Los héroes antiguos lloraban, los hombres también y a nadie sin duda le parecía mal. Luego, no sé quién lo inventaría, se empezó a decir que los hombres no podían llorar a no ser a causa de dolores morales, pero que hacerlos por los físicos era de cobardes. En cambio, llorar de cólera o de rabia ya no es cobarde. Sin duda porque el que lo hace está soñando con poder comerse los hígados del que le arranca las lágrimas. Hemos llegado a ideas a propósito del dolor, del valor y del llanto enteramente opuestas a las antiguas. Y esto debe ser, sin duda, porque nos preocupamos mucho más que nuestros tatarabuelos de la opinión ajena. Esto no creo que tenga sino un remedio: la invención de un aparatito de bolsillo que nos permitiera oír lo que dicen de nosotros los demás en cuanto salimos de su presencia. Por más que tampoco esto sería un remedio a menos que al mismo tiempo nos limpiase de vanidad; de otro modo cada hombre sería un odre ambulante de odios.

ellas, los ríos han sido detenidos en sus desembocaduras, los arroyos de los pantanos en su propia fuente, las cataratas en plena efervescencia; los golfos fueron suspendidos en la punta inferior de los promontorios y los itsmos fueron reunidos con los itsmos».

El viejo, el imperturbable Vainamoinén bajó solo, sin necesidad de ayuda, de su trineo, y entró bajo el techo del anciano.

Fue traído un vaso de plata y otro de oro; pero no pudieron contener la sangre que escapaba de la herida de Vainamoinén, la hirviente sangre del noble héroe.

El anciano rugió desde su íntimo coloquio con la estufa: «¿Qué hombre eres tú, pues, entre los hombres, qué héroe entre los héroes? ¡Ya siete barcas, ocho grandes cubas están llenas de sangre tuya, desdichado, y todavía cae a chorros por el suelo! Aún voy a tener necesidad de otras palabras, pero todo será inútil ignorando como ignoro el origen del hierro que te ha herido; pues la verdad es que no sé cómo el miserable metal ha sido formado»[21].

El viejo Vainamoinén dijo: «Yo conozco el origen del hierro, yo creo saber de dónde el acero ha salido.

»El aire es el más antiguo de los elementos[22], luego apareció el agua, después el fuego y, en fin, el hierro.

»Ukko, el creador muy alto, el árbitro supremo del tiempo, separó el aire del agua, y del agua sacó la tierra. Pero el hierro no se mostró todavía.

»Ukko, el glorioso Jumala, se frotó las manos por encima de su rodilla izquierda. Y de este frotamiento nacieron tres vírgenes, tres hijas de la Naturaleza. Eran las madres que debían engendrar al hierro, dar el día a la boca azul.

»Las tres vírgenes marchaban cadenciosamente por el borde de una nube. Sus senos se hallaban hinchados. Tanto, que las puntas de estos senos estaban dolorosas; y entonces extendieron su leche sobre la tierra, inundando al hacerlo las llanuras y los pantanos; e incluso la mezclaron con las límpidas ondas.

---

[21] Vainamoinén no puede detener su hemorragia sino mediante conjuros mágicos. Siendo hijo de una diosa, no vemos en ello nada de extraño. Al contrario, parece lo normal. Ahora bien, esta magia curativa no puede ser eficaz sin conocer previamente la causa primitiva de aquello que ha producido la herida. Las grandes causas necesitan de grandes remedios, y al revés. La magia es la magia y ahora estamos metidos en ella hasta el cuello.

[22] Esto era un piropo a su abuelo Ilma, personificación del aire, como ha sido dicho, en la mitología finlandesa.

»La de más edad de las vírgenes vertió una leche negra; la segunda, una leche blanca; la más joven, una leche roja.

»La que vertió una leche negra dio nacimiento al hierro flexible; la que vertió una leche blanca, dio nacimiento al acero; la que vertió una leche roja, dio nacimiento al hierro rígido y duro.

«Pasó un poco de tiempo, y el hierro quiso hacer una visita al mayor de sus hermanos; quiso hacer conocimiento con el fuego.

»Pero el fuego fue presa de un furor insensato; irguiéndose de modo espantoso, amenazaba devorar al hierro, al pobre hierro, su hermano.

»No obstante el hierro consiguió substraerse a su terrible abrazo y al antro de su exasperada boca; se ocultó en el fondo de un manantial murmurante, en las entrañas de un vasto pantano; se ocultó en la cima de una roca salvaje, allí donde los cisnes depositaban sus huevos, donde la oca hace salir a sus pequeños.

»Y permaneció en el légamo húmedo del pantano, oculto entre los troncos de dos pequeños árboles, bajo las raíces de tres abedules, durante un año, durante dos años, durante casi tres años. Pero a pesar de todo, imposible le fue escapar al abrazo del implacable fuego; y tuvo que volver a su morada, para en ella ser cambiado en arma de combate, en temible espada».

El anciano rugió desde su estufa: «¡Ahora ya conozco el origen del hierro, y sé, sí, las costumbres del acero! ¡Ay de ti, hierro deplorable, vil y pobre escoria! ¡Desgraciado de ti también, acero fatal! ¿Es que tu misión viniendo al Mundo no era otra sino desplegar tu maldad y tu violencia?

»¿Mas por qué acusaros a vosotros, obra fatal, como tantas otras, de una causa miserable? ¡A las tres vírgenes de cuyos pechos salisteis es a quien hay que acusar! ¡A ellas, a ellas!

»¡Pero tampoco a vosotras, infelices, que no fuisteis sino medios inocentes para un fin funesto, sino al gloriosísimo Jumala que sin precaver, no obstante ser dios, lo que iba a ocurrir, se frotó tan incauta y estúpidamente las manos por encima de su rodilla izquierda!

»¿Acaso no sabía que lo zurdo trae mala suerte? Las imprevisiones de los hombres, los hombres las pagan, pero ¿es justo que paguen también las de los dioses?»

El viejo e imperturbable Vainamoinén dijo: «Tal vez no sea ajeno a esto, como a todo lo malo, Lempi[23]. Pero dejémoslos; dejemos, así, tanto a los dioses favorables como a los adversos ya que son más fuertes que nosotros, pues su magia es superior a la nuestra. De los poderosos

---

[23] *Lempi,* el genio del mal; el Demonio finlandés.

conviene no hablar si no es para alabarlos. Calla, pues, anciano, y puesto que ya puedes, porque sabes, ocúpate de mi mal».

«Tienes razón, pero también me haría falta saber por qué Ukko y Lempi no se ponen de acuerdo para que cesasen nuestros males. Seguiré, pues, con el hierro porque aún me queda rabia. ¡A ti me dirijo ahora, hierro, a ti! ¡Ven, ven a contemplar lo que has hecho! ¡Ven a borrar, si puedes, las huellas de tu crimen!

»Y en cuanto a ti, sangre, ¡cesa de correr ya! ¡Cesa, oh sangre caliente, de brotar con esa fuerza y de inundarme, como estás haciendo, el pecho!

»En lo que te afecta, Ukko, creador muy alto, ¡Jumala, ilustre entre los ilustres! Te nombro muy fuerte para que me oigas ahora bien; si antes lo hiciste quizá, olvídalo. La mejor prueba de grandeza de los grandes es disculpar los arrebatos involuntarios de los pequeños. De modo que tú, poderoso Ukko, ven aquí, pues tenemos necesidad de ti. Ven, te llamamos porque nos hace falta tu socorro. Cierra con tu espesa mano, con tu enorme pulgar, esta herida abierta. Extiende, pues arte tienes para ello, una hoja de nenúfar divino, un lirio de oro de los que sólo crecen en tu huerto, a través de esta vía de sangre, con objeto de que cese de brotar sobre mi barba y de gotear con esta abundancia sobre mis vestidos».

El anciano cerró él mismo la boca de sangre; encadenó el torrente rojo. Luego envió a su hijo a la herrería para que en ella preparase un bálsamo. Un bálsamo hecho con semilla de césped y con tallos de otras muchas plantas empapados en miel.

El hijo del anciano experimentó el bálsamo en las grietas de las piedras y en las hendiduras de; las rocas. Las grietas de las piedras se unieron, las hendiduras se cerraron. Entonces trajo a su padre el bálsamo que había preparado y le dijo: «Aquí tienes el remedio seguro, el remedio infalible. Con él puedes soldar las piedras, reunir juntas a todas las rocas».

El anciano probó el bálsamo con su lengua, a boca desnuda, y encontró que era bueno.

Luego frotó con él el cuerpo de Vainamoinén, ungió su llaga en todos sentidos, y dijo: «No te toco con mi propia carne, sino con la carne del Creador. No te curo en virtud de mi propia fuerza, sino con la fuerza del Todopoderoso. Y le doy las gracias, pues comprendo que sus creaciones son buenas o malas, según las empleemos los hombres. El mismo hierro que a veces nos hiere o nos mata, otras nos permite, utilizándole debidamente, derribar árboles para construir barcos o casas, o para hacer leña. Ahora, ¿por qué tenemos esta libertad de obrar ora bien, ora mal? Esto me gustaría que alguien, sin mentir, me lo hiciera saber con objeto de, si me convencía, no volver a levantar hacia el Cielo los ojos, con cólera».

Una vez el bálsamo extendido sobre la herida, Vainamoinén casi fue víctima de un vértigo. Empezó a tambalearse como un hombre borracho, e incapaz le fue hallar reposo.

El anciano entonces se puso a conjurar los dolores. Luego dispuso una tela de seda, la cortó en pedazos, hizo con ella un vendaje, y con él cubrió toda la parte herida del héroe, rodilla y pie.

De pronto el viejo Vainamoinén se sintió admirablemente aliviado, y pronto estuvo completamente curado. Su herida se cerró, su carne se tornó aún más dura, más fuerte e incluso hermosa que jamás lo había sido. Su pie recobró su fuerza, su rodilla su flexibilidad, y ya no sintió dolor alguno.

Entonces levantó majestuosamente sus ojos hacia el cielo y dijo: «Las gracias, los socorros bienhechores vienen siempre de lo alto, del cielo, del todopoderoso Creador».

El anciano suspiró: «A mi otro hijo, guardando el rebaño, le mató un rayo».

El viejo e imperturbable Vainamoinén dijo: «¿Había cometido algo malo?»

El anciano suspiró aún: «¡Como no hubiese sido nacer...! Aún no tenía ocho primaveras».

El viejo e imperturbable Vainamoinén dijo: «El porqué de las cosas sólo Ukko las conoce. ¿No te ha ocurrido algunas veces ser para ti un gran bien lo que creías un mal?»

El anciano volvió a suspirar: «Temo que el bien que haya de traerme la muerte de mi hijo le esperaré inútilmente todo lo que me quede de vida».

El viejo e imperturbable Vainamoinén dijo: «Pues yo te bendigo, ¡oh Jumala! Sé glorificado, ¡oh Dios único cuyos designios tantas veces desconciertan nuestra ignorancia! En cuanto a mí, agradecido te estoy por haberme librado tan eficazmente de mis angustias, de los terribles dolores causados por la mordedura del hierro».

El viejo Vainamoinén dijo aún: «¡Oh raza del porvenir, raza que te renuevas en el seno de las edades, guárdate de construir un barco con el corazón lleno de soberbia, de mostrar demasiada confianza ni siquiera preparando uno sólo de sus costados! Pues es a Jumala, es tan sólo al Creador a quien pertenece el acabar toda obra, dar la última mano a un proyecto, y no a la habilidad del héroe o al poder del fuerte que ante él, ¡menos son que las hojas secas caídas de los árboles, en otoño, ante el viento!»

## VI. ILMARINEN, EL BATIDOR DE HIERRO

El viejo e imperturbable Vainamoinén enganchó su leonado semental a su trineo, a su hermoso trineo; luego se acomodó en él y se puso en camino.

Y con la cabeza inclinada sobre el pecho, el corazón triste y el gorro de medio lado, piensa, mientras el trineo avanza, que para salvar su vida, para conservar su cabeza, ha prometido traer a Ilmarinen, el eterno y admirable herrero, a la sombría, a la triste Pohjola.

Ya su semental se ha detenido al llegar a los límites de Kalevala. El viejo Vainamoinén saca la cabeza de su hermoso trineo y escucha el golpear, allá al fondo de la herrería, del martillo del batidor de hierro.

El viejo e imperturbable Vainamoinén se dirigió hacia el lado de donde venía el ruido. Ilmarinen estaba ocupado en forjar. Al ver al héroe le dijo: «¡Oh viejo Vainamoinén! ¿Dónde has estado tanto tiempo? ¿Dónde ha transcurrido tu larga ausencia?»

El viejo e imperturbable Vainamoinén respondió: «He permanecido tanto tiempo, he pasado mi larga ausencia en la sombría Pohjola».

Ilmarinen dijo: «¡Oh viejo Vainamoinén, oh runoia eterno! ¿Qué tienes que contar de tus viajes ahora que estás de vuelta en tu país?»

El viejo Vainamoinén respondió: «Tengo muchas cosas que contar. Hay, en Pohjola, una joven virgen que aún no se ha prometido a ningún hombre, que aún no se ha enternecido por ningún héroe. La mitad de Pohjola la celebra, pues es maravillosamente hermosa.

»Ve, pues, ¡oh Ilmarinen, oh forjador eterno! Ve a buscar a la virgen de lindos bucles. Si eres capaz de forjar un Sampo, un Sampo de magnífica tapa, ella será el precio de tu trabajo».

Ilmarinen dijo: «Entonces, ¡oh viejo Vainamoinén!, esto quiere decir que me has ofrecido a la triste Pohjola como rescate de tu propia cabeza, como prenda de tu liberación. Pues no. mientras dure esta larga vida, mientras la Luna ilumine al Mundo con su antorcha de plata, no iré a las regiones de Pohjola, a ese lugar donde son devorados los hombres y donde se extermina a los héroes».

Entonces el viejo Vainamoinén levantó su voz y entonó un canto mágico. Evocó un viento violento, un torbellino de tempestad, y dijo: «¡Cógele, oh viento, en tu navío! ¡Arrebátale, soplo de primavera, en tu barco, y llévale rápidamente a la sombría Pohjola!»

El viento se desencadenó con furia, el aire se arremolinó formando torbellinos tempestuosos, y cogiendo al herrero le transportó a la triste Pohjola.

Luhi, la gran abuela de Pohjola, la desdentada vieja, encontró al herrero en el recinto de su morada, y le dijo: «¿Qué hombre eres entre los hombres, qué héroe entre los héroes, tú que llegas así por el camino del viento, por la vía del aliento de la primavera, sin que los perros te hayan denunciado, sin que los colas de lana hayan ladrado?»[24]

Ilmarinen respondió: «Es que yo no he venido a estas tierras extranjeras, a estas regiones desconocidas, para servir en ellas de pasto a los perros y para ser devorado por los colas de lana».

La madre de la familia de Pohjola interrogó de nuevo al viajero: «¿Acaso te enseñaron a conocer al herrero Ilmarinen? ¿Oíste hablar tal vez del hábil forjador de hierro? Hace mucho tiempo que es esperado, deseado en Pohjola».

Ilmarinen respondió: «Yo he aprendido, en efecto, a conocer a ese herrero, puesto que soy yo mismo Ilmarinen, yo, el hábil forjador de hierro».

Luhi entró al punto en su casa, y dijo: «¡Oh mi hija, la más linda, la más querida de mis hijas. el momento ha llegado de vestirte con cuanto más hermoso tengas, de engalanarte con tus más preciosos atavíos! Adorna tu cuello con un brillante collar, tú pecho con una fíbula radiante, tu frente con una diadema de flores. Espolvorea tus mejillas de rosa ¡y que todo tu cuerpo irradie hermosura! Pues he aquí a Ilmarinen, el forjador de hierro eterno. Ilmarinen, que ha venido ¡a forjar un Sampo de tapa suntuosa!»

La hermosa virgen de Pohjola, la gloria de la Tierra, el honor de la onda, se vistió con cuanto tenía de más lindo, con sus más deslumbrantes adornos.

Y así se presentó en la cámara de la familia, con los ojos como dos estrellas, soberbia en cuanto a sus orejas, las mejillas como dos rosas, lleno el pecho de joyas de oro, otras de plata como incomparable adorno, en la cabeza.

Entonces la madre de la familia de Pohjola hizo entrar en su morada al herrero Ilmarinen. Y le regaló ofreciéndole multitud de manjares, le dio cerveza abundante para regarlos, y cuando estuvo completamente harto, le dijo: «¡Oh herrero Ilmarinen, oh tú el eterno forjador de hierro! ¿Serías capaz de forjarme un Sampo, un Sampo de suntuosa tapa? ¿Podrías forjarle con puntas de pluma de cisne, con leche de vaca estéril, con un grano de cebada germinada sin haber nacido y con un vellón de lana de

---

[24] «Cola de lana» o «colas de lana», en plural, apodo que los finlandeses dan a los perros. A sus grandes perros lanudos de raza esquimal.

una oveja fecundada sin haber conocido macho? Si lo haces te daré a mi hija. A mi linda hija, como premio a tu trabajo».

Ilmarinen respondió: «Sin duda que puedo forjarte un Sampo, un Sampo de tapa suntuosa. Pues yo soy quien ha forjado la bóveda del cielo, y quien ha martilleado la tapa del aire, cuando aún nada había sido comenzado, cuando de todo ello no existía aún ni el menor átomo».

Y salió Ilmarinen para ir a forjar el Sampo, el Sampo de tapa suntuosa. Lo primero que hizo fue buscar una herrería y los útiles necesarios para un herrero. Pero allí ni había herrería, ni fuelle, ni fuego, ni yunque, ni martillo, sino tan sólo un mango de martillo[25].

Buscó todo un día, buscó dos días; al tercer día, encontró una losa multicolor, un espeso bloque de piedra. Allí se detuvo y encendió fuego. Luego, durante el resto de la jornada, preparó un fuelle. Luego pasó otro día en poner su herrería en estado de trabajar en ella.

Y reunió en el corazón del hogar las materias elementales. Luego llamó junto a él a esclavos para que soplasen, y a hombres fuertes para trabajar.

Los esclavos soplaron sin interrupción, los hombres fuertes trabajaron durante tres días, durante tres noches de verano; las piedras se hinchaban bajo sus talones; los bloques de roca se tumefactaban bajo sus pies.

Los vientos se desencadenaron con furia. Soplaron del Oriente, soplaron del Occidente, soplaron del Mediodía y del Norte. La llama de la fragua salía a través de las ventanas, las chispas centelleaban, el humo subía hacia el cielo formando una espesa nube.

Pasado el tercer día, Ilmarinen se inclinó sobre la hoguera, y vio que el Sampo había nacido, que la hermosa tapa estaba ya formada.

Y empezó a trabajar todo con ardor, a martillearlo poderosamente, a darle forma con arte. Por un lado era molino de harina, por otro molino de sal, por el tercer lado se podía moler moneda[26].

---

[25] El lector habrá comprendido que *Ilmarinen* es el Hefaistos de la mitología finlandesa, o el Thor de la germana. Con menos importancia que éstos tal vez, pues la importancia de los dioses de las mitologías está en relación directa con el número de hombres que tras haberlos inventado los adoran; pero por lo demás sus funciones, las mismas: fabricar de modo maravilloso los modelos de los instrumentos útiles a los hombres amén de realizar cuanto sus inventores o los poetas posteriores magnificadores de las leyendas divinas, les encarguen realizar. Son, por lo demás, en todas las mitologías, dioses simpáticos y útiles tanto a sus congéneres como a los hombres.
[26] Entiéndase por «moler», «producir». Aquel molino, por un lado, daba harina; por el otro, sal; por el tercero, dinero. Es decir cuanto se podía soñar no tan sólo para cubrir las necesidades más apremiantes, sino para ser rico, pues sobre poder

El nuevo Sampo empezó a moler, el Sampo de tapa suntuosa entró en movimiento. Al despuntar el día empezó su trabajo. Molió el contenido de un cofre para ser comido, otro cofre para ser vendido, un tercero aún para ser conservado.

La gran abuela de Pohjola se estremeció de gozo. Transportó el maravilloso Sampo al recinto de su mansión; le escondió en las entrañas de una roca de cobre, a una profundidad de nueve brazas, y bajo nueve cerraduras; hundió una de sus raíces en la tierra, la otra en el agua, la tercera en la colina sobre la que había sido construida la casa.

Acabada esta tarea, cuando Luhi, la desdentada vieja, estuvo de nuevo en la casa, Ilmarinen el herrero empezó a reclamar a la joven virgen: «Ahora la muchacha me pertenece, porque he forjado el Sampo, el Sampo de tapa suntuosa».

Pero la linda virgen de Pohja dijo: «¿Quién haría cantar a los cuclillos el año próximo; quién haría gorjear a los pájaros al siguiente verano, si la paloma tuviera que marcharse, si el fruto de las entrañas de mi madre debiera partir, si la dulce baya roja desapareciese de aquí? Los cuclillos huirían lejos, los alegres pajarillos escaparían a lo más alto de aquella colina y a lo más abrupto de aquella cadena de montañas. No, es más, aunque tal cosa no ocurriera, no me marcharía. Por nada del Mundo abandonaría mi vida de soltera».

El herrero Ilmarinen, el eterno forjador de hierro, se llenó de tristeza, de mucha tristeza. Su corazón estaba arrugado, su cabeza baja, su gorro caído hacia un lado. Reflexionaba profundamente preguntándose cómo podría dejar la triste Pohjola, con objeto de volver a su casa, a su bienamado país.

La madre de la familia de Pohjola, la desdentada Luhi, le dijo: «¿Por qué estás triste, Ilmarinen? ¿Acaso echas de menos tu antigua patria?»

---

vender lo que no se necesitase de harina y sal, si hacía falta más dinero, allí estaba la joya de Ilmarinen para procurarlo. Era mejor aún que la famosa mesita de nuestro cuento que bastaba decir: «Mesita, componte» para que se llenase de toda suerte de manjares. Es curioso observar cómo incluso a través de las leyendas mitológicas se puede conocer no sólo la psicología de los pueblos de donde proceden, sino la naturaleza física del suelo. En los pueblos del Norte, cuya naturaleza es mucho menos generosa que en los de la zona templada, sobre todo si lindan con el Mediodía, asegurar el pan y la sal es, o era antiguamente, asegurar una considerable riqueza. Este molino que, además, procuraba monedas dando a la tercera manivela, se comprende que volviese loca de alegría a la vieja desdentada de Pohjola.

Ilmarinen respondió: «Sí, suspiro por mi antigua patria. Quisiera volver a ver mi casa, con objeto de morir en ella, para ser allí enterrado».

La gran abuela de Pohjola sirvió de beber y de comer al héroe. Luego le hizo sentarse en un barco, junto al timón adornado con cobre. Al punto despertó al viento, al viento del Norte, y le ordenó que soplase, que soplase con fuerza.

Y el herrero Ilmarinen, el forjador de hierro eterno, avanzó por el mar azul. Y vogó durante un día, y vogó dos días; al tercer día llegó a su país, a la casa en que había nacido.

El viejo Vainamoinén le dijo: «Hermano Ilmarinen, forjador de hierro eterno, ¿has forjado ya el nuevo Sampo y has adornado su suntuosa tapa?»

Ilmarinen respondió: «Sí, ya el nuevo Sampo se ha puesto a moler, y su tapa magnífica se levanta y se baja a voluntad. Un cofre lleno, para ser comido, ha sido molido, otro cofre para ser vendido, el tercero para ser conservado».

## VII. LEMMIKAINEN, EL HERMOSO KAUKOMIELI

Tiempo es ya de hablar de Athi Lemmikainén[27], de cantar al alegre astuto compadre. Athi, el alegre hijo de Lempi, nació y fue educado por su dulce madre, en una casa construida sobre los bordes del amplio golfo, en uno de los recovecos del promontorio de Kauko[28].

Allí Kaukomieli[29] creció alimentándose de pescado, comiendo percas. A su madre debía sus excelencias, a una de éstas un pequeño defecto. Pero hablemos primero de aquéllas.

Athi Lemmikainén, gracias a su buena naturaleza, heredada de su madre, llegó a ser uno de los hombres más gratos de ver. Llegó a ser, sí, un héroe de grata figura, de mejillas rosadas y frescas, de carácter entero, porte noble y, en una palabra, magnífico en toda su persona y muy grato de ver. Pero tenía, ya lo acabo de decir, un pequeño defecto. Hubiera preferido no tener que nombrarle porque no es grato encontrar una perla con defectos, pero de no haberlo dicho yo, al punto lo hubiera dicho su historia: Lemmikainén vivía siempre, no lo podía ni lo quería evitar, en medio de, las mujeres. Las noches las pasaba enteras en amorosas aventuras, frecuentando las alegres asambleas de las muchachas cuyas hermosas cabelleras y cuanto había bajo ellas hacía al punto brillar sus ojos.

Y ahora hay que contar por qué debía a una perca su un poco exagerada afición al sexo opuesto al suyo. Porque precisamente hasta su encuentro con ella, Athi Lemmikainén era el joven más tímido, menos osado, más retraído de Kauko.

Pero un día en que pescaba, ya en esa edad en que los jóvenes empiezan a darse cuenta de que las muchachas tienen un sexo diferente al suyo, el pez que de pronto se enganchó a su anzuelo dio un tirón tan fuerte que, como tenía la caña bien sujeta porque la corriente era rápida, a punto estuvo de arrastrarle y hacerle caer en el agua.

Pensando qué podría ser, pues no era época de salmones, puso en juego toda su habilidad como pescador, y cuando al fin consiguió tener fuera de su elemento a lo que había picado con tanta fuerza, vio con asombro que

---

[27] Athí, uno de los nombres de Lemmikainén, quiere decir «dios del mar». También se escribe Atho.

[28] El promontorio de Kauko: el promontorio lejano.

[29] *Kaukomieli,* apodo de Lemmikainén, cuyo sentido es: «El que suspira por lejanos viajes», indica el carácter aventurero del joven.

era una perca. De buen tamaño, cierto, pero de tan desusado peso que éste fácilmente hubiera podido corresponder a un animal varias veces mayor.

Cuando al fin entre sus manos y siempre admirándole, pues en vez de verdoso por el lomo y plateado por abajo era enteramente dorada, quitó el anzuelo de su boca, el animal le dijo: «Échame, de nuevo al agua, Athi. Te compro mi vida contra mil percas semejantes a mí. Si me sueltas te enseñaré una palabra que te bastará pronunciarla cada vez que vengas a pescar, y las más hermosas del río se empujarán por venir a engancharse en tu anzuelo».

Athi Lemmikainén dijo: «Pero es que tú, con el peso y el color que tienes, pues pareces y debes ser de oro macizo, ofreces un bocado singular». La dorada perca dijo: «Bocado que te sería funesto, Athi». Athi Lemmikainén dijo: «¿Por qué me sería funesto?» La dorada perca replicó: «Porque te daría costumbres que no tienes. Ahora eres el joven más serio y prudente de estos contornos y tu madre está tranquila y feliz contigo, pero si me comieses, tu carácter cambiaría, te volverías informal, bailarín y mujeriego y tu vida ya no sería sino un correr sin fin detrás de las jóvenes, lo que acabaría por traerte desgracia».

Athi Lemmikainén apretó bien la mano para que no se le escapase la perca; cerró los ojos y meditó en silencio durante mucho rato.

Si la perca hubiese podido seguir sus meditaciones hubiera comprendido que a medida que Athi Lemmikainén reflexionaba, menos esperanza tenía de que la perdonase la vida. Porque precisamente si algo le pesaba al héroe era aquella timidez que ponía entre él y las muchachas, que tanto le gustaban, una barrera infranqueable; si algo por el contrario envidiaba era el desparpajo y la suerte a causa de ello con las de boca fresca y hermosa cabellera, de otros jóvenes no más apuestos, al contrario, ni mejor formados que él.

Así, duraron sus reflexiones mientras pudo poner en la balanza de su duda, en un platillo, el volverse atrevido como tanto deseaba, en el otro, la posibilidad de coger gracias a la palabra que le había ofrecido enseñarle la perca prisionera, tantas cuantas compañeras suyas quisiera en cada sesión de pesca.

Al cabo, y pensando que con un poco de astucia lo podía conseguir todo, Athi Lemmikainén dijo: «Dime la palabra que me has prometido».

La perca dijo: «En cuanto esté de nuevo en el agua».

Athi Lemmikainén dijo: «Primero la palabra y luego te soltaré».

La perca dijo: «Suéltame o no hablaré más».

Athi Lemmikainén replicó: «Seguro. Ni yo dudaré más tampoco. No serán percas las que me falten sin necesidad de tu palabra. En cambio, comiéndote, me darás, por lo visto, las que ahora me faltan para otras partidas de pesca que tanto deseo».

Y levantándose volvió a su casa y aquel mismo día se comió la dorada perca. Que no le engañó en lo que le había dicho que le ocurriría.

Precisamente ocurría que había en Saari[30], una muchacha rubia que mejor que una muchacha hubiera podido decirse que era una flor. Su nombre era Kylliki. Kylliqui crecía y, en efecto, como una flor se abría en la ilustre casa de su padre. Por supuesto, sin apartarse el ancho de doce fresas del banco del honor.

El mar guarda mejor sus secretos que la tierra. El mar encierra preciosamente las perlas entre nácar. El ir a buscar las conchas donde se esconden cuesta mucho. Algunas, incluso, están tan hondas, que jamás se llega hasta ellas.

Pero la tierra tiene mil bocinas que anuncian a los cuatro vientos cuanto de notable nace en su superficie, tanto si es bueno como si es malo. La fama es ciega y su trompeta, loca. Y por ello escandalosa.

La fama de la belleza de Kylliki había volado lejos. A causa de ello, de todas partes acudían pretendientes para pedir su mano.

El de pronto alegre Lemmikainén, el hermoso Kaukomieli, cada vez más hermoso cuanto más dicharachero y atrevido, a creer a las bellas, formó el proyecto de buscar, él también, a la joven virgen, a la de la espléndida cabellera, a la graciosa flor de Saarí.

Su madre se esforzó para disuadirle de tal propósito. No explicándose el súbito cambio de su hijo, la anciana mujer trataba de retenerle. Entre la experiencia que le habían dado los años no estaba la de comprender que intentar que los jóvenes atiendan y se disfrazado de amor entra en juego, es como tratar de sujetar el agua en un cesto de mimbre.

La anciana madre de Lemmikainén dijo a su hijo: «¡Oh, hijo mío! Guárdate de pretender a las que son más nobles que tú. Jamás serás admitido en la ilustre familia de Saari».

El alegre Lemmikainén, el hermoso Kaukomieli, respondió: «Si yo no soy de una casa ilustre, si no soy grande por mi raza, yo haré que se me acepte a causa de mi figura, seduciré por los encantos de mi persona».

Enganchó su magnífico semental a su trineo, y partió con estrépito, para ir a pedir la mano de la graciosa flor, de la hermosa virgen de Saari. Hay dos modos de tener, pensaba; obteniendo o tomando; ambos caminos conducen a lo mismo: la posesión.

Pero, en el momento en que hacía su pomposa aparición en la isla, he aquí que de pronto su trineo, su hermoso trineo, dio la vuelta. Lo que ocasionó que las mujeres se burlasen de él, y lo que aún fue peor, que las

---

[30] *Saari,* isla lejana seguramente imaginaria.

jóvenes le encontrasen ridículo. Las mujeres vuelven sin disgusto sus ojos hacia los audaces y tunantes simpáticos; con caridad y audacia a la vez, hacia los tímidos, si las gustan; con caridad a secas hacia los buenos, si no tienen otros a su alcance; contra su voluntad hacia los tontos, si las conviene; pero a los ridículos les vuelven la espalda.

El alegre Lemmikainén se levantó haciendo rechinar sus dientes, movió rabiosamente la cabeza, sacudió su negra cabellera, luego tomó la palabra y dijo: «Hasta ahora no había visto ni oído a mujeres burlarse de mí; ni jamás joven alguna me había hallado ridículo».

Y sin preocuparse más del asunto ni de las risas que seguían sonando en torno a él, añadió en voz aún más alta: «¿Hay algún lugar en Saari, un lugar en donde yo pueda mezclarme con las jóvenes que se divierten, bailar con ellas y admirar, haciéndolo, sus hermosas cabelleras?»

Las muchachas de Saari, las vírgenes del promontorio, le respondieron: «Seguro que encontrarás aquí un lugar para divertirte y loquear cuanto quieras, como hachero en los bosques donde se hace leña, o como pastor en cualquiera de los muchos prados. A falta de hermosas cabelleras, siempre podrás admirar lanas o crines, según lo que escojas».

El alegre Lemmikainén no se apuró en modo alguno por esta respuesta. Se enganchó, en efecto, como pastor, y guardó rebaños durante largos días. Pero, durante las noches, frecuentaba las regocijadas sociedades de las jóvenes, y tomaba parte muy complacido y complaciendo, en las locuras y retozos de las siempre dispuestas a la risa y a la bulla.

Así el alegre Lemmikainén, el hermoso y apuesto Kaukomieli, hizo que cesasen las puyas de las burlonas. Y pronto no hubo en toda la isla muchacha por tímida y casta que fuese a la que no hubiese prodigado sus caricias, y de la que no las hubiese recibido en su alcoba.

Una, no obstante, se le escapaba. Una joven a la que ningún pretendiente había conseguido doblegar. A la que ningún hombre había podido encantar: la hermosísima Kylliki, la graciosa flor de Saari.

El alegre Lemmikainén, el hermoso Kaukomieli, usó cien pares de calzado, cien pares de remos, corriendo detrás de ella, tratando de cautivarla.

Hasta que la hermosa Kylliki le dijo: «¡Qué haces ya ahí, miserable? ¿Por qué, pájaro funesto, rondas por esta isla, averiguando sobre las muchachas y espiando los cinturones de estaño?

»Por mi parte, ¿qué me importan los cerebros locos de los libertinos? No olvides que yo quiero por esposo a un hombre como yo, serio y digno. Que quiero para mi orgullosa hermosura una hermosura aún más orgullosa. Que para mi noble altura quiero una altura aún más noble».

Pasó un poco de tiempo, apenas medio mes. Y he aquí que un día, una hermosa tarde, las muchachas de Saari loqueaban y bailaban alegremente al borde de un bosque, en medio de los arbustos en flor. A su cabeza, Kylliki, a causa de ser no solamente la más ilustre, sino la más bella.

De pronto, Lemmikainén vino a sorprenderlas. Llegó en su trineo, del que tiraba su fogoso semental. Llegó, se detuvo, bajó, se apoderó de Kylliki y la obligó a sentarse a su lado sobre el tapiz de tablas de su trineo.

Luego hizo chasquear su látigo e hirió con él el lomo de su corcel.

Parece ser que hubo quien dijo que nadie roba a una mujer si ella no se deja, pero aquí se cuenta lo que pasó, no lo que pudo pasar.

También se dijo que las lágrimas de Kylliki eran verdaderas y amargas. Y que gritaba: «¡Déjame marchar o me tiraré del trineo! ¡Déjame en libertad para que vuelva a mi casa! ¡Mira que si no, mi madre morirá de dolor!»

Pero como también se sabe que las madres no mueren de dolor porque sus hijas caigan en manos de buenos mozos, ni las hijas se tiran de un trineo que conduce un muchacho guapo, el mismo que había dudado antes parece ser que añadió que en cuanto empezó a pensar en su madre era que ya había decidido no hacerlo en ella misma.

En cuanto a Lemmikainén, en lugar de dejar marchar a la bella Kylliki, la dijo, maestro en consolar a hermosas desesperadas: «¡Oh, mi Kylliki adorada: piensa en mi corazón en vez de pensar en tu madre! Y, sobre todo, mírame, mi dulce y querida reina, y deja de afligirte. Puedes estar segura de que ningún mal quiero para ti. Te apoyarás sobre mi pecho cuando coma, en mi brazo cuando ande; no te separarás de mi lado cuando me detenga; de mi lecho serás la acariciada y adorada compañera y reina.

»Porque no creo que vaya a desolarte, pues la hermosura y la inteligencia suelen a veces ir juntas, el pensar que mi casa no es tan grande como la tuya, o mi estirpe menos ilustre que la que te adorna.

»En todo caso, piensa que si mi raza es inferior y mi casa menos ilustre, poseo al menos una espada deslumbrante y un puñal que despide centellas. Y una y otra me darán, si es preciso, la nobleza y raza que me faltan. Con mis armas haré ilustre mi nombre y extenderé lejos mi fama. ¡Con mi espada de punta de fuego y de lámina centelleante!»

La pobre Kylliki dejó escapar un suspiro y dijo, sin duda ya consolada: «¡Oh Athi, oh hijo de Lempi! Si quieres tener una muchacha tal que yo por esposa, para compañera de tu vida, preciso es que me prometas con juramento eterno, preciso es que me jures, sí, que no emprenderás jamás una expedición guerrera, ni para conquistar oro, ni para amontonar plata. Pues si por desgracia perecieses en ella, ¿qué serían para mí ya todas las riquezas?»

El alegre Lemmikainén respondió: «A tu vez, júrame no corretear por la aldea, por ganas que te entren de bailar y de alegrías no caseras».

Y Lemmikainén y Kylliki juraron a un tiempo. Pues a él le costaba menos trabajo jurar que mantener, si no le convenía, lo que había jurado, y ella, muchacha avispada, dispuesta estaba a aprender pronto aquello que poco cuesta y en nada daña. Juraron, Lemmikainén, no ir jamás a la guerra (a la guerra en que fuese preciso combatir con espadas en vez de con palabras amables, miradas y juramentos; no es seguro que esto lo dijese, que lo pensó, sí); Kylliki, no corretear por la aldea (a menos de tener tantos deseos por estar Lemmikainén de viaje, que contrariarse pudiera, incluso hacerla enfermar). De este modo cambiaron juramentos y promesas, inquebrantables aquéllos, según decían, eternas éstas, en presencia del dios revelado, del todopoderoso Jumala.

El alegre Lemmikainén llegó al fin a su casa, donde le esperaba su dulce madre, la que tan tierna y amorosamente le había criado a su pecho y junto a él.

La anciana mujer le dijo: «¡Cuánto tiempo, hijo querido, cuánto tiempo has estado en tierra extranjera!»

El alegre Lemmikainén respondió: «Tenía que vengarme de las burlas de las muchachas, de las risas de las castas vírgenes, que se habían reído de mí y me habían dejado en ridículo. Y mi venganza ha consistido en llevarme la más hermosa, la mejor de entre ellas trayéndola en mi trineo».

La anciana mujer dijo: «Sé, pues, glorificado, ¡oh tú, Jumala, tú, gran y único verdadero dios y único creador!, por haberme enviado una hermosa muchacha, una encantadora criatura, hábil seguramente en encender el fuego, aún más en tejer lino, hilar lana y dejar como la nieve la ropa. Es decir, en todo aquello que a mí ya me va costando trabajo hacer.

»En cuanto a ti, hijo mío, ensancha el piso de tu cuarto, haz más grandes las ventanas, construye nuevos muros y nuevas puertas, en una palabra, agranda y embellece la casa, pues con la ayuda de Jumala, a quien jamás debemos olvidar cuando nos llueven beneficios, que él envía, has llegado a ser el amo de una hermosa muchacha que alegrará tus noches tras haber aliviado mis días, y además de hermosa, mejor que tú, ¡más noble que todos los de tu raza!»

Athi Lemmikainén, el hermoso Kaukomieli, vivió muchos días en venturosa unión con la muchacha hermosa. No fue a la guerra, ni Kylliki correteó por la aldea.

Pero sucedió que un día, cierta mañana, Athi Lemmikainén marchó a pescar y llegó la tarde sin que hubiese vuelto. Y tampoco cuando la noche ya había caído. Entonces Kylliki, para ver de calmar la inquietud que la devoraba, tras haber dejado bien acostada a la anciana madre de Lemmikainén, luego de hacerla beber un poco más de cerveza que de ordinario, cierto que para ver de calmar también su inquietud, se marchó a corretear por la aldea y a mezclarse con las muchachas y mujeres jóvenes que bailaban y se divertían.

Cuando el joven Athi, el orgulloso guerrero, el alegre Lemmikainén, lo supo, presa de terribilísima cólera, dijo: «¡Oh madre mía, mi anciana y querida madre! Si ya has digerido la cerveza y eres capaz de realizar acciones importantes, moja enteramente mi camisa en el veneno de una serpiente negra y apresúrate luego a ponerla a secar, pues si me la pusiese húmeda podría enfriarme, al enfriarme estornudar y estornudar, sobre todo si se hace con frecuencia, disminuye la prestancia de los héroes. Que se seque, pues, pronto, porque quiero partir para la guerra. Quiero y voy a emprender una campaña contra los hogares de Pohjola. Contra los lugares en que viven los hijos de los lapones. Kylliki ya se ha echado a corretear por la aldea, se ha metido en casas extrañas, se ha mezclado con las jóvenes escandalosas y poco serias, las de hermosa cabellera, y yo tengo que calmar el furor que siento ahogándole, si es posible, en sangre».

Kylliki, estimando que el haber correteado un poco y haber bailado y loqueado asimismo en pequeña cantidad no valía una tragedia, tomando la palabra, se apresuró a responder: «¡Mi querido, mi adorado Athi, no. pienses, qué locura, en ir a la guerra! A una guerra distinta de a las que estás acostumbrado y que seguramente te sería funesta. Porque, escucha, he tenido un ensueño y te juro que no por obra de la cerveza, pues no había bebido, puedes creerme, sino lo indispensable para alternar. Ensueño que me atacó cuando dormía más profundamente tras haber deplorado mucho rato que tú no estuvieses a mi lado. ¡Había un fuego enorme, de pronto, todo alrededor de mí! Un fuego como el de una fragua, sólo que más grande. Las llamas se elevaban en forma de torbellinos tempestuosos todo a lo largo de los muros exteriores. Luego, de pronto, bruscamente, invadieron esta casa que nos es tan querida, cual una catarata salvaje, corriendo de ventana en ventana y saltando de los pisos al techo. ¡Era horroroso! ¡Horroroso! Puedes creerme, Athi».

El alegre Lammikainén respondió: «Yo no creo en los ensueños de las mujeres más que en sus juramentos. ¡Oh madre mía, oh mi querida nodriza, tráeme mi camisa y mi armadura de guerra! Sin camisa, el frío del acero de la armadura tal vez molestase a mi cuerpo; sin armadura, seguramente el calor de las flechas, al herirme, me molestaría aún más. Por eso te pido ambas cosas. Y al punto dame, pues quiero bebería, ¡la cerveza del combate! Luego correré a gustar algo por el contrario dulce: ¡La miel incomparable de las batallas!»

Tras estas hermosísimas palabras (las cosas más dignas, nobles y solemnes se han dicho siempre en nombre del valor, del heroísmo y de las armas; las verdaderas y las que no se hubieran querido oír, luego de usarlas), el alegre Lemmikainén, el hermoso Kaukomieli, se puso a peinar su larga cabellera, su larga y oscura cabellera, mientras Kylliki, la hermosa, noble y enamorada Kylliki, se ponía donde pudiera ver desde el espejo en que se peinaba, cómo se retorcía las manos de puro dolor. Luego, Lemmikainén, cuando creyó que su pelo estaba ya como debía estar la cabellera de un guerrero valeroso, colgó el peine en una viga del hogar y, levantando la voz, dijo solemnemente: «¡Cuando el golpe mortal haya herido a Lemmikainén, en modo alguno alegre entonces; cuando la desgracia haya alcanzado al infortunado héroe, este peine destilará sangre! ¡La sangre, sí, escapará de él en forma de rayos y de ondas rojas!»

La hermosa Kylliki se atrevió a suspirar y a decir: «¿Y por qué esos negros presentimientos, esposo mío, que arrugan nuestro corazón como el calor una patata puesta entre la ceniza y olvidada de sacar?»

El antes alegre Lemmikainén, pero siempre hermoso Kaukomieli, respondió con admirable dignidad: «¡Cuando se va en busca de la muerte conviene decir, aunque no se espere ni se piense, lo peor que puede ocurrir! Esto es, no lo olvides, mujer, el principio del heroísmo».

Y no obstante los ruegos en contra de su madre a pesar de los consejos de su anciana nodriza y las lágrimas que escapaban casi a torrentes de los hermosos ojos de Kylliki, el algo menos alegre Lemmikainén (cierto que el hermoso héroe mentía y fingía a maravilla, tal costumbre tenía de hacerlo), se dispuso a partir hacia la sombría Pohjola.

Para ello cubriose de una camisa de hierro (la de envenenado lino, bien seca ya, se la había puesto la primera), se ciñó un tahalí de acero y dijo: «El héroe está más seguro con su coraza, se siente más poderoso protegido por una camisa de hierro, más audaz enfundado en un tahalí de acero. Pero seguro, verdaderamente seguro y verdaderamente héroe, sólo al volver tras la cruenta contienda, cuando en su hogar de nuevo ya, sentado a la mesa con los suyos y sus amigos, refiere entre trago y trago de cerveza sus heroísmos, seguro, por estar sus compañeros de armas lejos, de que nadie va a desmentirle. Sin contar que bien pertrechado como yo voy se puede afrontar a los brujos perversos, a los encantadores para los que nada es respetable ni sagrado. Y reírse no tan sólo de los débiles, sino de los fuertes. Sobre todo si éstos galopan ya en sentido contrario».

Mientras Kylliki, arrobada ante su valor y su serenidad acababa de ceñirle la tremebunda espada, la anciana madre, que le había formado tan héroe a sus pechos, no pudo menos de decir, maravillada, en voz baja: «Este hijo adorado no habla completamente en serio sino cuando pide. Pero tiene tanta gracia que imposible es que le falte suerte. Seguro que cuando vuelva nos encantará refiriendo y haciéndonos creer lo que no ha hecho. La lástima es que en vez de ir a Pohjola no vaya hacia el Sur. ¡De pequeño era tan propenso a los sabañones!...»

Metida la cortante y aguda espada en su vaina, y ésta, con el ancho cinturón que sostenía espada y vaina a la cintura, bien sujeto, el de nuevo alegre Lemmikainén, sin disimular ya la alegría que le causaba partir, genio y figura que dice el refrán, y él había nacido para corretear, hizo sonar su silbato mágico, silbido que atrajo al punto desde el bosquecillo, allá al fondo, donde pacía, a su brioso semental, corcel de crines de oro y de boca de fuego. El héroe le enganchó a su trineo, subió a éste, hizo chasquear su látigo adornado de perlas y partió a todo galope. El semental botó, deslizose raudo el trineo, y allá fue el alegre Lemmikainén en busca de gloria a través del camino que se perdía entre matorrales de plata y campos de oro.

Lemmikainén caminó un día, caminó dos días, caminó tres días y llegó a Pohjola.

Se detuvo ante la primera casa y deslizó furtivamente sus miradas hacia el interior. Estaba llena de tietajats[31], de magos poderosos, de sabios divinos, de hábiles embrujadores. Estaban cantando, todos, runots de Laponia.

El alegre Lemmikainén tomó audazmente otra forma[32] y entró en la casa.

La madre de la familia de Pohjola suspendió su trabajo y dijo: «Había aquí antes un perro de color de hierro, un comedor de carne, un triturador de huesos, un chupador de sangre cruda. ¿Qué clase de hombre eres tú entre los hombres, qué héroe entre los héroes, tú que has franqueado el umbral sin que el perro te haya oído, sin que el ladrador se haya fijado en ti?»

El alegre Lemmikainén respondió: «Yo no he venido aquí con mi ciencia y mi habilidad, con mi poder y mi sabiduría, con la fuerza y la virtud mágica que he heredado de mi padre, más los runots protectores que me han enseñado los de mi raza, para ser devorado por tus perros y llegar a ser pasto de tus ladradores.

»Cuando yo era niño, mi madre me bañó en agua fría tres veces en una noche de verano, nueve durante una noche de otoño, y todo para que

---

[31] La palabra que he escrito *tietajats* (en realidad *tietajat*), es el plural castellanizado mediante la adición de la ese, de la palabra *tietajat*, que en finlandés quiere decir brujo, adivino, encantador en el sentido de echador o fabricador de encantamientos y brujerías.

[32] Cambia de forma para, sin duda, que no le vean llegar disfrazado de guerrero.

llegase a ser un tietajá poderoso, un famoso encantador, no tan sólo en mi país, sino en todo el Universo».

Dicho esto, el alegre Lemmikainén, el hermoso Kaukomieli, empezó a vociferar sus runots salvajes, a desplegar su potencia de tietajá. Al punto empezó a salir fuego de su vestido de piel y llamas de sus propios ojos.

Y empezó a hacer que tanto los jóvenes como los viejos, incapaces de mantenerse sobre sus pies, fuesen agitados rudamente de un lado para otro, y que otro tanto les ocurriese a los hombres maduros. Uno solo fue desdeñado: un achacoso pastor de ojos apagados, que se tocaba con un sombrero húmedo y miserable.

El anciano pastor le dijo: «¡Oh alegre hijo de Lempi! Dime: ¿Por qué has sacudido sin compasión a los jóvenes, lo mismo has hecho con los viejos e incluso con los hombres de edad madura, y en cambio conmigo no lo has hecho?»

El alegre Lemmikainen respondió: «De ti no me he ocupado pues demasiado horroriza ya sólo el mirarte. Eres, ¡oh pastor!, demasiado repugnante sin necesidad de que me ocupe de ti. Porque en tu juventud, cuando aún no eras sino un miserable zagal, deshonraste a tu hermana, violaste al otro hijo de tu madre, abusaste de todos tus caballos, te uniste a las yeguas al borde de los pantanos, en el ombligo de la tierra. allí donde se pudre el agua fangosa».

El viejo pastor del sombrero húmedo y miserable, menos en todo caso que él mismo, fue presa de una cólera indecible. Escapando de la casa, se fue hasta el río Tuoni[33], el que forma la catarata sagrada. Desde allí

---

[33] *Tuoni* era no sólo el dios de la muerte sino que con esta misma palabra era designado un río del Infierno finlandés, equivalente al Stix de la mitología greco-romana. Como la imaginación del hombre es limitada, por muchos poetas o cuerpos de sacerdotes que hayan intervenido en la formación de leyendas mitológicas y tradiciones religiosas, forzosamente han tenido que coincidir en ciertos puntos, así como en imaginar dioses, inventar quimeras y triturarse el espíritu buscando demonios, infiernos, paraísos y genios, espíritus buenos y malos y monstruos. Por ello, el que en todas las mitologías haya esencialmente los mismos dioses y los mismos lugares de felicidad o de castigo, sin que ello signifique, por lo general, que tal semejanza sea resultado de influencias, que, por supuesto, pueden existir también, sino simplemente, como digo, en que puestos los hombres a fantasear sobre lo mismo, fatalmente tienen que llegar a resultados semejantes, salvando las diferencias que a causa de la naturaleza propia de la región en la que se fantasea, tienen lógicamente que producirse; o sea: a las mismas conclusiones en cuanto a lo esencial de lo inventado.

empezó a espiar a Lemmikainen, esperando el momento en que el Kaukomieli abandonase Pohjola para volver otra vez a su país.

El alegre Lemmikainen dijo a la madre de familia de los de Pohjola: «Ahora, ¡oh vieja!, trae aquí a tus hijas. Quiero escoger para mí la mayor, la más hermosa de la banda».

La madre de familia de los de Pohjola respondió: «No te daré ninguna de mis hijas, ni la mayor ni la más pequeña, ni la más bella ni la más fea, puesto que tú tienes ya mujer, una esposa legítima en tu casa».

El alegre Lemmikainén dijo: «Encadenaré a Kylliki en la aldea. La ataré a otros umbrales, a otras habitaciones; aquí encontraré una mujer mejor. Tráeme, pues, a la más encantadora de tus hijas vírgenes, la más perfecta de ellas».

Luhi, la madre de familia de los de Pohjola, dijo: «No te daré mi hija. No la tendrás como prometida sino cuando hayas matado de un solo golpe, con una sola flecha, al cisne del torrente salvaje, al hermoso pájaro del río de Tuoni, el de las negras ondas».

El alegre Lemmikainén, el hermoso Kaukomieli, fue al sitio donde nadaba el cisne, donde el del largo cuello retozaba, junto al río de Tuoni, el de las negras ondas.

Avanzaba con paso firme, el rápido arco suspendido en su hombro, el carcaj lleno de flechas colgando de su espalda.

El pastor del sombrero mojado, el viejo de los apagados ojos, aguardaba a la orilla del río de Tuoni, cerca del torbellino del río sagrado, mirando en torno de sí y espiando la llegada de Lemmikainén.

Pronto le vio acercarse. Entonces hizo salir del fondo de las aguas una serpiente monstruosa y la lanzó a través del corazón del héroe, de tal manera que, entrándole por el sobaco izquierdo, le salió por el hombro derecho.

El alegre Lemmikainén, sintiendo que estaba mortalmente herido, dijo: «¡Desdichado de mí! ¡Acabado estoy por haber olvidado preguntar a mi madre, a la que me llevó en su seno, dos palabras, tres palabras incluso, que me hubiera librado de las asechanzas mortales cuando el peligro, como ahora, hubiese sido muy grande! ¡Oh, madre mía, si supieras dónde está en este momento tu infortunado hijo, vendrías ciertamente en mi ayuda! ¡Vendrías, sí, estoy seguro, a arrancarme de la muerte! ¡A impedir que, siendo tan joven como soy, sucumbiese en este funesto viaje!»

Pero no hubo remedio para el que fue alegre Lemmikainén; dicho lo anterior dejó de respirar, fenómeno que si se prolonga más de lo que el cuerpo suele permitirlo, equivale a morir.

Ocurrido lo anterior, el pastor del sombrero mojado, el viejo de Pohjola, precipitó a Lemmikainén, hundió al hijo de Kalevala en los abismos del río de Tuoni, el de las negras ondas. Incluso en el torbellino más asesino de la catarata. El que fue alegre Lemmikainén rodó hasta el fondo estrepitosamente, a través de las olas de espuma, hasta llegar a las más remotas profundidades. Llegado allí, el sanguinario hijo de Tuoni golpeó al héroe con su espada de acerada punta, de fulgurante hoja, partiendo su cuerpo en cinco o seis pedazos, en ocho incluso, dispersándolos luego a través de las fúnebres ondas en dirección a Manala[34]. Haciéndolo, dijo: «Ve, flota ahora para siempre a través de esas ondas, con tu arco y con tus flechas, y si puedes tira sobre los cisnes del río, contra los pájaros que frecuentan estas orillas».

Así acabó el alegre Lemmikainén; así terminó la carrera del temerario pretendiente a todas las hermosas, en el negro río de Tuoni, en los abismos de Manala.

En un lugar que ni siquiera era un infierno de castigo sino algo peor: el reino de los muertos. Un cartel a su entrada lo advertía: «¡Ay de los que entran en este país maldito! Muchos entran, sí, en el Manala ¡pero pocos salen!» En efecto, de Manala, el país de Tuoni, o de Manala el país de Mana, pocos escapaban. Pocos, de aquella región mucho más sombría aún que Pohjola no obstante aparecer por ella Paiva, el Sol, alguna vez, pero fugazmente y como cumpliendo un deber que le repugnaba, y crecer bosques de árboles sombríos y tristes, el todo circundado por el Tuoni, río de ondas negras. Hasta su acceso era ingrato. Había que marchar una semana, había que andar dos semanas, había que caminar tres semanas. La primera a través de bosquecillos cuyos árboles apenas tenían hojas, la segunda, al revés, por grandes bosques poblados de enormes cuervos, la tercera a través de selvas aún mucho más lóbregas y tristes, entre quejidos que no se sabía ni de donde llegaban exactamente, ni quién los profería.

En el antro central, lugar jamás visitado por la risa reinaban Tuoni y su esposa Tuonetar, en unión de sus hijas Kippu-Tyho, diosa de las enfermedades, y Loovatar, la más abominable de las hijas de Tuoni, pues tenía muchas y la que era simplemente mala despreciada era como buena. Loovatar era fuente de grandes males y principio de mil plagas y calamidades; su cara era negra, su piel de aspecto horrible. De su unión con el Viento habían nacido seres monstruosos: Pleuresía, Cólera, Gota,

---

[34] *Manola:* las entrañas de la Tierra. La parte más hundida e insondable de ésta. El río de Tuoni, y la sima, el abismo de Manala son colocados por el poeta en el país de Pohjola, que a causa de ello (cien veces es además tachado de triste, de sombrío) es representado como la mansión y asiento de todas las calamidades. Es decir, en oposición total a la región de Kalevala.

Tisis, Ulcera, Chancro, Peste, y un genio fatal, ser devorado por la envidia, que ni nombre tenía.

A tan divertida región había ido el alegre y hermoso Lemmikainén antes de lo que, de consultarle, hubiere querido.

Entretanto, la madre de Lemmikainén pensaba en él sin cesar, y no podía dejar de decirse: «¿Pero adónde, en verdad, habrá ido Lemmikainén? ¿En dónde habrá desaparecido? Dijo que iba a Pohja... Tal vez, pero no es seguro. Lo único seguro es que no habrá llegado de haber encontrado en el camino una aldea donde haya jóvenes de hermosas cabelleras. Como es seguro también que tardará más en volver de encontrar alguna que se le resista, mientras no la consiga, que si tuviese que dar la vuelta al vasto Mundo».

La inquieta madre, la pobre madre, la infortunada nodriza del hermoso héroe ignoraba en verdad por dónde erraba su propia carne, su propia sangre: si era a través de las colinas cubiertas de bosque, los campos llenos de espesos matorrales o a través de las espumosas olas del mar. Incluso, bien que pese a sus preparativos bélicos no lo creyese mucho, pues hasta entonces sus combates habían sido en las salas de baile y en las alcobas, si, en efecto, en un momento de extravío habría corrido a las grandes batallas, a los encuentros salvajes en donde la sangre mancha las espadas para luego caer a chorros cálidos hasta las rodillas.

En todo caso la angustiosa duda se había adueñado de la casa que había abandonado Lemmikainén apenas éste había desaparecido en su rápido trineo arrastrado por el fogoso semental de las crines rojas.

Por su parte, Kylliki, la hermosa mujer, agitada e inquieta también, iba de un lado para otro diciendo más que hubiera podido decir con la boca, con su obstinado silencio y con su incesante mirar al peine que el héroe, antes de partir, había colgado de la viga.

Hasta que un día, una mañana, notó, con horror, ¡que destilaba sangre! ¡Sangre que escapaba en forma de rayos rojos por la parte superior, en no grandes pero incesantes ondas, por la inferior!

Kylliki lanzó un grito que equivalía a cien palabras; no obstante, dijo aún: «¡Ay de mí! ¡Desdichada para siempre soy: he perdido a mi esposo! El hermoso Kaukomieli ha desaparecido en los desiertos lejanos, en los caminos inhospitalarios, en los senderos desconocidos. ¡El peine destila sangre! ¡La sangre escapa en rayos y en ondas!»

La madre de Lemmikainén, que había oído el primer grito, llegó al punto y examinó ella misma el peine. Nada más verle se puso a llorar amargamente. Luego, cuando al fin pudo, exclamó: «¡Desdichada de mí también! ¡Infortunada soy ya por todo el tiempo que dure mi vida! ¡Mi pobre hijo ha sido herido por un destino cruel, perdido está, perdido le he para siempre! ¡Muerto está, sí, le han matado, puesto que su peine destila sangre y puesto que esta sangre escapa del peine no sólo en ondas, sino mediante rayos!»

Luego, tras pronunciar un conjuro terribilísimo, recogió con sus propios brazos los amplios pliegues de su falda y abandonó disparada la casa, corriendo a campo traviesa con increíble velocidad, tal un inesperado ciclón ante el cual las colinas se hundían en la tierra y las hondonadas de los valles se colmaban para facilitarla el paso.

Así, sin detenerse ni que nadie la detuviera, llegó a las primeras casas de Pohjola, preguntando a cuantos encontraba por su hijo.

Cuando al fin supo quién tal vez podría decirla algo, corrió a la mansión de la gran abuela de la aldea, preguntándola en cuanto ésta pudo oírla: «¡Oh madre de los de Pohjola, habla sin mentir! ¡Qué has hecho de mi hijo? ¿Dónde ha muerto mi Lemmikainén?»

Luhi, la gran abuela de Pohjola, respondió: «Yo no sé nada de tu hijo. Ignoro dónde ha ido y qué ha podido ser de él. Yo le dejé en su trineo, un trineo del que tiraba un fogoso semental. ¿Es que quizá se ha ahogado en un agujero lleno de nieve fundida? Ya sabes cuán engañosos son y cuán fácilmente se cae en ellos. ¿No se lanzaría al mar y moriría entre los témpanos de hielo que del Norte bajan siempre? ¿Le habrán atacado y muerto los lobos? ¿No habrá sido víctima de los terribles dientes del oso?»

La madre de Lemmikainén dijo: «¡Mientes, estoy segura! Los lobos no han devorado a mi hijo, el oso no ha tocado a Lemmikainén. Sus manos, sus dedos hubieran bastado para acabar con ellos. Pero escúchame bien: Si te niegas a decirme qué has hecho de mi hijo desharé la puerta de la estufa donde se secan tus granos, ¡reduciré a polvo las bisagras del Sampo!»

La madre de la familia de los de Pohjola dijo: «Entonces voy a contarte toda la verdad: le ordené que fuese a buscar al cisne, que se apoderase del pájaro sagrado. Ahora, lo que ha podido suceder después, esto lo ignoro, puesto que ya no le he visto, ni ha venido, como era de esperar, de haber cumplido lo que le había encargado, a reclamar a su prometida».

La madre de Lemmikainén se puso a buscar a su hijo bienamado, a su desaparecido hijo. Corrió como el lobo a través de los inacabables campos desiertos, como el oso a través de los bosques. Se hundió como la nutria en el fondo de las aguas. Recorrió los bordes de los campos como el jabalí. Las orillas de ríos y lagos, como la liebre. Removió las piedras que encontró a su paso, separó los troncos de los árboles, se metió a través de los matorrales espesos, apartó con sus pies los gruesos troncos de los abetos cortados.

Buscó, buscó sin descanso, día y noche, sin encontrarle. Se dirigió a los árboles, a las rocas, a los pájaros, preguntándoles por su hijo querido.

Los pájaros escapaban diciendo que nada sabían. Las rocas permanecían mudas. Sólo los árboles consintieron en hablarla, particularmente las encinas, que lo hicieron inteligentemente por los demás, pues los abetos se limitaron a suspirar. Pero las encinas dijeron: «Nosotros tenemos bastante con nuestros propios tormentos para ir a ocuparnos de los de los demás. Hemos sido creados para un destino cruel, para que nuestros días acaben siempre en la desgracia. Nos derriban, nos cortan en pedazos para servir de alimento al fuego, para que con nuestro calor en las casas se guise y se combata el frío. Con frecuencia incluso somos quemados en masa para convertir la tierra en que hemos arraigado durante muchos años en campos de cultivo».

La madre de Lemmikainén siguió buscando, buscando siempre sin encontrar. Se dirigió a los caminos que recorría: «¡Oh camino, tú a quien Dios ha creado! ¿Has visto a mi hijo, a mi manzana de oro a mi bastón de plata?»

El camino la respondió, inteligentemente: «Yo tengo bastante con mis propios tormentos para ir a pensar en tu hijo. Mi destino es cruel, mis días son malos. Yo he nacido para ser pisoteado por los perros, para ser triturado por las ruedas de los carros, para ser deshecho por los groseros zuecos, para ser hollado por los pesados talones».

La madre de Lemmikainén siguió buscando, buscando siempre sin encontrar. Al ver levantarse a la Luna se prosternó ante ella y dijo: «¡Oh querida Luna, criatura de Jumala! ¿Has visto a mi hijo, a mi manzana de oro, a mi bastón de plata?»

La Luna la respondió, inteligentemente: «Yo tengo bastante con mis propios tormentos para ir a pensar en tu hijo. Mi destino es cruel, mis días son duros. He nacido para vagar solitaria en medio de las noches, para brillar durante los fríos rigurosos, para velar sin cesar durante interminables inviernos, para desaparecer en cuanto reina el amable estío».

La madre de Lemmikainén siguió buscando, buscando, siempre sin hallar. El Sol la salió al encuentro; entonces ella se prosternó ante él y dijo: «¡Oh Sol, creado por Dios! ¿Has visto a mi hijo, mi manzana de oro, mi bastón de plata?»

El Sol, único que al fin sabía algo[35], la dijo dulcemente: «Tu hijo, tu pobre hijo, está enterrado, muerto, en el negro río de Tuoni, en las eternas

---

[35] De acuerdo con lo que decía en la nota 33, aquí el Sol también, como en las mitologías de los países del Sur, muy especialmente la greco-romana, el So], gran «Ojo del Universo» lo sabe todo a causa de verlo todo cuando desde la altura del firmamento recorre el cielo montado en su carro de fuego. Naturalmente, ha visto

ondas del Manala. Ha rodado a través de los torbellinos espumantes hasta las más hondas profundidades de sus abismos»[36].

La anciana madre de Lemmikainén vertió lágrimas amargas y, siempre llorando, se dirigió a la herrería del gran herrero y le dijo: «¡Oh Ilmarinen! Tú, que forjabas en otro tiempo, que forjabas ayer y que aún forjas hoy, forja para mí un rastrillo de mango de cobre, dientes de hierro largos de cien brazas y que el mango sea ¡de quinientas!»

Ilmarinen, el herrero eterno, forjó un rastrillo de mango de cobre y dientes de hierro, éstos largos de cien brazas, el mango de quinientas.

Y la madre de Lemmikainén cogió el rastrillo y fue con él hasta junto al río de Tuoni. Llegada, hundió su rastrillo en el torrente que caía dejando oír espantosos mugidos, y le paseó a través de las agitadas ondas, pero sin éxito alguno.

Entonces se hundió ella misma en el agua profunda, en aquel enorme mar de espuma, primero hasta las rodillas, luego hasta la mitad de su cuerpo.

El rastrillo recorrió, llevado y traído por su mano entristecida y furiosa, todo el lecho del río de Tuoni. Le sacó una vez, le sacó dos veces,

---

lo que el pastor del sombrero mojado ha hecho con Lemmikainén y puede informar a su infortunada madre.

[36] Este incesante y desesperado buscar de la madre a su hijo recuerda pálidamente, pálidamente porque entre la inspiración del bardo que compuso esta parte del *Kalevala* y la de Vairniki, autor del *Ramayana,* hay la relación de uno a veinte, cuando Rama, en este poema, busca asimismo por todas partes a su mujer Sitá, robada por Ravana. Rama, de igual modo, se dirige a todos los elementos de la Naturaleza, plantas y animales, pidiéndoles noticia de ella. Pero con una emoción y una grandeza de la que la angustiada madre, aquí, no es sino un pálido remedo.

Pero, ¿he dicho remedo? ¿El poeta finlandés que escribió esto conocía el *Ramayana?* Probablemente, no. Seguramente no es sino una coincidencia más, puramente casual. Como la de que el Sol sepa, a causa de verlo todo con su ojo de fuego desde la altura por donde navega durante el día, lo que pasa en la Tierra. Y así como buscando quien puede ver algo ocurrido sin testigos, es lógico pensar en el Sol, siempre observador de cuanto ocurre en la superficie de la Tierra a causa de su fulgurante luz, que llega a todas partes, del mismo modo nada más natural en un poema que una criatura que ha perdido lo que más amaba, loca de dolor, interrogue, por saber dónde puede estar, a cuantos seres encuentre. Sola como aquí la madre en plena Naturaleza, o como Rama en el *Ramayana,* en los bosques donde se ha refugiado en unión de Laksmana y de Sitá, a animales, a árboles, a plantas, a cuanto halle a su paso en su desesperada búsqueda.

consiguiendo al fin sacar primero la camisa, luego las medias y el gorro del infortunado héroe, tristes objetos que redoblaron su dolor.

Y fue más lejos, y siguió buscando infatigablemente, penetrando, sin descansar, hasta los abismos inferiores de Manala. Allí, tras haber paseado tres veces el largo rastrillo, le pareció que una gavilla de espigas se había enganchado en los dientes de hierro.

Pero no era un haz de espigas, ¡era el alegre Lemmikainén, el hermoso Kaukomieli, que había quedado prendido al rastrillo por uno de los dedos sin nombre, por el gordo del pie izquierdo!

Y el alegre Lemmikainén, el hijo de Kalevala, subió a la superficie del agua. Pero distaba mucho de estar completo: le faltaba una mano, la mitad de la cabeza, otras muchas pequeñas partes del cuerpo y, además, ¡la vida!

La acongojada madre le miró y llorando dijo: «¿Será posible con todo esto componer un hombre, un hombre que llegue a ser un verdadero héroe?»

Un cuervo oyó estas palabras y dijo al punto: «No, un hombre no puede salir de lo que ya no es, de lo que ha sido tan cruelmente destrozado. La trucha le ha devorado los ojos, el lucio le ha roído los hombros. Echa de nuevo tu hijo al elemento líquido, a las aguas del Tuoni. Tal vez, si lo haces, llegue a ser una magnífica morsa o una gigantesca ballena».

Pero la madre de Lemmikainén, en vez de volver su hijo al agua, lo que hizo fue meter de nuevo el rastrillo y explorar arriba y abajo. Pronto retiró pedazos de mano y más cabeza, y la mitad de una vértebra, y todo un lado, y gran número de trozos pequeños. Con todo ello, reuniéndolo cuidadosamente, rehízo el cuerpo de su tan amado hijo, del alegre Lemmikainén.

Juntó la carne a la carne, los huesos a los huesos, las junturas a las junturas, las venas a las venas.

Así, con amor, inquietud, esperanza y paciencia, cuatro clases de hilos útiles para zurcir milagros, la madre de Lemmikainén creó de nuevo al hombre, curó al héroe y le devolvió su vida primera y sus formas de otro tiempo, diciendo finalmente: «¡Levántate ahora, y cesa de soñar en estos lugares crueles, en este lecho de desgracia!»

El héroe despertó, su lengua empezó a moverse y finalmente dijo: «He dormido mucho tiempo. He reposado, sí, durante mucho tiempo, ¡infortunado de mí! Enterrado estaba en un dulce sueño, en un pesado reposo»[37].

---

[37] De nuevo nos encontramos con una leyenda que ya nos es conocida, la de Isis, Osiris y Seth. Seth, envidioso de su hermano Osiris, consigue encerrarle en

La madre de Lemmikainén dijo: «Aún hubieras permanecido así mucho tiempo si tu madre, si la desgraciada que te trajo al Mundo, no hubiera venido en tu socorro. Y ahora dime, mi pobre y querido hijo, dime, sí, quién te empujó hasta el Manala, quién te precipitó en el río de Tuoni».

El alegre Lemmikainén respondió: «El pastor del sombrero mojado, ése ha sido el que me ha empujado al Manala, el que me preció en el río de Tuoni. ¿Y sabes cómo? ¡Enviando contra mí, tras hacerla salir del agua, a una serpiente monstruosa, a la que me fue imposible evitar a causa de ignorar sus pérfidas fechorías y las fatales consecuencias de sus mordeduras venenosas!»

La madre de Lemmikainén dijo: «De todos los males de que son víctimas los hombres, la mitad les llegan a causa de la vanidad, la otra mitad a causa de la ignorancia. Tú, hijo mío, te mostraste como un

---

un cofre, cofre que arroja al Nilo y que éste río conduce hasta el mar. Encontrado al fin por Isis, su mujer, le trae a Buto, ocultándole en los pantanos para evitar que Seth volviese a hallarle. Pero éste da con él de casualidad en una partida de caza (para más detalles de este interesantísimo episodio véase mi *Mitología Universal y* la religión egipcia, en el tomo primero de mi *Historia de las religiones),* y corta el cadáver de su hermano en catorce pedazos, que entrega a sus cómplices para que los dispersen. Y vemos a Isis buscando estos pedazos por los pantanos, como aquí a Luhi pescando con el rastrillo los de su hijo. Y una vez hallados (si alguno falta, como aquí donde los peces se han comido los ojos y hombros de Lemmikainén, en la leyenda egipcia otros peces las partes sexuales de Osiris, la cosa no tendrá gran importancia gracias a la magia, en la que Isis es también expertísima) y una vez hallados, decía, reunirlos e infundirles vida (Isis en la leyenda egipcia, aquí la madre de Lemmikainén). Para ello, la diosa egipcia se transforma en un milano, se posa sobre el cadáver de su marido, empieza a mover sus alas suavemente y Osiris resucita, como resucita aquí el alegre, simpático y mujeriego Lemmikainén.

¿Conocía el poeta que escribió este canto del *Kalevala* la leyenda egipcia, o se le ocurrió, como se le ocurrió muchos siglos antes al forjador del mito egipcio? Faltos de medios de comprobación, tan arriesgado sería afirmarlo como negarlo. Pero a mí no me parece imposible, lo repetiré, que contando con los inagotables recursos de la «magia» (entiéndase de la «fantasía») en la que tan peritos eran todos cuantos intervienen en el *Kalevala,* al poeta que, como digo, compuso este canto, se le ocurriese lo mismo poco más o menos que al que hizo resucitar a Osiris acariciado por el viento producido por las alas de Isis. En estas andanzas míticas, como en todas, en definitiva, todo era cuestión de querer y de poder. El querer lo daba la necesidad de hacer interesante la leyenda; el poder la magia (la magia de la fantasía de los inventores de ellas), luego no había sino tomar la pluma y empezar a escribir o subirse al tablado y empezar a recitar.

insensato creyendo que podrías mantear a los grandes manteadores, embrujar a los lapones, brujos consumados ellos. Y esto, ignorando como ignorabas de lo que eran capaces las serpientes, ¡la acción fatal de las mordeduras de estas venenosas bestias!

Luego, la madre de Lemmikainén atendió, cuidó, mimó a su hijo bienamado, hasta que hubo recuperado no tan sólo sus fuerzas, sino el aspecto que tenía antes. Después le preguntó si le faltaba aún algo.

El alegre Lemmikainén dijo: «¡Oh, sí, me faltan aún muchas cosas! Mi pobre corazón no está aquí. Vaga en unión de mis deseos, entre las muchachas de Pohjola, entre las de hermosa cabellera. La vieja de Pohjola, la de la asquerosa jeta, no me dará su hija si no mato al cisne del río de Tuoni, si no arranco a este cisne del torbellino del sagrado torrente y se lo llevo».

La madre de Lemmikainén dijo: «¡Deja a los malditos cisnes en las negras ondas del Tuoni, en sus bramadores torrentes! Olvida lo que no tiene importancia y piensa en lo que la tiene. Vuelve conmigo a casa. Date cuenta de cuál es tu verdadera dicha y no la malgastes. Da gracias al Dios revelado por haberte socorrido tan eficazmente, por haberte devuelto la vida. Jamás hubiera yo conseguido lo que he conseguido sin la ayuda de Jumala, sin la intervención del verdadero Creador»[38].

Oyéndola, el alegre Lemmikainén emprendió el camino de su casa, en unión de su tierna madre, de su nodriza bienamada. Tres cosas acortan los caminos: la conversación, acelerar el paso y ser perseguidos. Esta tercera hizo que Lemmikainén y su madre cayeran en las otras dos, pues empezó a perseguirles la idea de qué habría sido de Kylliki. ¿Habría muerto de dolor? ¿Se habría ahorcado en un rapto de desesperación y de desfallecimiento de nervios al verse viuda y sola? La madre de Lemmikainén empezó a deplorar haberla abandonado de aquella manera, pero fue que tampoco al ver sangrar el peine había podido dominar ella los suyos.

---

[38] Más fácil que determinar si ciertas leyendas del *Kalevala,* es decir quienes las compusieron, se inspiraron o no en otras anteriores, parece afirmar la influencia en este poema de la religión cristiana. Cuando, en efecto, en medio de tanta magia, de tantos brujos y de tantos dioses vemos expresiones tales que «Jumala el Dios revelado», «Jumala el Dios único», «Jumala el verdadero Creador», es difícil no adivinar que todo esto era obra de la gran religión del Sur que cautelosamente, para no espantar, se iba infiltrando poco a poco en la mitología finlandesa lo mismo que había hecho antes de desbancarlas completamente, en las demás creencias religioso-mitológicas del resto de Europa.

«Si el terrible mal hubiese ocurrido, hijo mío, en cuanto se te pase el dolor tendrías que ir en busca de nueva mujer pues me había acostumbrado ya a la ayuda que Kylliki me procuraba en los quehaceres de la casa. Voy estando muy vieja para hacerlo yo sola todo».

Lemmikainén no demoró el jurarla que de haber ocurrido el terrible mal al punto se apresuraría a poner remedio; e incluso empezó a acariciarle la idea de que tuviese que sacrificarse en beneficio de su madre. En esto y cuando ya no estaban lejos de la casa vieron venir volando, en dirección contraria a ellos a la hembra del zorzal.

La madre de Lemmikainén, al divisarla, la gritó: «¡Eh, tú, locuela, aguarda un poco! ¿Qué hay por nuestra casa?» «Paz, silbó el pájaro, mas no me detengáis que es mi hora de empollar y tengo que ir a relevar a mi marido».

«¿Pero has visto a Kylliki? ¿Dónde está?» la preguntó Lemmikainén. «¡Fiit, cualquiera lo sabe! volvió a silbar el pájaro. Pero si necesitas mujer y un amigo que te ayude a poner espinos en un campo cuando quieras cercarle, como hacías con Tiera, el mejor que tenías, busca ambas cosas. Que por cierto si das con ellas puede que las encuentres juntas». Y desapareció entre los árboles.

«¡La deslenguada! ¡La embustera!, protestó la madre de Lemmikainén. ¡Así la salgan hueros los cuatro asquerosos huevos que ha puesto! ¡Miente! ¡Te digo que miente! Kylliki llevaba siempre el collar de las campanillas de plata que la di cuando la trajiste a casa, con la condición de que no se lo quitase nunca, y de haberte sido infiel las campanillas, repicando, me hubiesen aturdido.

Llegaban. El último recodo y la casa estuvo a la vista. Instintivamente aceleraron aún el paso y la anciana llamó a voz en grito: «¡Kylliki!... ¡Kylliki!»

«Calla, madre querida, dijo el nunca más alegre Lemmikainén, calla y mira». Y deteniéndola la mostró con la mano allí mismo, a la orilla del camino, una espesa mata de menta. Sobre ella, herido por los rayos del Sol, brillaba el collar de las campanillitas de plata.

«¡Que Lempi me lleve! ¡Nunca hubiese creído que fuese tan... loca!»

«Nada de loca, madre querida, nada de loca. Prudente y muy prudente. Si no se lo quita, para no correr tú en mi busca aturdida por el repicar de esas campanillitas, hubieras tenido que envolverte la cabeza en un refajo».

## VIII. VAINAMOINÉN Y VIPUNÉN EL GIGANTE

El viejo e imperturbable Vainamoinén, el runoia eterno, estaba ocupado en construir un barco, una nueva barca, en el extremo del nebuloso promontorio, allá en la punta de la isla tan rica en sombras a causa de sus muchos y añosos árboles. Para cada parte que construía entonaba un canto, un canto poderoso.

Pero cuando fue preciso unir sólidamente los tablones, cuando hizo falta formar la proa y acabar asimismo la popa, es decir, terminar la verdadera armadura, sostén y alma de todo lo demás, de pronto le faltaron tres palabras.

Entonces el viejo, el imperturbable Vainamoinén, el runoia eterno, exclamó: «¡Arreglado estoy ahora! ¡Esto me faltaba, desdichado de mí! Inútil todo el trabajo. Jamás mi barco podrá sostenerse sobre el agua. Imposible que mi nueva barca pueda bogar a través de las olas».

Pero incapaz de darse por vencido, empezó a reflexionar profundamente por ver si le era posible recordar las palabras que le faltaban, o de serle imposible, qué recurso, qué medio emplear para ver de encontrarlas[39].

Entonces un pastor vino a su encuentro y le dijo: «Cien palabras, mil motivos para cantar encontrarás, si quieres, en la boca de Antero Vipunén[40], en los profundos del prodigioso gigante. He aquí a quién tienes que dirigirte. El camino para llegar hasta él no es bueno; claro que tampoco es de los peores. Hay que recorrer la primera parte pasando sobre la punta de esas agujas que usan las mujeres; la segunda sobre la punta de las espadas de los hombres; en fin, la tercera sobre el corte de las hachas de los héroes».

---

[39] Obsérvese el procedimiento ingenuo empleado por el poeta para dar variedad a su relato: hacer que a Vainamoinén, por ejemplo, se le olviden las palabras mágicas que tiene que recitar para conseguir algo, lo que permite la entrada en acción de nuevos personajes. Antes, cuando el episodio de la bella sentada sobre el arco iris, a la que por conseguir cuanto consigue es herirse gravemente cuando intentaba construir otro barco, éste el que la joven le había pedido, al no acordarse tampoco de ciertas palabras necesarias para que la sangre deje de correr a torrentes por su herida, tiene que acudir al anciano rugiente, gracias a lo cual tenemos un nuevo episodio. Aquí va a ocurrir lo mismo: un nuevo olvido nos va a permitir conocer nada menos que a un gigante (ya echábamos de menos a esta interesante variedad de criaturas), a Antero Vipunén.

[40] Antero Vipunén: brujo gigante.

El viejo e imperturbable Vainamoinén, no obstante las dificultades de la empresa, no por ello desistió de intentarla. Fue a la herrería de Ilmarinen y le dijo: «¡Oh herrero Ilmarinen! Fórjame dos suelas de hierro, dos guantes de hierro y una camisa de hierro. Fórjame además, te pagaré lo que pidas, un bastón de hierro con la médula de acero. Me voy a arrancar las palabras mágicas, aquello con qué cantar, del vientre del prodigioso gigante, de la boca de Antero Vipunén».

Ilmarinen dijo: «Hace mucho tiempo que Vipunén ha muerto. Hace mucho tiempo que Antero ha cesado de preparar sus lazos y de tender sus redes. De él no sacarás una palabra; ni siquiera media».

El viejo, el imperturbable Vainamoinén, no obstante lo que le advertía Ilmarinen, se puso en camino. El primer día se lanzó por encima de las puntas de las agujas de mujer; el segundo, por encima de las puntas de las espadas de los hombres; el tercero, por encima de los filos de las hachas de los héroes.

Vipunén, el poderoso runoia, el anciano de fuerza prodigiosa, yacía acostado bajo la tierra, y con él sus cantos; yacía extendido en unión de sus palabras mágicas. El chopo crecía ya sobre sus hombros, el abedul sobre sus sienes, el enebro sobre su frente, el pino salvaje a través de sus dientes.

El viejo Vainamoinén llegó. Luego sacó su espada, su lámina de acero, de su vaina de piel, e hizo caer el chopo de los hombros de Vipunén, el abedul de sus sienes, los espesos enebros de sus mejillas, el pino salvaje de sus dientes. Después hundió su bastón guarnecido de hierro en la garganta del gigante, por entre sus mandíbulas abiertas y sus descarnadas encías, y le dijo: «¡Levántate de tu lecho subterráneo, ¡oh esclavo del hombre!, despierta de tu largo sueño!»

Vipunén, el poderoso runoia, se despertó al punto de su sueño. Sintió el duro y violento contacto del bastón y un dolor agudo le desgarró. Mordió el bastón, pero sus dientes no se hincaron sino en su superficie; no alcanzaron el acero, el corazón de acero interior.

El anciano Vainamoinén avanzó hasta estar inmediatamente junto al gigante, y de pronto, de un salto, cayó con los dos pies juntos sobre su boca y se deslizó a través de ella.

Entonces, Antero Vipunén la abrió aún mucho más e hizo desaparecer entre sus mandíbulas al héroe con su espada y todo, diciendo al mismo tiempo: «He comido ya muchas cosas, he devorado ovejas y cabras, bueyes y enormes jabalíes, pero jamás había gustado algo semejante».

El viejo Vainamoinén dijo: «¡Paréceme que ha llegado mi último día!»

Y se puso a pensar, a reflexionar profundamente, preguntándose qué haría para conservar la vida, qué para seguir existiendo.

Vainamoinén llevaba suspendido a la cintura su cuchillo de mango de madera veteada. De él se sirvió hábilmente para construirse un barco, para carpintearse una barca. Y lanzó el barco hacia adelante, bogando de un intestino al otro, visitando cada recodo, cada guarida del vientre, de aquel enorme vientre.

Vipunén, el viejo gigante, el poderoso runoia, no se dejó turbar por semejante prueba. Entonces Vainamoinén se transformó en herrero. De su camisa se hizo una fragua, de los brazos de su camisa y de su pelliza, un fuelle; de sus medias, un tubo para el fuelle; de su rodilla, un yunque, y de su codo, un martillo. Y empezó a dar golpes y más golpes; su yunque empezó a sonar durante el día y durante la noche sin tregua ni reposo, en el vientre del prodigioso gigante, en la parte interna del pecho del hombre fuerte.

Vipunén, el poderoso runoia, dijo: «¿Qué hombre eres tú, pues, entre los hombres, qué héroe entre los héroes? Ya me había tragado a cien hombres y había matado a mil héroes, pero jamás me comí a uno semejante a ti. Los carbones suben hasta mi boca, los tizones queman mi lengua, las escorias de hierro desgarran mi garganta.

»Si no te apresuras a salir, ¡oh perro privado de madre!, pediré prestadas al águila sus garras, el dardo de la sanguijuela, las pinzas de carne del pájaro, las garras de las patas del buitre, y con todo ello te atormentaré, malvado, y te castigaré, sacrílego, hasta que tu cabeza cese de moverse y el aliento falte a tu pecho. Conque piénsalo: ¿Te retirarás o no, ser contra la Naturaleza? ¿Me dejarás o no me dejarás tranquilo. perro vagabundo, perro sin amo?»

El viejo, el imperturbable Vamamoinén, respondió: «Me encuentro bien aquí, y aquí mi tiempo transcurre agradablemente. El hígado, me refiero al tuyo, amable gigante, reemplaza convenientemente al pan; la manteca de tu hígado a la carne; tus pulmones seguramente son muy buenos para cocidos y no hay duda que toda la grasa que te sobra tiene buen gusto.

»Es más, voy a hundir mi yunque un poco más hacia adelante, en la carne de tu corazón, e instalaré mi fragua en un lugar más profundo con objeto de que durante el resto de tus días no puedas escapar hasta que yo haya escuchado tus palabras y haya conseguido aprender, precisamente por habérmelas enseñado tú, cuantas voces mágicas me parezcan excelentes para ser cantadas. Las palabras mágicas no pueden permanecer ocultas; las palabras mágicas no deben continuar ocultas en el seno de las rocas; el poder no puede eternizarse sin provecho en las más profundas grietas de la tierra, aunque los poderosos hayan desaparecido ellos mismos».

Entonces, Vipunén, aquel hombre tan poderoso en cantos mágicos, el incomparablemente soberbio de los antiguos días; Vipunén, cuya boca estaba llena de sabiduría y cuyo pecho era el habitáculo de una fuerza infinita, abrió el cofre lleno de palabras, su baúl lleno de cantos, con objeto de pronunciar, cantando, las palabras eficaces, de dar impulso a los mejores cantos, a las palabras profundas del origen, a aquellos cantos mágicos nacidos cuando la creación de los tiempos, pero que ya ni todas las criaturas juntas serían capaces de entonar, y que ningún héroe estaría en estado de comprender en esta triste vida, en este perecedero Mundo.

Y cantó las palabras del origen, los runot de la gran sabiduría.

Y cantó durante días y días sin pausa, durante una larga sucesión de noches. El Sol se detuvo para escucharle; la plateada Luna se detuvo igualmente para escucharle; las corrientes de los estrechos, las olas de los golfos, las ondas de los ríos, cesaron de murmurar al detenerse; las tormentas se apagaron.

Entonces el viejo Vainamoinén, luego de haber oído las palabras, tras haber recogido los cantos mágicos que tan ardientemente había deseado, se dispuso a salir de la boca de Antero Vipunén, de las entrañas del hombre fuerte y poderoso. Y fue cuando dijo: «¡Oh, Antero Vipunén! Ahora abre tu enorme boca, separa tus poderosas mandíbulas con objeto de que yo salga de tu vientre y pueda volver a mi casa».

Vipunén, el gran runoia, dijo: «He comido, he bebido muchas cosas, he tragado miles de materias diferentes, pero jamás había bebido ni comido algo que se pareciese al viejo Vainamoinén. Si bien has hecho viniendo aquí, mejor harás aún en partir».

Y Vipunén, el gran runoia, abrió su enorme boca, separó sus tremendas mandíbulas y el viejo Vainamoinén se lanzó del fondo de las entradas del hombre fuerte y poderoso. Botó como hubiera botado una ardilla de oro, como una marta de pecho de fuego[41].

Y fue al taller del gran herrero. Al verle, Ilmarinen le preguntó: «¿Has oído las palabras? ¿Has recogido los cantos mágicos? ¿Cuánto necesitabas para acabar tu barco?»

---

[41] Este episodio recuerda un poco a aquel de la *Historia verdadera,* de Loukianos (véase esta interesantísima aventura jocoso-fantástica en mi tomo titulado *La novela griega*) en que una ballena enorme se traga un barco con cuantos hombres le tripulan, que se ven obligados a vivir y desenvolvérselas en el interior del enorme animal hasta que, al fin, quemándola también, consiguen que muera y salir.

El viejo e imperturbable Vainamoinén respondió: «He oído cien palabras, mil asuntos para cantos. He sacado las palabras de su retiro; he arrancado los cantos mágicos de la caverna donde estaban encerrados».

Y se dirigió hacia su barco, hacia el lugar donde empezó de nuevo a trabajar, pero ya con plena sabiduría. Y pronto el barco estuvo terminado sin haber tenido que emplear el hacha. El barco quedó creado sin que el acero hiciese saltar una sola viruta.

## IX. LOS RIVALES

El viejo, el imperturbable Vainamoinén, se puso a pensar y a reflexionar profundamente. El resultado de sus meditaciones fue resolver ir a solicitar la mano de una joven; ir a ver a la de la soberbia cabellera, a la magnífica muchacha soltera de Pohjola.

Revistió su barco de vadmel[42], pintó sus bordes de rojo y todos los tablones los incrustó de oro y de plata. Y un día, una mañana, hizo deslizar sobre los rodillos pulimentados el casco formado con cien sólidas vigas y le lanzó al agua.

Luego enderezó el mástil e izó la vela en la parte superior; una vela roja y otra vela azul. Al punto se puso al timón y se dirigió hacia alta mar.

Anniki, la del nombre ya célebre; Anniki, la hija de la noche, la virgen del crepúsculo, que se levantaba siempre antes de la aurora, golpeaba su ropa, lavaba en aquel momento sus vestidos, en el extremo del nebuloso promontorio de la isla rica en sombras a causa de sus muchos y añosos árboles.

De pronto se volvió y miró en todos sentidos, todo en torno de ella. Levantó primero los ojos hacia el cielo, los bajó hacia la orilla luego; por encima de su cabeza brillaba el Sol; ante ella las olas centelleaban.

Volvió después sus miradas hacia el Mediodía, y al hacerlo vio un resplandor, un resplandor que formaba el agua dejando un surco azul en la superficie del mar.

Anniki, la célebre virgen, se dio cuenta de que se trataba de un barco; un barco construido con cien vigas bien trabajadas, que flotaba sobre el mar, y dijo: «Si eres el barco de mi hermano o la barca de mi padre, dirígete hacia nuestra casa. Si eres un barco extranjero, pasa de largo y ve a abordar a otra orilla».

Pero aquel barco no era el de su familia, ni el de un hombre enteramente desconocido; era el barco de Vainamoinén, el barco del runoia eterno, que se acercaba, y pronto estuvo a distancia a la que alcanza la voz.

Entonces Anniki, la hija de la noche, la virgen del crepúsculo, gritó: «¿Adónde vas, ¡oh Vainamoinén!, adónde diriges tus pasos, tú, el amigo

---

[42] *Vadmel:* tejido de gruesa lana gris con que se confeccionan las prendas de vestir los aldeanos finlandeses. La expresión «revistió su barco de Vadmel» debe entenderse en el sentido de que le pintó, arregló y dejó como nuevo.

de las olas? ¿Adónde te encaminas tan suntuosamente vestido, oh tú, adorno magnífico de la tierra?»

El viejo Vainamoinén respondió desde lo alto de su barco: «He concebido el proyecto de ir a pescar salmones; de ver cómo los peces retozan en el río negro de Tuoni, allá en el abismo profundo».

Anniki, la célebre virgen, dijo: «¡Guarda para ti, viejo Vainamoinén, tus inútiles mentiras! Yo conozco también el retozar de los peces. Mi padre, mi anciano padre, tenía la costumbre de ir a pescar salmones, pero equipado de otra manera. Cuando lo hacía, su barco estaba lleno de útiles apropiados de todas clases: nasas, cañas, arpones y garfios. De modo, Vainamoinén, que tú ¿adónde vas?»

El viejo Vainamoinén respondió: «Ven, ¡oh encantadora muchacha, a mi barco! Cuando estés aquí te diré toda la verdad, sin mentirte».

Anniki, la joven adornada con una fíbula de estaño, dijo con tono burlón: «¡Que la tempestad caiga sobre tu barco y que los vientos se desencadenen contra él! Yo le haré naufragar, le hundiré a pique mediante mis conjuros si no acabas de mentir, si no me confiesas al fin, con toda franqueza y verdad, adónde te diriges».

El viejo Vainamoinén respondió: «Si hasta este momento he fingido, en efecto, un poco, ahora en cambio confesaré la verdad toda entera. Me he puesto en camino para ir a pedir la mano de una joven allá en la sombría Pohjola, en ese país donde los hombres son devorados, donde los héroes son precipitados en el mar».

Anniki, la hija de la noche, la virgen del crepúsculo, comprendió que esta vez Vainamoinén había renunciado a la mentira y que había confesado la verdad, toda la verdad. Entonces dejó allí las prendas que había venido a lavar y, levantando con sus manos los pliegues de su falda, echó a correr. Y corriendo llegó a la casa de Ilmarinen y entró en el taller del herrero.

El herrero Ilmarinen, el eterno batidor de hierro, estaba ocupado en fabricar un amplio asiento de hierro; le hacía con hierro mezclado de plata. Su cabeza estaba cubierta por una vara de escoria de metal, sus hombros por una braza de hollín.

Anniki, la célebre virgen, le dijo: «¡Oh herrero Ilmarinen, hermano mío! ¿Piensas aún en tomar por esposa a aquella de la que en tiempos pediste la mano, a la que te habías reservado como compañera?

»Sin cesar golpeas el hierro; forjas y forjas sin descanso; todo el verano, más el invierno entero, has pasado construyendo las herraduras de tu caballo; días y noches has consagrado a hacerte un trineo, un soberbio trineo, para ir a Pohjola en busca de esposa. Y he aquí que uno más astuto que tú, que uno más ilustre que tú, va allí dispuesto a anticipársete, a quitarte tu propiedad, a apoderarse de tu bienamada, de aquella por la que has suspirado durante dos años, de aquella de la que eres prometido hace tres. Vainamoinén boga por el mar, en su barco de proa de oro y de timón de cobre, en dirección a la sombría Pohjola».

Oyendo aquello, el herrero fue víctima de dolorosísima angustia; el batidor de hierro quedó anonadado durante mucho tiempo. Las tenazas escaparon de sus dedos, el martillo cayó de sus manos.

Al fin, cuando pudo, dijo: «Anniki, mi querida hermana, quiero forjar para ti una lanzadera, quiero forjarte lindos y delicados anillos, dos o tres pares de pendientes de oro, cinco o seis cadenas para, tu cintura; todo lo haré, sí. Por tu parte, prepárame un baño dulce como la miel. Pon a calentar una agradable estufa con abundancia de pequeños troncos de árboles, con pedacitos a propósito de madera. Prepárame también un poco de agua de lejía más un pedazo de jabón untuoso, con objeto de que pueda lavarme bien la cabeza y purificar mi cuerpo del hollín que le cubre desde el otoño, y de los residuos de hierro que desde el invierno le manchan».

Anniki, la célebre virgen, hizo que se calentase, sin que nadie lo supiera, la estufa. Luego compuso agua de lejía con leche agria, y preparó con médula de huesos un jabón que diese fácilmente espuma, con objeto de que Ilmarinen, el prometido enamorado, pudiera lavarse la cabeza y luego purificar y blanquear asimismo su cuerpo.

El herrero Ilmarinen, el eterno batidor de hierro, se dirigió hacia el baño. Y se bañó suficientemente. Lavó y embelleció su rostro, hizo florecer sus cejas, volvió su cuello tan blanco como un huevo de gallina y, en una palabra, limpió y purificó todo su cuerpo. Luego entró en su cuarto enteramente transformado, soberbio el rostro, las mejillas incluso ligeramente sonrosadas.

Entonces dijo: «Anniki, mi querida hermana, tráeme ahora una camisa de lino, y también hermosas prendas con objeto de que me vista y me adorne como conviene a un prometido».

Anniki, la célebre virgen, trajo una camisa digna del bien fregado cuerpo de Ilmarinen, para que se la pusiera sobre la desnuda piel. Al punto le trajo también prendas bien confeccionadas que su propia madre había cosido, para sus caderas ya libres de hollín. Para sus caderas, en las que ningún hueso sobresalía.

Y el herrero se cubrió con todas aquellas prendas, y cuando estuvo dispuesto llamó a su esclavo y le dijo: «Engancha mi soberbio semental a mi hermoso trineo, pues es preciso que parta; necesito ir a Pohjola».

El esclavo enganchó el corcel, el hermoso corcel al trineo. Luego colocó en éste seis cuclillos cantores, siete pájaros azules para que cantasen a su vez en el arco de la collera, para que gorgojeasen en la parte delantera. Y trajo también una piel de oso para que su amo pudiera componer con ella su asiento, más una piel de nutria para cubrir con ella el hermoso trineo.

Entonces Ilmarinen, el herrero eterno, invocó a Ukko; rogó de este modo al dios del trueno: «¡Oh, Ukko, haz que caiga un poco de nieve, destila una fina lluvia de nieve, de modo que mi hermoso trineo se deslice más fácilmente; que el magnífico trineo que me lleva no corra, ¡vuele!»

Ukko hizo caer un poco de nieve, destiló una fina lluvia de nieve. Lo suficiente para volver blancos los tallos de los matorrales, así como aquellos en los que crecían bayas, en toda la extensión de los campos.

Y el herrero Ilmarinen subió a su trineo de acero, tomó las riendas con una mano, con la otra el látigo y azotó los flancos del caballo diciendo: «¡Adelante, magnífico corcel, corcel de la crin de lino, corre cuanto puedas!» Y el trineo salió a toda velocidad.

Caminó durante todo un día, caminó durante dos días, caminó casi durante tres días hasta alcanzar al viejo Vainamoinén, y habiéndolo conseguido le dijo: «Escucha, viejo Vainamoinén, hagamos juntos un pacto de paz, bien que continuemos como rivales a través del camino de los esponsales; aunque vayamos como rivales en busca de esposa. Juremos, no obstante, no arrebatar por la fuerza a la joven y no conducirla contra su voluntad a nuestra casa».

El viejo Vainamoinén respondió: «Consiento en hacer contigo un pacto de paz. Me comprometo a no raptar violentamente a la muchacha. A no conducirla a mi casa contra su voluntad. La joven debe ser dada a aquel hacia el cual se incline su corazón, sin que a causa de ello nosotros vayamos a alimentar uno contra otro odio implacable y eterna enemistad».

Y los dos héroes siguieron cada uno su camino. El barco continuó deslizándose sobre las olas que iban a morir a la orilla, haciéndola estremecerse; el caballo continuó arrastrando el trineo, que hacía temblar la tierra.

Transcurrió un tiempo, un tiempo muy corto. Al cabo, el perro gris empezó a ladrar, el guardián de la puerta del castillo dio la voz de alerta en la sombría Pohjola. Primero gruñó dulcemente, luego ya con más fuerza, y entrecortando sus gruñidos empezó a golpear el suelo con su cola.

El padre de la familia de Pohjola dijo: «Nuestro perro gris no ladra en vano; el viejo can no desperdicia inútilmente su voz; no es seguramente a los abetos del bosque a los que ladra».

Y él mismo salió de su casa y fue a ver qué ocurría, acercándose hasta el extremo más lejano del campo, allí donde terminaba el camino más distante.

Y desde allí vio un barco rojo que se acercaba bogando por las aguas del golfo; un magnífico trineo se deslizaba por el camino.

La madre de la familia de Pohjola, la mujer de Pohjola, seguida de la hija de Pohjola, se apresuraron a salir al patio. Desde allí, volviendo sus ojos hacia el golfo, bien iluminado por el Sol, vieron cómo por él llegaba un navío recién construido, un navío hecho con cien planchas. Un navío engalanado como con vadmel y abundantemente pintado de rojo. En él, un hombre de hermosa presencia erguíase en la parte posterior empuñando el timón de cobre. También vieron un caballo que llegaba a todo galope, diríase que a saltos, arrastrando un trineo también rojo, bien que otros colores alternasen con éste. Aquel trineo acortaba por momentos la distancia que separaba el camino de la casa. En él, seis cuclillos cantaban en la collera del caballo, siete pájaros lo hacían en la parte posterior del trineo no lejos de un hombre magnífico, del héroe que empuñaba las riendas.

La madre de la familia de Pohjola dijo: «¿A cuál de los dos querrás darte, cuando vengan a solicitar que seas su amiga para siempre, la paloma, la destinada a arrullar al que elijas mientras viva?

»El que llega en el navío es el viejo Vainamoinén. Trae una carga de grano y otros muchos tesoros.

»El que conduce el hermoso trineo, ese trineo pintado de diversos colores, es el herrero Ilmarinen. Este, cuanto trae, son puras mentiras; su trineo está lleno de runot mágicos.

»Cuando entremos en la casa coge un jarro de hidromiel y se lo ofreces a aquel que te convenga darte. Pero debes ofrecérselo al viejo de Vainola, que es el que trae cosas buenas en su navío. No olvides que su barco trae tesoros».

La hermosa joven de Pohjola ni fue tonta ni se mordió la lengua para responder lo siguiente: «¿Cómo puedes, madre, tú, que me has llevado en tu seno y que te ocupaste de mi infancia, darme tal consejo? Yo no quiero entregarme al de las riquezas, por abundantemente provisto que esté de ellas, y aunque además sea asimismo rico en sabiduría. Ambas cosas, para ser realmente buenas y apetitosas para una joven como yo, tendrían que no venir engarzadas en arrugas. Por consiguiente me daré al de la hermosa frente, al que por todas las partes de su cuerpo es hermoso. Yo no sé que ninguna joven haya sido vendida por un cargamento de grano, y mejor me parece que yo sea dada, sin que el interés intervenga, al herrero Ilmarinen, al que forjó el Sampo, al que con su martillo trabajó asimismo la magnífica tapa de éste».

La gran abuela de Pohjola respondió: «¡Oh tonta e incauta criatura! ¿No te das cuenta de que darte al herrero es tanto como tener que soportar sobre tu piel de rosa, una noche y otra, su frente empapada por el sudor, pasarte la vida lavando ropa constantemente sucia, preparándole baños calientes e incluso lavándole tú misma?»

La joven añadió, oyendo esto: «No creo que haya sudor comparable a la vejez, ni que la suciedad de un joven sea más ingrata que la limpieza de un aseado carcamal. De modo que no tomaré a Vainamoinén ni me daré a él aunque tenga tantos tesoros como años. Sólo por ser viejo será, estoy segura, incómodo; su decrepitud, no por dorada, menos intolerable. En cuanto a su propia sabiduría, ¿cómo me podría ser de alguna utilidad escondida, pues por lo visto lo da la edad, a juzgar por ti misma, bajo una capa de avaricia?»

En esto el viejo Vamamoinén llegó el primero. Sacó su rojo barco del agua, le empujó sobre rodillos de hierro hasta asentarle bien sobre unos soportes de cobre, y luego se dirigió hacia la casa. Llegado a ella y ya junto a la puerta misma, antes incluso de entrar, habló dé este modo: «¿Vendrás al cabo junto a mi para ser ya para siempre mi amiga, la esposa de mi vida, la paloma que, a mi lado, me arrullará con su dulce canto?»

La joven respondió sin vacilar: «¿Has construido ya un barco, un gran navío con los restos de mi huso, con los fragmentos de mi lanzadera?»

El viejo Vamamoinén dijo: «Sí, ya he fabricado un barco, ya he construido un magnífico navío, un navío capaz de desafiar las tempestades, un navío que, por fuertes y huracanados que sean los vientos, hendirá con seguridad las olas y franqueará imperturbable los estrechos. Como una burbuja de agua se levanta y como una hoja de nenúfar se hunde luego; así él, a través del mar de Pohjola, juega y seguirá jugando con las olas sin temor a los torbellinos de sus corrientes».

La hermosa joven de Pohjola dijo: «Lástima que me interesen tan poco los hombres de mar y los héroes que viajan a través de las ondas. No sé por qué me imagino que los vientos trastornan su cabeza y que las tormentas les alteran el cerebro. He aquí la razón de no poder seguirte; por qué no puedo darme a ti como amiga para siempre; como la paloma destinada a arrullarte, a preparar tu lecho, a mullir tu almohada y a calentar tu cama con mi cuerpo».

Por su parte, el herrero Ilmarinen, el eterno batidor de hierro, llegando, se apresuró a entrar a su vez en la casa y a protegerse bajo su techo.

Una copa de hidromiel fue traída. Una copa llena de jugo de miel que fue ofrecida al héroe. Entonces, cuando éste la tuvo entre sus manos, dijo: «¡Jamás mientras mi vida aliente, jamás mientras brille la espléndida Luna, beberé de esta bebida antes de haber visto a la que me pertenece! ¿Está dispuesta aquella por la que he velado, aquella por la cual me he visto obligado, pero feliz, a velar?»

La madre de la familia de Pohjola le respondió: «No, y al contrario bien impedida se halla. Mucho, cierto, muy impedida, aquella por la que como dices has velado, por lo que obligado te has visto a velar. Uno de sus pies aún no está enteramente calzado, el otro ni tan siquiera a la mitad. La por la cual has velado y a la que deberás desposar regularmente, estará dispuesta cuando hayas labrado el campo de las víboras, vuelto enteramente de abajo arriba la tierra llena de serpientes, sin que tu arado tenga necesidad de levantarse por delante, ni la reja tiemble».

El herrero Ilmarinen, quitando de en medio a la madre de un empujón, entró en la habitación de la hija y dijo: «¡Oh virgen de la noche, oh hija de las tinieblas! ¿Te acuerdas del tiempo en que fabriqué para ti el nuevo Sampo, en que forjé su hermosa tapa, mientras tú me jurabas con juramento eterno y me prometías, poniendo por testigo al Dios revelado, al Dios todo poderoso, entregarte a mí y ser sólo mía, a mí, a quien llamabas tu adorado héroe, con objeto de ser la compañera de toda mi vida, la paloma que, a mi lado y para mí, se desharía en arrullos ya siempre? Pues bien: ahora esa vieja, ¡viejas todas iguales cuyas pasiones, con la edad, tan fácilmente se vuelven avaricia!, tu madre, no quiere que seas mía, se niega a darme a su hija, cual si pudiera disponer de un bien que ya no le pertenece, pues es mío, mientras no haya labrado el campo de las víboras, vuelto de arriba abajo el terrible plantel de las serpientes».

La joven prometida, dispuesta a venir en su socorro, pues quería socorrerse ella misma, puesto que le amaba, le dio este consejo: «¡Oh herrero Ilmarinen! ¡Oh eterno batidor de hierro y ahora también de mi corazón! Forja sin tardar un arado de oro, un arado de plata, y con él labrarás fácilmente el campo de las víboras. Con él removerás de abajo arriba, enteramente, completamente, el vivero de las serpientes».

El herrero Ilmarinen echó oro en su forja, puso plata en sus fuelles, y se forjó un arado. Al punto se forjó calzado de hierro y escarcelas de acero, y se las ajustó. Se revistió también con una camisa de hierro, ciñó su cuerpo con un cinturón de acero, tomó unas manoplas de acero y guantes de piedra, y seguidamente enganchó su arado al resplandeciente semental, a su magnífico corcel.

E Ilmarinen labró el campo de las víboras, produjo surcos profundos en el plantel de las serpientes, y luego volvió y dijo: «Ya he labrado el campo de las víboras, ya he removido de abajo arriba el campo lleno de serpientes, ¿me darás ahora, ¡oh vieja interesada!, a la hermosa joven virgen? ¿Podré al fin llevarme conmigo a la que me ama y a la que tanto amo?»

La abuela de los de Pohjola le respondió: «La joven virgen te será dada, la oca azul estará dispuesta a seguirte, una vez que hayas cogido al gran lucio cubierto de escamas, al poderoso pez de las rápidas aletas, del río de Tuoni, porque gusta de solazarse allá en los profundos abismos del Manala. Pero habrás de cogerle sin emplear aparejos de pescar, ni siquiera una caña de mano. Cien hombres fueron allí para intentarlo, pero ninguno ha vuelto. Tal vez tú tengas más suerte».

Ilmarinen empezó a sentirse inquieto. La prueba era peligrosa. Empezó por ir al cuarto de la joven y decirla: «La vieja me ha impuesto una nueva tarea. Ahora quiere que coja al gran lucio cubierto de escamas, sin servirme de nasa o de caña de pescar. Sin que mis manos toquen ninguna máquina de las que se usan contra los peces».

La joven vino de nuevo en su socorro mediante un consejo, diciéndole: «¡Oh herrero Ilmarinen! No tengas miedo. Fórjate un halcón resplandeciente, un poderoso pájaro de plumaje blanco; con él podrás atrapar al gran lucio, al enorme pez de rápidas aletas del río Tuoni; el que gusta de pasearse por lo más profundo de las simas del Manala».

El herrero Ilmarinen, el batidor de hierro eterno, se forjó un halcón resplandeciente, un poderoso pájaro dé blanco plumaje; le hizo garras de acero, garras de aceradas y poderosas uñas; las alas se las construyó con planchas como las empleadas para los cascos de los navíos; y, ya acabado, él mismo le cabalgó encaramándose hasta colocarse entre las poderosas alas,

Luego empezó a decir al halcón lo que tenía que hacer. A instruirle: «Halcón hermoso, pájaro magnífico obra de mis manos, toma impulso y dirígete, te lo ruego, hacia Tuoni, el río negro, justo donde empiezan los abismos profundos del Manala. Y una vez allí, ataca rápidamente al enorme lucio cuyo cuerpo está cubierto de escamas, al poderoso pez de las rápidas aletas».

El halcón, el majestuoso pájaro, agitando el aire con sus alas, tomó impulso y se dirigió, para coger al lucio, para buscar al pez armado de terribles dientes, hacia el río de Tuoni, hacia las simas del Manala. Con una de sus alas rozaba el agua, con la otra tocaba el cielo; sus uñas labraban el mar, su pico hacía saltar las rocas.

Ilmarinen empezó a sondear el río Tuoni; el pájaro velaba junto a él.

Entonces apareció el lucio de Tuoni; rápido avanzó el perro de la onda. Su lengua, larga como dos mangos de hacha; sus dientes, largos como un mango de rastrillo; sus abiertas fauces, enormes como tres cataratas; su cuerpo, de la longitud de siete barcos, todo ello se mostraba amenazador. Todo ello avanzaba velocísimo contra Ilmarinen, pensando poder tragarse al herrero eterno.

Pero el halcón de garras de acero, cayó de pronto sobre el enorme lucio cubierto de escamas, hundió éstas penetrando en su poderoso cuerpo, le levantó y se lo llevó hasta la copa de una encina, luego hasta otras no menos espesas de los pinos inmediatos. Al cabo se fijó en una de ellas y empezó a regalarse con la carne del lucio: abrió su vientre, deshizo su pecho, finalmente separó de un tremendo picotazo la cabeza del cuerpo.

Entonces, el herrero Ilmarinen cogió la cabeza del pez, se la llevó, como regalo, a la vieja de Pohjola, y se la ofreció diciéndola: «¿Está al fin dispuesta para venir, la por quien he velado, la por quien obligado me vi a velar?»

La madre de la familia de los de Pohjola dijo: «Sí, dispuesta está la por quien has velado, aquella por la que tuviste que velar. Mi hija debe serte dada. Mi hermosa oca debe ser entregada al herrero Ilmarinen, para que eternamente sea su compañera durante toda la vida; para que sea la paloma que, a sus pies, le arrulle».

Un niño colocado allí en el suelo, un niño de edad de dos semanas, dijo: «Es fácil ocultar un caballo, apartar de las miradas un semental adornado de hermosas crines; pero es difícil ocultar a una joven, apartar de las miradas a una virgen de cabellera hermosa. Podrás, si quieres, perder el tiempo, construir un castillo de piedra en medio de los escollos del mar, con objeto de guardar en él a tus hijas jóvenes, para educar en él a tus tiernas y lindas palomas; pero en vano tratarás de que en él tus hijas estén bien guardadas, inútil educarlas aisladas; hasta ellas, lo quieras o no, llegarán los pretendientes del país, los jóvenes mozos en tropel, los hombres tocados con magníficos cascos montados en caballos bien herrados. No se guarda a una mujer hermosa, como no se guarda el agua en una cesta»[43].

Por su parte, el viejo Vainamoinén, triste y cabizbajo, volvió a tomar el camino de su país, diciendo: «¡Desgraciado de mí! ¡Infortunado! ¡Desdichado de mí que no pensé en casarme cuando era joven, en buscar esposa en los mejores días de mi vida! Todo debería ser motivo de angustia por insensato, como para mí lo es, para aquel que lamenta haberse casado pronto, haber tenido hijos mientras era joven, haberse

---

[43] Como se habrá observado, el poeta hace intervenir en la pintoresca leyenda, cuando le parece oportuno, personajes que en la realidad nada tienen que ver con ella y que juegan un papel secundario semejante en cierto modo al de los coros en las tragedias antiguas. Ahora es un niño que con sus quince días es capaz de echar un discursito con su filosofía y todo. Otras veces son los elementos los que hablan: árboles, animales, caminos, lo que convenga. Estos diferentes recursos de los que echó mano la poesía, debieron nacer natural, espontáneamente en todas partes, con objeto de dar encanto y variedad a las narraciones. Así como el hacer hablar a los animales e incluso a otros elementos de la Naturaleza (árboles, ríos, vientos, etc.), fue una simple consecuencia del animismo, forma de religión nacida seguramente también en todas partes de un modo espontáneo y natural, al ver el hombre que todo en torno suyo parecía estar dotado de vida, de alma, de espíritu.

labrado una familia estando aún en la flor de la edad. No, lo que hay que deplorar no es esto, pues esto es lo natural sino el dejar pasar la juventud sin buscar una compañera, y luego pretender hallar una paloma cuando ya no se tienen alas para seguirla».

Luego, el desilusionado Vainamoinén exhortó a los hombres viejos a que no buscasen a las jóvenes, a no intrigar, a no esforzarse en modo alguno por obtener la mano de las vírgenes hermosas. Les disuadió de nadar por bravata, de remar por apuesta, de rivalizar con los jóvenes en la persecución de las mujeres hermosas.

## X. LA GRAN CÓLERA DE LEMMIKAINÉN

Athi Lemmikainén, el habitante de la isla, el habitante del promontorio de Kauko, estaba ocupado en labrar, en trazar surcos en su campo Athi, el del oído seguro, el del oído delicado y sutil.

En esto oyó un gran ruido hacia el lado de la aldea, un ruido sordo más allá de los pantanos, como de pasos que aplastasen el hielo, un estrépito de trineos a través de las tierras sin árboles. Entonces una idea surgió en su cabeza, un presentimiento se deslizó en su cerebro. En Pohjola están de boda; en Pohjola, sin decir nada, se celebra un gran festín.

Torció la boca, meneó la cabeza, sacudió su negra cabellera; la sangre desapareció de su rostro y el tono rojo que coloreaba sus mejillas huyó de ellas. Luego, de pronto, suspendió su trabajo, dejó el surco inacabado, abandonó el campo, montó a caballo, y tras rápida carrera llegó adonde estaba su madre, siempre muy querida, junto a su anciana nodriza.

Y llegado tomó la palabra, y dijo: «¡Oh madre mía, mi anciana madre! Corre a la aitta construida en la colina y tráeme mis más finas camisas, mis mejores trajes, con objeto de que escoja lo que más me convenga, y con ello adorne mi cuerpo».

La anciana madre preguntó: «¿Adónde vas, hijo querido? ¿Vas a cazar nutrias o tal vez ardillas?»

El alegre Lemmikainén, el hermoso Kaukomieli, respondió: «No, madre mía, no mi querida nodriza, no voy a cazar nutrias, ni alces, ni ardillas; voy a Pohjola, donde están de boda; al festín que están dando allí sin decir nada. Tráeme, tráeme mis hermosas camisas, mis mejores trajes, con objeto de que me vista como para una boda, de que me adorne como para un festín».

La madre trató de disuadirle, de que su hijo desistiera de tal proyecto, pues la que ama siempre quiere el bien de aquel o aquello que ama.

La madre dijo a su hijo: «No se te ocurra, ¡oh hijo mío!, no se te ocurra, hijito tan amado, ir a la boda de Pohjola, al festín en el que seguramente muchos participan, pero al cual tú no has sido invitado. Piensa que si nada te dijeron es porque nada querían contigo».

El alegre Lemmikainén respondió: «El no ir allí donde no han sido invitados es lo propio de los pobres diablos; pero el bravo no necesita invitación. Yo tengo una invitación perpetua, un mensaje, una llamada siempre sonora en el acero de mi espada puntiaguda, en el corte de su refulgente hoja».

Trajeron a Lemmikainén su cota de malla y su antigua armadura de guerra. El mismo cogió al punto la espada, la compañera de combates de su anciano padre, y apoyó fuertemente su punta sobre una de las gruesas

EL KALEVALA

planchas de madera con que estaba entarimado el suelo. La espada se dobló con la fuerza de su mano cual si hubiera sido la copa joven de un cerezo salvaje, como un enebro tierno, y, con voz preñada de amenazas, el héroe dijo: «¡No! Nadie hay en cuanto Pohjola abarca, que se atreva, ¡ni a mirar con descaro a esta hoja centelleante!»

Luego separó su arco, aquel poderoso arco, del muro en que estaba colgado, y con voz más fuerte aún, dijo: «Consideraré como un verdadero hombre, un héroe me parecerá, aquel que sea capaz de tender este arco; el que pueda doblar sin esfuerzo este tallo de acero, allá en la sombría Pohjola».

Luego, el alegre Lemmikainén, el hermoso Kaukomieli, se endosó su cota de malla, su antigua armadura de guerra, y, llamando a su esclavo, le dijo: «¡Esclavo que fuiste comprado, esclavo adquirido con dinero! Apresúrate a enjaezar mi caballo de batalla y a engancharle en mi trineo, pues voy a ir a la boda de Pohjola».

El humilde, el dócil esclavo, se apresuró a obedecer: enjaezó el caballo de batalla, el deslumbrante corcel, y le enganchó al trineo. Luego volvió y dijo: «Hecho ha quedado lo que tenía que hacer: el caballo enjaezado está, el fogoso semental enganchado ha sido al trineo».

Lemmikainén tomó asiento en su trineo, fustigó al semental con su látigo adornado de perlas, y el semental empezó a botar, a devorar espacio.

Pronto estaba en Pohjola. Ante la barrera que la limitaba. Barrera forjada con hierro; fuerte empalizada de acero, duro trabajo de forja. Esta defensa hundíase en la tierra hasta una profundidad de cien brazas, y hacia el cielo llegaba a una altura de mil. Las estacas que de trecho en trecho la sostenían estaban hechas de enormes y largas serpientes entretejidas unas con otras, negras culebras atadas unas a otras por medio de tremendos lagartos. Sólo las colas de los monstruos habían sido dejadas libres para que colgasen retorciéndose, al tiempo que por el otro lado las cabezas triangulares se agitaban, dejando escapar de las amenazadoras fauces horrendos silbidos; estas cabezas estaban hacia el exterior, las colas hacia adentro.

Lemmikainén no se inquietó más ante aquel obstáculo que se hubiese inquietado ante un muro hecho con guirnaldas de rosas. Se limitó a sacar su cuchillo de la funda que le protegía, y con él empezó a cortar a diestro y siniestro la tremenda barrera, abriendo pronto una enorme brecha en el tabique de acero, sin respetar, por supuesto, las estacas tejidas con serpientes, de las que seis, tal vez siete, quedaron también perforadas, y luego, tras el enorme agujero, lanzó su trineo, llegando a poco a la puerta misma de Pohjola.

Una serpiente fenomenal se extendía todo a lo largo del umbral de ésta. Era larga como una viga maestra de una casa grande; tan gruesa, lo menos, como un pilar de puerta. Tenía cien ojos y mil dientes. Los ojos eran grandes como cedazos; los dientes, largos como astas de venablo o como mangos de rastrillo; su lomo alcanzaría la longitud de siete barcos.

El alegre Lemmikainén se detuvo, no atreviéndose a pasar sobre la serpiente de los cien ojos, sobre el monstruo de mil lenguas. Un bocado de aquel animal hubiera podido herir profundamente las patas de su semental e incluso abollarle a él, lo que hubiera sido una lástima, la armadura.

Calculando esto se acordó de pronto de las antiguas palabras, de las fórmulas misteriosas que en otro tiempo le había enseñado su madre para amenizar y hacer menos pesadas otras enseñanzas saludables, tales que no tragarse todos los huesos cuando comiese majuelas, no sentir curiosidad por si las aittas de los vecinos estaban suficientemente provistas, sin tener certeza absoluta de que éstos estaban de viaje o por lo menos en los campos, y no escupir o echar basuras en las artesas de amasar el pan. Y en efecto. el alegre Lemmikainén, el hermoso Kaukomieli, trayendo a su memoria las fórmulas de su amada nodriza, dijo: «¡Oh reptil negro de las bajas regiones de la tierra, larva demasiado crecida teñida de los colores de la muerte, tú que llevas sobre la piel los tonos de la tierra desnuda y de los campos de brezos, más todos los matices del arco iris, retírate del camino del viajero, deja el paso libre al héroe, permite a Lemmikainén proseguir su ruta hasta donde están de boda en Pohjola, hasta el festín en el cual la multitud estúpida come sin tasa y bebe sin medida».

Oyendo tan profundas palabras, la terrible serpiente empezó a poner en movimiento sus anillos, a cerrar y abrir alternativamente sus mil ojos en señal de sumisión, y tras deshacer los siete nudos con que ella misma acortaba su cuerpo para que no fuese tan largo, se puso en movimiento, dejando pronto paso libre al poderoso viajero; dejando, sí, a Lemmikainén proseguir su camino hasta donde se celebraba la boda de Pohjola, hasta el festín que a todos reunía, llenaba y emborrachaba.

Cuando el alegre Lemmikainén, el entretenido y alocado compadre, hizo su entrada en el interior de la casa de Pohjola, el entarimado, hecho con planchas de madera de tilo, se estremeció; los muros, construidos con grandes y bien ensamblados trozos de enebro, oscilaron.

Pero él, cual si no se hubiese dado cuenta de ello, dijo levantando mucho la no ingrata, mientras no ofendía, y poderosa voz: «¡Salud a todos vosotros a quienes visito en esta casa, y salud también a mí, que os saludo! En cuanto a ti, padre de los de Pohjola, dime: ¿Hay en esta casa cebada para mi caballo? ¿Y cerveza para el héroe que le monta?»

El padre de la familia de Pohjola, desde el extremo de la mesa a la que estaba sentado, respondió: «Tal vez hubiera aquí bastante sitio para alojar a tu caballo, y a ti tampoco incluso te sería negado el recibirte si quisieras permanecer tranquilo en esta habitación y te contentases con sentarte cerca de la puerta, arrimado a la viga del umbral»[44].

El alegre Lemmikainén sacudió su cabellera negra como la parte de un caldero que se pone al fuego, y dijo: «Ni mi padre, ni mi abuelo, ocuparon jamás un sitio parecido. Encontraban siempre una buena cuadra para su caballo, un cuarto limpio y cómodo para ellos, y en él, muros guarnecidos de clavos de los que colgar sus guantes, sus mitones y su espada. ¿Por qué, pues, no se me trata como era tratado mi padre?»

Dicho esto, Lemmikainén avanzó hasta el centro de la cámara, se dirigió luego hacia el extremo de la mesa y se sentó donde terminaba el banco. A su llegada el banco tembló y el asiento de enebro estremeciose.

El alegre Lemmikainén añadió al punto: «Bien veo que no soy un huésped agradable, pues no se me ofrece cerveza ni nadie se ocupa de mí.

»Todo ocurre, pues, cual si la comida hubiese terminado, la boda hubiese sido ya celebrada, el festín estuviese ya acabado, la cerveza bebida, agotado el hidromiel, y copas y jarros amontonados y vacíos ante los invitados.

»En cuanto a ti, ¡oh madre de la familia de Pohjola!, tú has invitado a los pobres, has invitado a los más miserables, a los tullidos, a los vagabundos, a los simples villanos, a los obreros de trajes sórdidos, has invitado a todo el mundo. A mí tan sólo ha sido a quien has excluido.

»Pues bien: sabe que yo no me llamaría Lemmikainén, que no sería un huésped digno de estima, si no se me trajese cerveza, si por mí no se pusiera una caldera en el fuego, y en la caldera un buen pedazo de puerco, para que pudiese comer y beber, ahora que he llegado al término de mi viaje. ¿Entiendes?»

La dueña de la casa dijo: «¡Oh tú, mi linda y encantadora criadita! ¿Has oído? Anda, pon una caldera en el fuego, haz cocer en ella un buen trozo de carne ¡y sirve dé beber a nuestro huésped!»

La linda criadita puso en la caldera huesos y cabezas de pescados, hojas medio secas e inservibles de nabos y mendrugos de pan duro. Luego presentó a Lemmikainén un jarro de mala cerveza para que pudiera calmar

---

[44] El lugar junto a la puerta, al lado de la viga que sostenía el techo que cubría la entrada de las casas, era el más humilde, el reservado para los mendigos. Recuérdese que exactamente lo mismo ocurría en los países del Sur. Ulises, a su vuelta a Ítaca tras la expedición a Troya, junto a la puerta de su palacio se refugia, disfrazado de mendigo, mientras los pretendientes banquetean en el interior. Y es este puesto el que trata de disputarle Iro, el mendigo profesional, con el que tiene que combatir a puñetazo limpio.

su sed, diciendo al hacerlo: «Vamos a ver si eres hombre capaz de beber esta cerveza y de vaciar este jarro».

Lemmikainén, el alegre compadre, examinó aquel jarro atentamente: un gusano se arrastraba por el fondo, reptiles venenosos cubrían las partes inferiores, serpientes llenaban totalmente los bordes, en la cerveza misma cien lagartos se agitaban.

Lemmikainén buscó en su bolsillo, en su bolsillito bien forrado. Y de él retiró un gancho de hierro que hundió en el jarro de cerveza, agitando con él la bebida. Los reptiles venenosos se agarraron al gancho; las serpientes quedaron cogidas en sus dientes de hierro; el héroe arrancó del fondo del vaso cien ranas, mil lagartos negros y, al mismo tiempo que los reptiles y las serpientes, echó a los demás animales al suelo. Luego empuñó su cuchillo de afilada hoja y aguzada punta, y cortó la cabeza a todos los monstruos. Al punto bebió el negro líquido, vació con satisfacción el jarro de cerveza, diciendo: «En verdad que no sería bien recibido como huésped si no se me trajese una cerveza mejor; si, en efecto, con mano generosa no se me trajese más y en un mejor recipiente. Y si por mí no se matase un carnero, si no se inmolase un buey magnífico, un toro de poderosos remos, de los que seguramente abundan en esta afamada casa».

El padre de la familia de Pohjola dijo: «¿Pero tú por qué has venido aquí? ¿Quién te ha invitado al festín de boda?»

El alegre Lemmikainén, el hermoso Kaukomieli, respondió: «Magnífico es el huésped invitado, ¡pero aún más magnífico el que no lo ha sido! Pero escúchame, escucha bien, huésped de Pohjola: déjame comprar la cerveza, ¡déjame, sí, que adquiera mi bebida pagando por ella buen dinero!»

El padre de la familia de Pohjola, oyendo aquello, fue víctima de una cólera violentísima, de un furor sin igual, y, mediante palabras mágicas, evocó un río, un río que empezó a correr llenando el piso de la casa, junto a los pies mismos de Lemmikainén. Entonces tomó la palabra y dijo: «¡Aquí tienes un río que puedes beberte! ¡Un lago que puedes sorber!»

Lemmikainén no se desconcertó en modo alguno. Al contrario, tomando la palabra, dijo con la mayor indiferencia: «Yo no soy un ternero, ni un buey adornado con una cola, capaz de beberme este río, o de sorberme este lago».

Luego, desarrollando a su vez sus encantamientos, evocó un buey, un enorme buey con cuernos de oro. Y aquel buey se sorbió el lago, bebió toda el agua del río.

El padre de la familia de Pohjola dijo: «El festín no llegará a ser mejor si el número de convidados no disminuye. ¡Retírate, pues, de estos lugares! ¡Huye de todos los hombres congregados aquí! ¡Vuelve a tu casa, miserable! ¡Escapa hacia tu país, ser inmundo!»

El alegre Lemmikainén, el hermoso Kaukomieli, respondió: «Un hombre, incluso el último de ellos, no abandona el puesto que ocupa ante simples conjuros».

El padre de la familia de Pohjola separó su espada del muro a la que estaba suspendida, su espada de afilada hoja, de hoja fulgurante, y dijo: «¡Basta de palabras, oh Athi, oh hermoso Kaukomieli! ¡Midamos nuestras espadas y veamos cuál es la mejor!»

El alegre Lemmikainén respondió: «¿Para qué puede servir aún mi espada, mellada como ha sido ya chocando contra tantos huesos, embotado su filo a fuerza de hendir cráneos? No obstante, si aquí no hay fiesta más brillante, consiento en medirla contra la tuya para ver cuál es mejor. Mi padre jamás reculaba cuando se trataba de medir las espadas. ¿Habría, pues, degenerado su hijo? ¿No habría, quizá, heredado su valor?»

Y Lemmikainén sacó su espada, de centelleante hoja, de la vaina de espeso cuero en que estaba encerrada, y los dos héroes cruzaron los aceros: la del padre de la familia de Pohjola era un poco más larga, sobrepujaba en longitud a la de Lemmikainén en un negro de uña, en la mitad de una juntura de dedo[45].

Athi Lemmikainén, el hermoso Kaukomieli, dijo: «Tu espada es sin duda alguna la más larga, de modo que ¡a ti el primer golpe!»

El padre de la familia de Pohjola blandió su espada y empezó a pegar, pero sus golpes no encontraron, como esperaban, la cabeza de Lemmikainén. Fueron a herir la viga del umbral, el poste de la puerta y los hendieron en dos, en tres pedazos.

Athi Lemmikainén, el hermoso Kaukomieli, dijo: «¿Qué daño había hecho la viga del umbral, qué mala acción había cometido el poste de la puerta, para atraer de este modo, como han atraído, la fuerza de tus golpes?

»Escucha, padre de la familia de Pohjola, batirse en una habitación no es agradable. Aburrido es, además, luchar en presencia de las mujeres. Sin contar que nos expondremos a hacer pedazos una casa que ha sido recientemente reconstruida, y a manchar su suelo de sangre. Vamos, pues, más bien a luchar al recinto. O a los descubiertos campos. La sangre es mejor a pleno aire, y más hermosa, si cae, sobre la tierra desnuda. Más espléndida, sí, sobre la arena».

---

[45] Detalle curioso que parece demostrar que los héroes en Finlandia llevaban las uñas largas y no muy limpias.

Y los dos campeones salieron al recinto. En él encontraron una piel de vaca, y la extendieron por el suelo señalando, al hacerlo, el lugar del combate.

Athi Lemmikainén volvió a tomar de nuevo la palabra y dijo: «Escucha, ¡oh guerrero de Pohjola! tu espada es más larga, más temible que la mía; pero no olvides que no debemos retirarnos de aquí sino cuando la cabeza de uno de los dos haya caído. ¡Pega, pues, oh guerrero de Pohjola!»

El guerrero de Pohjola pegó. Pegó una vez, pegó dos veces, pegó tres veces. Pero no encontró aquello que quería encontrar. No arrancó ni un solo pedazo de carne de su enemigo. No llegó siquiera a rozar su piel.

Athi Lemrnikainén levantó la voz, el hermoso Kaukomieli dijo: «A mí ahora el ensayar a mi vez! ¡Ha llegado mi turno!»

Al guerrero de Pohjola no le inquietaron aquellas palabras. Pegaba, pegaba siempre, pero sin encontrar aquello que quería encontrar.

La centelleante espada, el terrible acero, echaba llamas en las manos de Lemrnikainén. Pronto su brillo se extendió incluso sobre el cuello de su adversario.

Entonces el hermoso Kaukomieli dijo: «¡Desgraciado de ti, guerrero de Pohjola! ¡Tu cuello está ya rojo como el cielo cuando el Sol se levanta!»

El guerrero de Pohjola bajó sus miradas hasta su cuello. Pero en el mismo instante el alegre Lemrnikainén, que acechaba la oportunidad, le alcanzó. Su espada brilló como el relámpago, y la cabeza del guerrero de Pohjola cayó de sus hombros. Cayó como una espiga separada de la caña, como una aleta separada del vientre de un pescado, y rodó por el suelo del recinto, como un gallo salvaje alcanzado, en la copa de un árbol, por la mortífera flecha, bien dirigida.

Cien estacas, mil estacas coronadas de cabezas humanas se levantaban erizando la colina. Una tan sólo de ellas estaba aún libre, el alegre Lemrnikainén cogió la cabeza de su enemigo y la fijó en su extremo.

Athi Lemmikainén, el hermoso Kaukomieli, volvió al punto a la casa de Pohjola y dijo: «¡Dame agua, mujer perversa, para que pueda purificar mis manos manchadas por la sangre del inmundo amo de esta pocilga!»

La vieja mujer de Pohjola llenose de cólera y se puso a ejercer su potencia mágica: evocó hombres armados de espadas, héroes empuñando lanzas, mil hombres y mil héroes para que matasen a Lemmikainén, para que exterminasen al Kaukomieli.

## XI. LEMMIKAINÉN EN LA ISLA LEJANA

El alegre Lemmikainén pensó que sería prudente escapar a todas las miradas, y se apresuró a huir de la sombría Pohjola.

Salió, pues, de la habitación como un huracán. Escapó como una nube de humo, tratando de disimular sus crímenes, de ocultar sus maldades.

Pero cuando estuvo de nuevo en el recinto y miró en torno suyo, buscando su caballo, su magnífico semental, su viejo compañero, no le fue posible encontrarle. Cuanto vio, allá al extremo del campo, fue un bloque de piedra junto a un tallo, roto, de mimbre.

Entre tanto llegaba ya desde la aldea un ruido amenazador. Un ruido sordo, pero inconfundible, que salía de las casas más próximas. Ruido que era no menos siniestro bien que más apagado, en las lejanas.

Entonces el alegre Lemmikainén pensó que cuanto antes lejos mejor, y para poder conseguirlo tuvo que revestir otra forma. Una forma a propósito para una huida rápida: se cambió en águila y se apresuró a remontarse por el aire.

Pronto alcanzó la casa materna de la que no hubiera debido haber salido. Pero entre lo que el alegre Lemmikainén debía hacer, y lo que hacía con tanta frecuencia, había la misma diferencia que entre su cara cuando había partido y la con que regresaba. En efecto, llegaba no sólo con el rostro descompuesto por la máscara de la inquietud y la careta del miedo, sino hasta con el alma recelosa y sombría.

La madre del héroe corrió a su encuentro y se apresuró a interrogarle: «¡Oh el más joven de mis hijos! ¡Oh tú el más fuerte y atrevido de mis criaturas! ¿Qué te pasa? ¿Por qué vuelves de Pohjola con este aire tan consternado? ¿Te insultaron acaso en medio del festín, o te sirvieron en una copa indigna de ti? Si así ha sido, no te importe; aquí encontrarás otra mejor: la que tu padre trajo de la guerra; la que conquistó en los ensangrentados juegos de las batallas».

El alegre Lemmikainén respondió: «¡Oh madre que me has engendrado! De haberme insultado sirviéndome en una copa indigna de mí, yo a mi vez hubiera insultado a mis huéspedes. ¡A cien hombres hubiera insultado, no lo dudes! Hubiera desafiado, puedes estar segura, ¡a mil guerreros!»

La madre de Lemmikainén dijo a su hijo: «¿Qué te ha sucedido, pues, hijo mío? Si no te ha ocurrido alguna funesta aventura estando en Pohjola, entonces, ¿no será que habiéndote acostado tras haber comido y bebido demasiado, pesadillas desagradables habrán venido a turbar tu sueño?»

El alegre Lemmikainén respondió: «Inquietarse por lo que hayan podido ver durante los ensueños es asunto propio de viejas. Por mi parte, si cierto me acuerdo de lo que sueño por las noches aún mucho mejor de mis ensueños durante el día. De modo que en vez de inquietarte más por lo ya ocurrido, prepárame ¡oh mi querida y venerable madre! mi saco de viaje. Llena, sí, de harina un saquillo de tela y ponme un poco de sal bien envuelta en otra, porque ¡ay! me tengo que marchar. Tengo que abandonar, bien que mucho lo sienta, este país y mi casa tan amada. Tengo que alejarme de nuestro hermoso dominio porque los hombres afilan ya sus espadas, y los héroes sus lanzas, contra mí».

La madre de Lemmikainén, la que le había parido con dolor, se apresuró a interrogarle: «¿Y por qué afilarían espadas y lanzas para venir contra ti?»

El alegre Lemmikainén, el hermoso Kaukomieli, respondió: «Afilan sus espadas y aguzan sus lanzas con la intención de hacer caer mi pobre cabeza, decididos a clavarlas en mi inocente cuello. Algo siniestro ha ocurrido en Pohjola: ¡He matado al propio amo de Pohjola! Y entonces el pueblo entero se ha levantado decidido a venir en son de guerra. ¡Todo un pueblo levantado contra mí! ¡Contra mí solo, triste e infortunado de mí!»

La madre, la anciana madre de Lemmikainén dijo a su hijo: «Yo te lo había advertido! ¡Yo te había prodigado mis consejos! Sí, jamás había cesado de decirte que no fueses a Pohjola. Pero, ¿qué conseguí? Si me hubieras escuchado, si te hubieras quedado aquí conmigo, bajo la protección de tu dulce madre, ninguna guerra hubiese estallado, ningún combate sería de temer.

«Además, ¿adónde vas a ir ahora, hijo mío, mi pobre hijo? ¿Dónde podrás ocultar tu crimen y escapar a las consecuencias de tan perversa acción? ¿Dónde buscarás un refugio en el que puedas salvar tu cabeza, poner en seguro escondite tu gracioso cuello y evitar que tus cabellos, tus finos cabellos sean arrancados y dispersados por el polvo?»

El alegre Lemmikainén respondió: «Ignoro el lugar en el cual podré refugiarme y ocultar mi crimen. Pero tú, ¡oh madre mía que me has engendrado! dime adónde debo huir».

La madre de Lemmikainén dijo a su hijo: «Yo podré indicarte, sí, un lugar seguro, un lugar impenetrable, en el que tu crimen permanecerá ignorado, y en donde encontrarás un refugio contra la suerte que te amenaza. Recuerdo, sí, un minúsculo lugar de tierra donde el suelo jamás fue mordido, jamás herido, jamás visitado por las espadas de los hombres. Pero antes de decírtelo, prométeme mediante un juramento inviolable, eterno, de no ir a la guerra durante diez veranos, ni tan siquiera si a ello te empujase un insensato deseo de oro o la perversa sed de plata».

El alegre Lemmikainén dijo: «Te prometo mediante juramento inviolable no ir, ni este verano, ni los siguientes, a las grandes batallas, a los combates salvajes en que hablan las espadas. Mis heridas de las últimas luchas aún están frescas, mi pecho todavía abundantemente marcado».

La madre de Lemmikainén dijo a su hijo: «Coge el viejo navío de tu padre, y apresúrate a huir más allá de los nueve mares y de la mitad del décimo, hasta llegar a una isla situada en medio de las olas. Allí, en tiempos, tu padre estuvo oculto. Allí tu padre halló un refugio durante largos años de guerra, durante años de duros combates. Allí vivió en dulce tranquilidad, y pasando días sin sobresaltos y alegres. Permanece en esta isla un año, dos años; al tercero, volverás a cobijarte de nuevo bajo el techo bienamado de nuestra casa; esta casa de tu familia en la que hace años viste el día».

El alegre Lemmikainén, el hermoso Kaukomieli llenó de víveres su saco de viaje. Cogió manteca de verano para el primer año, carne de cerdo para el segundo, y creyéndose suficientemente provisto, tan sólo se ocupó de desaparecer. A punto ya de partir, en efecto, dijo: «Me voy para tres veranos, para cinco años enteros. Abandono los sembrados a la voracidad de los gusanos. Los bosques los dejo libres para que puedan vagar por ellos los linces. Las llanuras para que por ellas puedan correr los renos. Los espacios recién dispuestos y libres de maleza, los preparados para la labor, para que las ocas los recorran a su capricho buscando con qué llenar sus buches.

«En cuanto a ti, mi querida madre, ¡adiós! Cuando el pueblo de Pohjola llegue pidiendo mi cabeza, le dirás que me he marchado, que me he ido a otra parte a venderla; que tras haber abatido un bosque y transformado en campo su suelo, e incluso luego de haberle sembrado, he partido».

Y dicho esto, Lemmikainén hizo que su navío se deslizase sobre los rodillos de hierro, le desató de los anillos de cobre que le retenían en la orilla, y le lanzó al mar. Luego izó las velas en los mástiles, desplegó la mayor en la verga, se sentó al timón y, agarrando su barra construida con un tronco, sin defecto, de abedul, dijo levantando la voz: «Sopla, ¡oh viento! en las velas. Empuja con fuerza a mi navío. Hazle bogar sobre las olas hasta la isla desconocida, ¡hasta el promontorio sin nombre!»

El viento balanceó el navío, las olas le empujaron hacia adelante, durante un mes, durante dos meses, durante casi tres meses, a través de largos estrechos agitados por olas enormes y profundas.

Entre tanto, allá en la isla, las jóvenes de Saari reuníanse como siempre al borde del piélago azul, complaciéndose en hundir sus miradas a lo lejos en el espacio libre que quedaba entre el cielo y el mar, entre las altas nubes, ora blancas, ora grises y la superficie húmeda, a veces azul, a veces gris verdosa, según el color de arriba, del que depende el de abajo. Una esperaba a su hermano, otra a su padre; pero las que esperaban, sin decirlo, y aun negándolo y enrojeciendo al negarlo, a un enamorado, miraban con más obstinación y más impaciencia.

Hasta que un día el navío de Lemmikainén apareció en el horizonte, entre cielo y agua, cual un ligero copo, cual un jironcillo de nube. El viento hinchaba las velas, las olas le ayudaban precipitando su curso. Unos instantes aún y los ojos de Lemmikainén divisaron los bordes de la isla, la punta extrema de su promontorio.

Entonces, alzando la voz, dijo: «¿Hay espacio suficiente en esta isla para que yo pueda abordar y sacar mi barco a la orilla?»

Las muchachas que se amontonaban en el promontorio, las vírgenes de la isla, se apresuraron a responderle: «Sin duda que hay suficiente espacio en esta isla para que puedas abordar y poner tu barco en seco. Le encontrarías, incluso si llegases con cien navíos, y hasta con mil, así como los rodillos necesarios para apoyarlos en ellos».

El alegre Lemmikainén, el hermoso Kaukomieli, añadió: «¿Y hay en esta isla un lugar en el que yo pueda entonar mis cantos, recitar, cantando, la larga cadena de mis canciones? Porque sus palabras se funden ya en mi boca y de tal modo se amontonan en mi lengua, que diríase germinan en ella».

Las jóvenes de la isla, las vírgenes del promontorio respondieron: «Sin duda que hay suficiente espacio en esta isla para que puedas cantar, recorriéndola, tus canciones; para que puedas modular, sí, tus más hermosos cantos. Como también encontrarás bosquecillos para loquear, y praderas para en ellas danzar, si la danza te place».

Entonces el alegre Lemmikainén empezó a entonar sus cantos, con lo que pronto y por obra de sus Virtudes mágicas, surgieron encinas en el camino; y en las encinas, espesas ramas; y sobre cada rama una bellota nunca vista; y sobre cada prodigiosa y enorme bellota un globo de oro, y en cada globo de oro un cuclillo. Y una voz, ja del alegre Lemmikainén, u otra, empezó a decir: «Cuando el cuclillo canta, sale oro de su lengua, cobre de su pico, plata, que se extiende por la colina, de su garganta, con lo que la colina acaba por no saberse, al fin, si es de oro, de cobre o de plata».

Las jóvenes de Saari, las vírgenes del promontorio escuchaban con admiración los cantos de Lemmikainén, se extasiaban ante la potencia mágica del héroe. Las viejas de la isla, de haber estado allí se hubieran dicho unas a otras, bajito, para no robar ilusiones, que no hay potencia mágica, para las muchachas en flor, comparable a la que brota de toda la persona de los jóvenes héroes; que para ellas no hay otra; y que no hace falta más para que se cumpla la gran brujería del Mundo por obra del gran brujo: Amor. Pero por fortuna no estaban allí, y las jóvenes vírgenes acabaron por no darse cuenta, en realidad, de dónde procedía el embrujamiento, si de los ojos, de la boca o de todo el cuerpo del hermoso Lemmikainén. Tal vez ni siquiera de que ya estaban embrujadas de él y por él.

Entre tanto, el alegre Lemmikainén, el hermoso Kaukomieli, dijo aún: «Entonaré aún, sí, voy a hacerlo, cantos poderosos, canciones espléndidas. Pero mejor y más a gusto lo haría si estuviese bajo techado, sentado al borde de una larga mesa. Ahora bien, si ninguna casa se abre para mí, si un bien entablado piso no protege mis pies, entonces tendré que descargar mis cantos en los brezales y dejar que se pierdan por los bosques».

Las muchachas de la isla, las vírgenes del promontorio, respondieron: «Tenemos suficientes casas donde recibirte, suficientes amplios recintos para alojarte. No te inquietes, pues: podrás poner tus cantos al abrigo del frío, al abrigo de los rigores del aire, sin temor a que tengan que perderse por entre los brezales y los espesos bosques».

Apenas el alegre Lemmikainén hubo sido introducido en una casa, sentándose a una larga mesa, evocó sobre ella la copa de regiones lejanas. y al punto, por obra y virtud de sus cánticos, no tan sólo apareció en ella la magnífica copa llena de cerveza, sino que al mismo tiempo todos los jarros de la casa quedaron llenos de hidromiel y los platos colmados hasta los bordes de olorosos e incitantes manjares. Luego comió cuanto quiso, y bebió la clara y dorada cerveza con delicia.

Una vez satisfecho, el alegre Lemmikainén empezó a pasearse de aldea en aldea; a frecuentar los lugares en que se reunían y solazaban las vírgenes de la isla, y todas las alegres reuniones en que se congregaban las muchachas. ¡Aquello era vivir bien! A cualquier lado que volviese la cabeza, recibía besos; allí donde tendiese una mano, una dulce presión la acariciaba largamente.

Durante la noche, gracias a la inagotable bondad de las jóvenes hermosas, las horas, de otro modo tenebrosas, transcurrían para él en medio de deliciosas aventuras esmaltadas siempre de caricias y de felicidad. No había en toda la isla una aldea en que no encontrase diez casas acogedoras, y ni una de las diez casas donde no fuese bien atendido por diez muchachas encantadoras. Y entre todas las muchachas, ni una tan sólo cuyo lecho no compartiese, y en los brazos de la cual, tras fatigarla, no se fatigase él al fin.

Sedujo a mil prometidas, fue huésped bienvenido, en la alcoba de cien viudas. No pudieron contarse dos entre diez, no hubo medio de contar tres entre ciento, de las que no hubiese gozado, de las que no hubiese abusado; si abusar es usar de amor y amar es cometer abuso.

De este modo, el alegre Lemmikainén pasó voluptuosamente tres años de su vida en las hermosas y grandes aldeas de Saari. Aldeas en las que cautivó a todas las doncellas y sedujo y encantó a todas las viudas. Una tan sólo fue olvidada. Una pobre solterona virgen y demasiado madura ya, cosas bien en contra de su voluntad, que vivía sola y desesperada al extremo del largo promontorio, allá donde acababa la décima aldea.

Y ya el héroe se disponía a partir; pensaba, en efecto, volver de nuevo a su país, cuando la vieja doncella ardiente corrió a él y le dijo: «Querido Lemmikainén, hombre encantador cual ninguno, si piensas marcharte sin acordarte de mí, yo haré de modo que, una vez que estés en el mar, tu barco se destroce contra una roca».

Lemmikainén se durmió tal vez no olvidando la amenaza, pero tal vez sin preocuparse mucho de ella, puesto que su sueño fue tranquilo y largo. Tan largo que no despertó sino oyendo cantar al gallo. Es decir, cuando era ya tarde para ir sin escándalo, tanto para él como para la solterona; a satisfacer el ardiente curioso deseo de la pobre y madura virgen.

Apiadado, no obstante, se prometió a sí mismo dejar una noche su lecho mucho antes de que el gallo empezase a escandalizar, y levantarse aprovechando el sueño de las demás criaturas.

Anticipándose incluso a la hora que se había fijado, púsose en camino, a través de la isla, con objeto de ir a llevar la alegría a la solterona, el placer suplicado y tan esperado, a la pobre virgen.

Pero mientras caminaba solo en medio de la noche a través de la isla, al llegar al extremo del largo promontorio, en la tercera aldea, no vio ni una sola casa en que no hubiese tres alcobas, y ni una sola alcoba en la que no hubiese tres guerreros, y ni uno tan sólo de estos guerreros que no afilase su espada y que no hiciese otro tanto con su hacha, pensando precisamente en la cabeza del que tales cosas, con disgusto, veía.

Aquello no era precisamente jóvenes a las que abrazar; vírgenes dispuestas a dejar de serlo a las que estrechar entre sus brazos. En cambio era una tan apremiante invitación a visitar su barco, que Lemmikainén corrió hacia él. Pero el navío había sido quemado. Cuanto quedaba de casco, timón, mástil y velas era un montón de carbones aún no bien apagados.

Entonces, comprendiendo que la desgracia volvía a cernirse sobre él, que su día supremo se acercaba, empezó a construir otro navío dispuesto a alejarse.

Mas para ello necesitaba vigas y planchas que no tenía. Lo que disponía, como madera, era insignificante: cinco fragmentos de un huso viejo, más seis pedacitos de una rueca no menos vieja.

Valiéndose de estos recursos y de fórmulas mágicas, construyó no obstante el navío que, gracias a tales artes, estuvo pronto dispuesto a hacerse a la mar.

Y en efecto, al agua le lanzó Lemmikainén al tiempo que le decía en voz alta: «¡Oh barco, boga sobre las ondas como una hojilla ligera, boga

sobre las olas como un ingrávido y perfumado tallo de nenúfar! En cuanto
a ti, águila, y a ti, cuervo, dadme, ¡tú, reina del aire, tres de tus plumas, y
tú, el del oscuro color unánime, dos, para que sirvan de sostén a mi nave y
de alas, adosadas a sus flancos! Pues si no me alejo pronto de aquí, ¡temo
que voy a pagar muy caros los placeres que he dado y que me han dado!

Dicho esto subió a su barco y se encaminó hacia alta mar. El viento,
empezando a soplar, precipitó su huida. Las olas, agitándose también en
su favor, le empujaban a través de su superficie azul, sobre los espacios
profundos e inmensos que llenaban con su jamás sosegado elemento.

Todo mientras las bienamadas, las tristes y desoladas muchachas, allá
en la orilla, sentadas en las rocas, le veían alejarse lamentándose y
deshaciéndose en lágrimas.

Las muchachas de la isla lloraban, las vírgenes del promontorio se
lamentaban, y llantos y lamentos duraron mientras primero el casco del
navío y su timón, que empuñaba el amado timonel, estuvieron visibles,
luego mientras que fue visible asimismo el mástil. Pero ¡ay! no lloraban
por el casco, por el timón ni por el mástil, sino por el que conducía al
navío a través de las olas. Y más que ninguna, la madura virgen tan en
sazón, a la que el adverso destino había arrancado sin piedad la copa llena
que al fin iba a llegar a sus labios enfebrecidos de amor.

Por su parte, Lemmikainén lloraba también. Y no dejó de llorar
mientras la isla, su promontorio y sus montañas fueron visibles a sus ojos.
Y tampoco lloraba la isla, ni el promontorio, ni las montañas, sino a las
muchachas de Saari, a las graciosas y amables palomas del promontorio.

Al llegar al país que le había visto nacer, el alegre Lemmikainén
reconoció los queridos lugares. Reconoció las orillas, las islas, el golfo, la
ensenada que servía de puerto, en la que amarraba su barco; en una
palabra, todos los lugares tan familiares, tan conocidos y tan frecuentados
en otro tiempo. Como reconoció las montañas con sus pinos, las colinas
con sus abetos. Todo lo reconoció, sí, y lo volvió a contemplar con gusto.
Lo único que no fue capaz de reconocer fue el sitio en que estaba su casa.
Donde en otro tiempo se levantaban sus muros se agitaban, movidos por el
ligero viento, los plantones de un joven bosquecillo de cerezos salvajes;
un poco más allá, en la colina, otro de pinos; y varias filas de enebros en el
camino que conducía al pozo.

El alegre Lemmikainén, el hermoso Kaukomieli, dijo asombrado: «El
bosquecillo en que yo jugaba de niño, aquí está; las rocas por las que
trepaba, también; las praderas, los campos por donde correteaba,
asimismo, pero, ¿quién se ha llevado nuestra casa tan amada? ¿Quién ha
destruido nuestra bella y cómoda mansión? ¿La ha devorado el fuego y el
viento ha dispersado sus cenizas?»

Y el héroe empezó a llorar. Y lloró un día, y lloró dos días. Y no era la casa lo que lloraba, no era la aitta con todo cuanto había contenido, lo que lamentaba; lo que lloraba y por lo que se lamentaba era por su madre. Por la madre que habitaba en la perdida casa y que cuidaba de la aitta.

Luego giró los ojos en torno suyo. Entonces advirtió huellas ligeras de pasos sobre el césped, vestigios ininterrumpidos a través de los brezales. Y creyendo reconocerlos, se lanzó tras de la frágil huella. Así llegó luego de haber cruzado el bosque, hasta el fondo de un terreno desierto.

Y tras caminar durante cierto tiempo, en medio de aquel paraje inhóspito, acertó a ver, en el ángulo de un espeso macizo, un reducto secreto, y a su fondo una pequeña cabaña hundida entre dos rocas y protegida aún por la sombra de tres abetos. ¡Y allí descubrió a su madre! ¡A su dulce y querida nodriza!

Lemmikainén se sintió transportado por una alegría inmensa. Tanta, que a grito pelado empezó a exclamar: «¡Oh madre mía, mi adorada madre, la que me crió tras engendrarme, la que me alimentó con su leche, está aún, está aún, gracias a ti, poderoso Jumala, gozando de salud y de vida! ¿Cómo he podido pensar, madre mía, que habías muerto, que las asesinas espadas habían acabado contigo, o que habías caído, ¡pobrecita! a golpes de hacha? ¡Infeliz de mí que te había llorado! ¡Que a fuerza de lágrimas había llegado a apagar incluso el color de mis mejillas!»

La madre de Lemmikainén dijo a su hijo, al tiempo que le abrazaba: «Por fortuna, ¡ay! pero no sin dificultad, hijo mío, pude salvar la vida. ¡Salvarme huyendo y ocultándome aquí en este escondrijo en lo más apartado del bosque! El pueblo de Pohjola llegó en armas contra ti y no encontrándote ni encontrándome, pues al sentirles llegar escapé, ¡incendiaron nuestra casa tras destruirla, no dejando de todo sino un montón humeante de cenizas!»

El alegre Lemmikainén dijo: «Aleja de ti, madre mía, tú que me diste el día todos los pesares! Reconstruiré una nueva morada. Una casa mejor que la primera. Y combatiremos el pueblo de Pohjola. ¡Exterminaremos, sí, a esta raza maldita!»

La madre de Lemmikainén dijo a su hijo: «¡Cuánto tiempo has estado, hijo mío, en tierras extranjeras! ¡Cuánto en aquellas regiones lejanas, en aquella isla desconocida, en el promontorio sin nombre!»

El alegre Lemmikainén, el hermoso Kaukomieli dijo: «Vivir allí era para mí agradable; dulce pasar allí mis días. Los árboles brillan en aquella isla lejana con los esplendores de la púrpura; los campos reflejan allí el azul del cielo; las ramas de los pinos son otros tantos manojos de plata; las flores de los brezales otras tantas flores de oro; la miel corre por los arroyos; las brisas perfumadas bajan desde lo alto de las montañas; los abetos vierten hidromiel; los enmohecidos pinos destilan leche; la manteca es recogida en las junturas de los tabiques, y los postes que sostienen estos tabiques chorrean cerveza.

«Sí, allí transcurría mi vida agradablemente; dulcemente deslizábanse allí mis días. Un solo obstáculo venía a turbar mis placeres. Los padres temían por sus hijas, por aquellas criaturas tontas y feas. Tenían miedo de que yo las pervirtiese, de que las amase con exceso. Tenía que ocultarme, pues, a causa de las vírgenes jóvenes, a causa de las hijas nacidas de mujeres, como se oculta el lobo temeroso de los cochinillos, o como se oculta el buitre por miedo a las gallinas.

La anciana madre de Lemmikainén dijo mientras le abrazaba sonriendo: «Si no fueras mi hijo, renegaría de ti. Pero si así te he hecho, ¿cómo renegar de ti sin hacerlo de mí misma? Lo que tienes de cuerdo, de mí lo tienes; lo que de loco, de delicioso loco, de mí también. Y puesto que en definitiva cuanto tenemos todos de Jumala nos ha venido puesto que nuestro origen en él está, por respeto a él no digamos nunca esto es bueno o esto es malo, sino esto parece ahora bueno y esto malo porque tal es su voluntad».

## XII. HISTORIA DE KULLERVO. EL JOVEN DE LAS MEDIAS AZULES.

Una madre criaba a varias palomas y alimentaba a una manada de cisnes[46]. A las palomas las dejaba en el recinto de la casa; a los cines los conducía al borde del río. Vino un águila y los hizo volar hasta las nubes; llegó tras ella un milano y los dispersó. Y el pájaro empujó a uno hacia Karelia, a otro a Rusia; en cuanto al tercero, a éste le condujo a la casa paterna.

El que fue llevado a Rusia llegó a ser un mercader hábil. El que fue conducido a Karelia llegó a ser el célebre Kalervo; el que obligado se vio a volver a la casa materna se tornó el sombrío Untamo, azote de su padre, desesperación de su madre.

Untamo echó su red en el estanque de Kalervo. Kalervo pasó por allí y cogió todos los peces que habían caído. Entonces Untamo, el hombre malo, montó en cólera, esgrimió sus dedos cual si fuesen espadas, atacó con los puños, y promovió una batalla, todo por su vientre, bien que aparentemente por unos peces, por unas verdiplateadas percas aún no bien muertas al surgir la disputa.

Ello explica por qué lucharon Kalervo y Untamo; pero ninguno quedó vencedor: si uno asestaba un golpe, el otro se lo devolvía al punto.

Dos días, tres días luego de esta querella, Kalervo sembró su avena detrás de la casa de Untamo.

La tonta oveja de Untamo se comió la avena de Kalervo; el furioso perro de Kalervo devoró a la oveja de Untamo.

Untamo entró de nuevo en furor y profirió amenazas de muerte contra Kalervo, contra su propio hermano y no obstante serlo. Juró destruir su casa, no dejar a nadie vivo en ella, fuesen grandes o pequeños; cuantos habitasen allí serían exterminados por él y luego la morada incendiada y reducida a cenizas.

Y decidido a que sus amenazas fuesen una realidad, armó a los suyos: dio a los capaces de manejarlas, espadas: a los que no, a los más débiles y a los niños picas o venablos, y luego se puso en marcha bien o mal escoltado, como se juzgue, pues las cosas y acciones no son buenas o

---

[46] Inútil decir que aquí las palabras «palomas» y «cisnes» no designan animales sino criaturas de uno y otro sexo, como se adivina inmediatamente siguiendo la narración. Por lo demás, según se ha visto, aplicar nombres de animales a personas en sentido cariñoso u otro, es frecuente en el relato.

malas en sí sino según como son consideradas, decidido a que hubiese un combate sangriento, a una guerra sin cuartel, contra el hijo de su madre. Pues no hay marea, cuando sube, que alcance las proporciones de la cólera no dominada, ni que sea más ciega ante los obstáculos, ora se los pueda tragar, ora contra ellos estrellarse.

La suegra de Kalervo hilaba junto a una ventana desde la que se podía contemplar toda la llanura. Hay trabajos que sólo ocupan las manos dejando libres los sentidos e incluso el telar de los pensamientos. La suegra de Kalervo, viendo aparecer de pronto allá lejos, al fondo, algo que antes no veía, abrió algo que en ella no solía estar más tiempo cerrado que los ojos, la boca, y dijo: «¿Es una espesa humareda o una nube baja oscura aquello que se levanta allá lejos, al otro lado del prado grande, donde empieza el camino bajo?»

No era una espesa humareda, ni una nube sombría; eran las gentes armadas de Untamo que, precedidas por él, precedido a su vez por su insana cólera, llegaban en son de combate.

Poco después estaban allí y al punto fueron las espadas y los venablos los que empezaron a hablar, cayendo su horrendo discurso sobre los de Kalervo. Bienes y personas fueron hechos pedazos: la gran raza muerta sin piedad, cuanto podía arder, pasto de las llamas; lo que no, destruido. Hecho el silencio nada sobresalía sobre la línea ensangrentada o calcinada del suelo.

Una sola criatura escapó del desastre, una mujer que llevaba un niño en su seno. La fratricida hueste de Untamo se la llevó con ella para emplearla en poner en orden su casa y en barrer lo sobrante y las basuras.

Pasado el tiempo necesario, la desgraciada mujer trajo al mundo un hijo. Su madre le llamó Kullervo[47].

---

[47] Kullervo es en el *Kalvala* el equivalente, a causa de su funesto y sombrío destino, de otros héroes de otras antiguas literaturas. Una vez más un personaje o una situación aparecida aquí tras haberse dado ya en otras narraciones anteriores, sin que ello quiera decir que estos poetas nórdicos se inspiraron en ellas, pues seguramente no las conocieron; sino más bien que siendo hombres y vida esencialmente los mismos en todas partes, ello ha producido una serie de resultados comunes que los poetas han sintetizado en personajes y situaciones comunes también, en todos los pueblos y latitudes. Así, Kullervo es el héroe que arrastra por todas partes con él, sin poderlo evitar, el peso abrumador de la fatalidad, y que empujado por un destino continuamente adverso, sin quererlo, sin proponérselo y sin merecerlo, es conducido por cada uno de sus actos, de un modo injusto y ciego, a la ruina. En cierto modo es la cruz de la medalla en cuya

El recién nacido, el pobre huérfano, fue echado en una cuna. Luego fue acunado durante un día, durante dos días. Al tercero, el niño agitó de pronto los pies, puso rígidos todos sus miembros, desgarró las vendas con que le habían fajado, púsose de pie, rompió su cuna hecha con madera de tilo e hizo pedazos sus propios pañales.

A causa de todo ello hubo que reconocer que un desacostumbrado vigor había nacido en él, que una poderosísima savia ardía en sus venas.

Untamo se puso muy contento, pues en él nació la esperanza de que todo, fuerza e inteligencia, se desarrollaría en él en la misma proporción. Que llegaría a ser un indomable héroe. Un esclavo que valdría por ciento, por mil esclavos.

Pero al cabo de dos meses, al cabo de tres meses, cuando aún no era más alto que hasta una rodilla, el niño se puso a reflexionar consigo mismo y al cabo dijo: «¡Cuando llegue a ser un poco mayor, cuando mi cuerpo tenga algo más de fuerza, vengaré no sólo los sufrimientos de mi padre, sino las angustias de mi madre!»

Untamo oyó estas palabras y dijo: «Este niño será la calamidad de mi raza; Kalervo renace en él».

Y los hombres y las mujeres se reunieron en consejo. Y en él se preguntaron adónde podrían enviar al terrible niño. Adónde con tal de que recibiese una muerte cierta.

Tras bien meditado y decidido, fue encerrado en un tonel, el tonel rodado hasta el mar y allí abandonado al capricho de las tormentuosas olas.

Dos noches, tres noches pasaron. Fueron a ver si el niño se había ahogado, si había muerto en el tonel.

El niño no se había ahogado, el niño no estaba muerto en el tonel. El agua, que mata indiferentemente a hombres y niños cuando enfurecida cae sobre ellos, suele ser compasiva con los niños entregados a su clemencia. Muchos, famosos a causa de haberse hecho famosa la leyenda que refería sus aventuras, son recordados aún con el gusto que despiertan las fantasías adornadas con arte; uno de ellos es Kullervo. A Kullervo tal vez el agua le

---

cara está el alegre, hermoso y afortunado Lemmikainén, a quien por el contrario hasta las más desatinadas locuras le salen bien o es sacado de ellas sin daño mayor. En la vida se han dado siempre con tanta frecuencia casos de fortuna y de desgracia tan igualmente locos e injustos, que los poetas, dándose cuenta, acabaron en todas partes por tomar sus casos como tipos, entre tantos otros asimismo universales, en sus creaciones. En suma uno de los muchos méritos de los verdaderos poetas es este de exponer en síntesis tan evidentes como bellas lo que todos los demás ven sin acertar a concretarlo.

había ayudado incluso a salir de su prisión, y sus olas le balanceaban sin hacerle daño, y sostenido por ellas estaba allí tranquilamente, teniendo entre sus manos una caña de pescar de mango de cobre e hilo de seda.

Untamo volvió a preguntarse: «¿Adónde será preciso llevar a este niño? ¿Dónde que su pérdida sea cierta? ¿Dónde que fatalmente encuentre la muerte?

Ordenó a sus esclavos que reuniesen una gran cantidad de abedules altos y sólidos, de copudos abetos, más pinos viejos bien resinosos, con el fin de quemar al muchacho, de exterminar al resistente Kullervo.

La hoguera ardió un día, ardió dos días, ardió hasta el tercer día. Al cabo se acercaron a ver qué había sido de Kullervo. Estaba de rodillas en medio del enorme brasero jugando con los carbones y atizándolos con un gancho de hierro. El fuego ni siquiera había chamuscado la punta de sus cabellos; había respetado hasta la pelusilla más ligera de su rosada carne.

Untamo, furioso, se preguntó aún: «¿Adónde será preciso llevar a este niño? ¿Dónde que su pérdida sea cierta? ¿Dónde que fatalmente encuentre la muerte?»

Kullervo fue colgado de un árbol, se le izó hasta la copa de una enorme encina.

Dos noches, tres noches pasaron y otros tantos días. Untamo, durante ellos, reflexionó profundamente. Las reflexiones profundas llevan muchas horas. Pero si el que reflexiona es incapaz de hacerlo a derechas, el mucho tiempo no añade agudeza a lo reflexionado. Al cabo, observando Untamo que sus profundas reflexiones incidían siempre en lo mismo, dijo: «Ha llegado el momento de ver si Kullervo ha sucumbido, si ha muerto ahorcado».

Esto bien pensado, Untamo envió a un esclavo para asegurarse de ello. Pero el esclavo volvió diciendo: «Kullervo no ha sucumbido. Kullervo no ha encontrado la muerte en la horca. Allí está, con unas tijeras en la mano, grabando en el árbol toda clase de figuras: guerreros, lanzas y venablos; la encina está enteramente cubierta de ellas».

Untamo entonces tuvo que convencerse de que contra aquel niño era impotente. Aburrido, cansado de buscar en balde medios para deshacerse de él, acabó por resolverse a guardarle en su casa. Incluso a tratar a aquel retoño de esclavo como a un miembro de su familia.

Y, resuelto, le habló en estos términos: «Si te decides a conducirte bien, si resuelves vivir de modo tranquilo y prudente, puedes permanecer en mi familia y trabajar como uno más. Algún día arreglaremos la cuestión de lo que debes ganar. Te recompensaré según tus méritos: ora un hermoso cinturón para que te ciñas el talle, ora un par de bofetadas si te haces digno de ellas».

De modo que Kullervo, fuerte ya, empezó a trabajar. Lo primero que se le confió fue el cuidado y custodia de un niño. De un niño pequeño de delicados dedos.

Le fue dicho: «Ocúpate con todo cuidado de este niño. Dale de comer con frecuencia cada vez que manifieste tener apetito. Sus pañales los lavarás en el río. Y has de cuidar de que toda su ropita esté bien limpia».

Kullervo, en efecto, empezó a ocuparse del niño; el primer día le rompió los brazos, el segundo día le arrancó los ojos, el tercer día dejó que le consumiese la enfermedad; luego tiró sus pañales al río y quemó su cuna. El resto, un trozo feo de algo ya frío, se lo llevó a Untamo.

Éste volvió a sumirse en profundas reflexiones tras ordenar que el trozo feo y frío fuese llevado adonde no se le volviese a ver: «Este muchacho, evidentemente, no es lo más a propósito para cuidar niños pequeños, para acunar deditos delicados. ¿En qué podré emplearle? ¿Qué ocupación se le podrá confiar? ¿No será tal vez más útil abatiendo árboles y convirtiendo bosques en terrenos de cultivo?»

Y Untamo envió a Kullervo a un bosque para que derribase los árboles y le dejara como la palma de su mano.

Kullervo, hijo de Kalervo, se dirigió al bosque; penetró a través de él por lugares umbrosos y salvajes, por entre grandes abedules y otros árboles aún más espesos y altos.

Luego, cuando se cansó de mirar, empezó a manejar el hacha. Un golpe le bastaba para derribar los troncos más vigorosos, medio para despojarlos de ramas. Cinco árboles, ocho árboles incluso cayeron a un tiempo. Luego empezó a vociferar con tremenda voz; tan tremenda que los huevos de todos los muchos nidos de la espesa enramada estallaron y las madres que los encubaban murieron sobre sus restos. Kullervo gritaba: «¡Que no germine planta alguna! ¡Que ningún tallo crezca mientras los siglos continúen su curso! ¡Que la Luna extienda su luz por lo que fue bosque destruido por el hijo de Kalervo, por lo que el gran héroe ha convertido en campo!»

Untamo, el hombre cruel, quiso ver lo que el hijo de Kalervo había hecho. El abatido bosque en nada se parecía a un bosque arrancado y dispuesto para que su suelo fuese visitado por la semilla. Aquello no era la obra de un joven, sino de un genio maléfico, endemoniado.

Untamo, sin convencerse de que cada vez que pensaba le salía todo torcido, volvió a hacerlo: «Evidentemente, este muchacho no es a propósito para una labor como ésta. No ha dejado nada de los troncos más sólidos, los mejores abedules los ha destruido. ¿En qué ocuparle, pues? ¿Qué tarea confiarle? ¿No será tal vez más útil construyendo un muro?»

Y Untamo encargó a Kullervo que construyese un muro.

Kullervo derribó los pinos más grandes, los más altos abetos. Luego puso unos junto a otros en fila apretada y ató unos a otros fuertemente mediante largas varas de serbal. Tal fue su muro. Muro sin puerta ni abertura de ninguna clase.

Además dijo con su imperiosa voz de acero: «¡Que nadie que no tenga alas como los pájaros intente franquear el muro construido por el hijo de Kalervo!»

Untamo e a ver lo que había hecho Kullervo. Y vio un muro sin puerta ni abertura alguna. Un muro bárbara y sólidamente hundido en tierra y cuya parte superior arañaba a las nubes del cielo.

Entonces dijo, ya sin necesidad de meditarlo profundamente: «Este muchacho no es lo más a propósito para construir muros. Al menos muros practicables. Este, imposible es franquearle ni pasar a través de él. ¿En qué ocuparle, pues? ¿Qué tarea confiarle? ¿No será tal vez más útil segando centeno?»

Y Untamo envió a Kullervo a segar centeno.

Kullervo, el hijo de Kalervo, segó centeno con ardor. Con tal ardor que grano y paja quedaron pulverizados, reducidos a salvado del más fino.

Tan fino que cuando Untamo llegó a ver qué había hecho, el viento se llevaba, formando una agitada nube espesa, lo poco que ya quedaba. Al ver, pues, todo perdido, se llenó de cólera y empezó a vociferar: «¡Es decir, que este hombre no sirve para nada! ¡Allí o en aquello en que le he empleado ha sido la destrucción, lo imprevisto, la locura! ¿Qué haré, pues, con él? ¿Le enviaré a Rusia o le llevaré a Karelia y se lo venderé al herrero Ilmarinen para que le someta al régimen del martillo?»

Untamo llevó, en efecto, al hijo de Kalervo a Karelia y se lo vendió al gran Ilmarinen, al hábil forjador de hierro.

¿Qué precio pagó el herrero por el esclavo? Un gran precio: dos viejos calderos rajados, tres medios ganchos, cinco hoces melladas, seis rastrillos de desecho. He aquí lo que fue pagado por aquel miserable. Por aquel esclavo que no servía para nada.

Kullervo, hijo de Kalervo; Kullervo, el joven de las medias azules y de la rubia cabellera, el bien calzado, pidió al herrero Ilmarinen trabajo para por la tarde; a la mujer del herrero trabajo para por la mañana.

La mujer del herrero buscó en su espíritu en qué el nuevo esclavo, el hombre recién comprado, podía ser útil. Y resolvió hacer de él un guardador de rebaño.

Y la perversa criatura preparó un gran pan. Le amasó poniendo trigo por encima y avena por debajo; pero en el centro metió una piedra. Una piedra grande, ancha, aplastada, compacta, sin mella ni fisura.

Luego le salpicó con un poco de leche, aún le frotó con un cuarto de dedal de manteca y, dándoselo a Kullervo, le dijo: «No tocarás este exquisito pan antes de haber llevado el rebaño al bosque».

Kullervo, hijo de Kalervo, puso sus provisiones en su alforja y empujó las vacas de Ilmarinen a través de los pantanosos campos y los áridos brezales. Caminaba por aquellas feas soledades diciendo: «¡Desdichado de mí, pobre e infeliz muchacho como soy! ¿A qué, infortunado cual ninguno, he llegado a parar? ¿Será posible que se me haya impuesto una tarea como ésta, sólo digna de un perezoso? ¡Heme aquí obligado a guardar estas horribles vacas, a ser pastor de estos animales estúpidos, a vagar a través de estos pantanos sin fin, de estos brezales escarpados y difíciles de escalar!»

Aburrido, se sentó sobre un montón de tierra, a pleno Sol, y se puso a cantar con voz que resonó hasta muy lejos: «¡Extiende tu luz, ¡oh Sol divino!; extiende tu calor, ¡oh globo de Jumala!, sobre el pastor del herrero, sobre el pobre muchacho que recorre los pastizales, pero no sobre la casa de Ilmarinen, ni éstos, sobre todo, sobre mi nueva ama! La vida es demasiado cómoda para esta mujer: todo es para ella cortar buenas rebanadas de pan de trigo y atracarse de bollos bien untados de manteca. Por el contrario, el pastor, ¿qué tiene para comer? ¡Pan seco de corteza dura! Incluso a veces le es preciso contentarse con un pedazo de galleta de cebada amasada con salvado o de paja y de cortezas de abedul. Y si tiene sed, fuerza le es sacar agua estrujando barro de los pantanos o sacándola de puñados de césped de las praderas».

Mientras de este modo el pastor se lamentaba, mientras el hijo de Kalervo entonaba estos tristes cánticos, la mujer de Ilmarinen había ya almorzado regalándose con pan tierno y manteca deliciosa y saboreando bollos aún calentitos. Todo mientras preparaba para el pastor un caldo hecho con agua sola y un plato de coles frías; la grasa que había servido para cocerlas, lamida había sido por los perros.

Kullervo, el hijo de Kalervo, mirando cómo caía poco a poco la sombra de las postrimerías de la tarde, tomó la palabra y dijo: «Paréceme, sí, que ya es tiempo de matar el hambre. Hay que comer, no hay más remedio. Vamos a ver qué ha puesto para mí la perversa mujer en el fondo de estas alforjas».

Y tras conducir el rebaño a unos brezales para que descansase allí, él se sentó sobre un montón de tierra cubierto de hierba fina, quitó la alforja del hombro donde la llevaba, y de ella sacó el pan qué la mujer del herrero había puesto aquella mañana.

Luego desenvainó su cuchillo dispuesto a cortar el pan. Pero al hacerlo la hoja chocó violentamente contra la piedra y, rompiéndose, saltó en varios pedazos.

Kullervo, hijo de Kalervo, mirando tristemente la hoja rota, empezó a verter lágrimas amargas mientras decía:

«¡Este cuchillo era mi único amigo, mi único hermano y su hoja afilada y brillante mi único amor! Y ahora, ¡hele aquí roto contra esta piedra que mi pérfida y miserable ama había ocultado en el pan!

»¡Pues espera un poco, asquerosa prostituida, que vas a tener tu recompensa! Si yo lloro mi cuchillo, ¡tú llorarás también, seguramente, cuando vayas a ordeñar tus vacas!»

Y cortó una rama en los arbustos jóvenes, una rama de enebro, amuleto favorable al caer el Sol, y luego dispersó a los animales de las hendidas patas a través de los pantanos, y a los toros los obligó a huir por los bosques, y libró la mitad a la voracidad de los lobos, la otra mitad a la de los osos. Luego cambió las vacas en lobos y en osos, formando de este modo un nuevo rebaño.

El Sol caía ya por Occidente, la noche llegaba coronando las sombrías copas de los pinos, y precipitando la hora en que se suele ordeñar las vacas.

Kullervo, hijo de Kalervo, el rudo y miserable pastor, se dirigió hacia la casa de Ilmarinen con su rebaño de lobos, con su rebaño de osos, y según caminaban iba instruyéndolos para que supiesen lo que tenían que hacer: «Os arrojaréis sobre mi ama y la devoraréis una cadera y la arrancaréis la mitad de la pierna cuando venga a veros, cuando se agache para ordeñaros».

Luego se hizo un cuerno de pastor con un hueso de vaca, con el cuerno de un toro. Y sopló con fuerza en el instrumento, sacando de él sonidos melodiosos cuando estaba ya tan sólo a tres pasos, a seis pasos de la colina sobre la cual estaba situada la casa de su amo.

La mujer de Ilmarinen, la hermosa mujer del herrero, suspiraba con impaciencia golosa ya de la leche fresca y pensando en la manteca, más rica que el oro, que iba a sacar de aquélla. Cuando oyó resonar allá al fondo de los pantanos el alegre son del cuerno del pastor, levantando la voz dijo: «He aquí, ¡oh Dios, sé bendito!, que el cuerno suena al fin. El pastor llega».

Kullervo, hijo de Kalervo, respondió al alegre sus pirar de su ama: «¡Llega, llega el rebaño, aquí estamos! ¡Apresúrate a encender el fuego y a venir a ordeñar a las vacas!»

La mujer de Ilmarinen encendió el fuego y luego fue al establo a ordeñar a las vacas. Echando una mirada al rebaño y luego de examinarle con cuidado, dijo: «Da gusto ver a estos animales; su pelo es liso como el del lince, sus vellones finos como los de las ovejas de los bosques; sus tetas da gusto verlas, henchidas y llenas de leche».

Y se agachó para ordeñarlas. En efecto, hizo salir la leche una vez, hizo salir la leche dos veces, pero en el momento en que apretaba y tiraba de la teta por tercera vez, el lobo se precipito sobre ella y el oso la asaltó a su vez con violencia. El lobo la arrancó la mandíbula, el oso la devoró la mitad de la pierna y la separó el talón del resto del pie.

De este modo Kullervo, hijo de Kalervo, se vengó de la ofensa que le había hecho la mujer de Ilmarinen. Así castigó Kullervo la maldad de su pérfida ama.

La mujer de Ilmarinen empezó a gritar: «¡Ay de mí, me matan! ¡Ukko, dios supremo entre todos los dioses, ven aquí, tú que todo lo puedes, con tu gran arco! ¡Ármate con una flecha rápida como el relámpago, con un dardo de oscuro cobre y acerada punta y tira sobre el hijo de Kalervo! ¡Atraviesa la dura carne de sus hombros, derríbale por tierra, mata a este hombre miserable!»

Kullervo, hijo de Kalervo, dijo a su vez: «¡Oh, Ukko, dios supremo entre todos los dioses! Tira, tira; pero no es sobre mí sobre quien debes tirar, sino sobre la mujer de Ilmarinen. ¡Abate, sí, a esta perversa criatura para que no pueda ya volver a moverse! ¡Haz acabando con ella, que permanezca eternamente inmóvil!»

Y la mujer de Ilmarinen, la orgullosa mujer del herrero, cayó muerta. Cayó como un cesto de basura, delante de su propia casa. Ante el umbral de su propia mansión.

Tal fue el momento último de la joven mujer; tal el fin de la bella esposa de Ilmarinen. De la que Ilmarinen había buscado durante tanto tiempo y con tanto ardor. De aquella a la que el célebre herrero había esperado y deseado durante seis años con la esperanza de que fuese durante toda su vida la alegría de sus días, la más alta gloria de su nombre.

Kullervo, hijo de Kalervo; Kullervo, el joven de las medias azules y de los cabellos de oro, el bien calzado, se apresuró a alejarse de la casa de Ilmarinen antes que la noticia de la muerte de la perversa llegase a oídos del herrero. Pues al enterarse el dolor quebraría su alma y su cólera estallaría de terrible modo.

Se fue, pues, triunfante. Triunfante y alegre por haberse vengado, y alegre y cantando atravesó los bosques desbrozados por el fuego, y los espesos brezales, haciendo que llegase a todas partes el sonido de su cuerno.

Y los pantanos se estremecieron, y la tierra tembló, y los ecos vibraron, mientras Kullervo soplaba por su instrumento entregándose, ¡criatura abominable!, a transportes de insensata alegría recordando su mortífera hazaña.

Todo aquel desacostumbrado clamor de la Naturaleza llegó hasta la herrería de Ilmarinen, que ante su insistencia suspendió su trabajo para escuchar mejor. Para ver de darse bien cuenta de lo que ocurría. ¿Quién podía tocar de aquel modo allá en las colinas, de tal manera que con sus acordes desacordes producía aquellas estridentes armonías que rompían el silencio de pantanos, bosques y brezales?

Avanzando sin darse cuenta y cada vez más sorprendido, de pronto un lúgubre espectáculo, un inesperado espectáculo horrible se ofreció a sus ojos: ¡El de su mujer destrozada, muerta! ¡El de su hermosa compañera yaciendo inanimada a la entrada del patio, sobre el verde césped!

Durante mucho tiempo Ilmarinen quedó allí, inmóvil con el corazón destrozado. Luego, al fin, empezó a llorar. Y lloró lágrimas amargas durante lo que quedaba de tarde y durante toda la noche. Su alma se había vuelto negra como la pez, su corazón no era más brillante que el hollín; el dolor le había trastornado.

Entre tanto Kullervo seguía su camino, descansando donde podía cuando la luz faltaba y errando durante el día a través de campos, bosques, brezales y terrenos pantanosos.

Con frecuencia el abandonado huérfano, la vagabunda criatura pensaba, meditaba, diciéndose: «¿Quién habrá sido el que me dio el ser? ¿Quién me crearía, ¡miserable de mí!, destinado a vivir de este modo, nunca feliz y ahora errante y sin asilo bajo el cielo azul?

»Los demás tienen una casa adonde ir, una mansión donde refugiarse. En cuanto a mí, mi casa son los campos desiertos, mi mansión los brezales estériles; el viento del Norte, mi hogar; la lluvia, mi baño de vapor.

»Sin embargo, el día brilla para la golondrina, brilla asimismo para el gorrión, y mientras que sonríe a los pájaros del cielo, mi lote son las tinieblas y ¡jamás la alegría amaneció para mí!»

Entonces, en el espíritu de Kullervo surgió el pensamiento, pues en los pantanos del espíritu, como en los de la Naturaleza, sólo crecen malas hierbas y cañas amarillentas y pestíferas, de dirigir sus pasos hacia el país de Untamo, con objeto de vengar los dolores de su padre, las angustias de su madre y los malos tratos que él mismo había recibido.

Así pensando y cual ocurre con frecuencia cuando los pensamientos, a fuerza de insistentes y profundos, pugnan por salir cual si ya no hubiese sitio para ellos en nuestro interior, empezó a decir: «¡Ahora a ti, ahora a ti, miserable Untamo! ¡Ahora a ti, verdugo de mi familia! Si me decido a ir contra ti, ¡y me estoy decidiendo!, tal vez tu casa y todas sus dependencias serán reducidas a ceniza. ¡Cuanto tienes y de cuanto te alegras, cambiado en tizones!»

Una anciana mujer, la anciana de los bosques, una de esas ancianas ingratas de ver, pero gratas de oír, que aparecen siempre cuando hacen falta en todas las leyendas, aquí la del velo azul, le salió al encuentro. Y una vez junto a él, levantando la voz, le dijo: «¿Adonde va Kullervo? ¿Adonde el hijo de Kalervo dirige sus pasos?».

Kullervo, hijo de Kalervo, respondió: «Se me ha ocurrido de pronto dirigirme a otro país, ir a casa de Untamo, verdugo de mi familia, para castigarle, para vengar y hacerle pagar los dolores de mi padre, las angustias de mi madre, y reducir su mansión a cenizas con todas sus dependencias y su bien guarnecida aitta. Para cambiar cuanto posee en chispas de fuego».

La anciana le dijo: «Tu familia no ha sido extinguida; Kalervo no está muerto. Tienes aún un padre en la vida, una madre afortunadamente conservada en este Mundo.

»Encontrarás a tu padre, encontrarás a tu amante nodriza cerca de la frontera de Laponia, a orillas de un lago muy abundante en peces.

»Nada más fácil para ti que llegar allí. El camino que debes seguir se encuentra a la vuelta de un bosque pantanoso, a orillas de un río. Camina durante un día, camina durante dos días, camina tres días. Luego tomarás la dirección Noroeste, hasta que encuentres una montaña. La rodearás yendo siempre hacia la izquierda, para luego torcer a la derecha al llegar a un bosquecillo de enebros muy espeso, y al punto encontrarás un gran río, que seguirás sin apartarte de él hasta hallar tres cataratas. Una vez que las hayas atravesado alcanzarás la cima de un promontorio, más bien un enorme escollo donde incesantemente se estrellan y rompen olas mugidoras. Pues bien, en la parte superior de este promontorio, sobre este escollo, se levanta la casa de un pescador. Y es en esta casa donde encontrarás a tu padre y a tu amante nodriza; y con ellos, a tus dos lindas hermanas».

Kullervo, hijo de Kalervo, se puso en camino. Anduvo durante un día, anduvo durante dos días, caminó sin detenerse tres días. Hizo luego cuanto la anciana del velo azul le había dicho, y al fin alcanzó la cima del promontorio, del escollo donde se rompían las mugientes olas, y sobre este promontorio, sobre este escollo, vio una casa de pescadores.

Entró en ella, pero no fue reconocido. «¿Quién es este extranjero que llega? ¿De qué país es este viajero?»

«¿No reconocéis a vuestro hijo, al niño que los guerreros de Untamo se llevaron cuando no era mayor que el palmo de su padre, que el huso de su madre?»

Entonces la madre de Kullervo gritó, enajenada: «¡Ah, hijo mío, mi pobre y siempre llorado hijo, mi hermoso broche de oro! ¡Gracias al poderoso Jumala te veo al fin lleno de vida y de salud! ¡Y yo que te había llorado tanto! ¡Que tanto había suspirado por ti creyéndote muerto y desaparecido de mi vida para siempre!

»Dos hijos y dos hijas tenía; dos hermosas vírgenes éstas. ¡Pero los dos mayores me fueron robados! El hijo, por la guerra; la hija por un destino desconocido. Ahora encuentro al hijo, pero la hija, ¡ay!, ésta, ¡no volverá!»

Kullervo, hijo de Kalervo, dijo: «¿Dónde se perdió la muchacha? ¿Adonde fue mi pobre hermana?»

La madre respondió: «Había ido a recoger bayas al bosque, fresas a la colina, y allí fue donde mi linda paloma desapareció, donde murió mi pajarito adorado, pero de muerte que nadie conoce y cuyo nombre nadie podría decir.

»Como una osa me precipité a través del espeso bosque; como una nutria a través de los campos desiertos; la busqué un día, la busqué dos días, la busqué tres días, y cuando éste expiró al fin, cuando apenas una semana había transcurrido, escalé la colina alta, llamando a mi hija, a mi pobre hijita desaparecida: «¿Dónde estás, hijita querida? ¡Vuelve, vuelve, ¡ay de mí!, a la casa!»

»Las colinas; respondieron a mis gritos, los pantanos respondieron a mis quejas: Cesa de llamar a tu hija, cesa de turbar la paz del espacio con tu voz, ¡oh desdichada mujer! ¡Tu hija no renacerá a la vida! ¡Jamás volverá a la casa de su madre, a la casa de su anciano padre!»

Kullervo, hijo de Kalervo, el joven de las medias azules, empezó a vivir una existencia regular bajo la tutela de su padre y de su madre. Pero su espíritu continuó enconado, su inteligencia rebelde, de tal modo había sido falseada, de tal modo había sido pervertida por los tormentos de su primera infancia. La infancia del niño suele ser el trampolín del hombre. Sólo los muy fuertes de espíritu son capaces de saltar en dirección distinta a como de niños son impulsados.

Empezó a trabajar con ardor; se metió en un barco de pescador para ir a echar las grandes redes, y al empuñar los remos dijo: «¿Es preciso que reme con todas mis fuerzas, con todo el vigor de mis brazos, o solamente con moderación y únicamente aquello que sea necesario?»

El piloto, de pie junto al timón, le respondió: «Rema con todas tus fuerzas, con todo el vigor de tus brazos, pero no rompas el barco, no hagas volar su quilla hecha pedazos».

Kullervo, hijo de Kalervo, remó con toda su fuerza, con todo el vigor de sus brazos. Pero haciéndolo rompió el barco, dislocó los recios tablones de enebro, hizo saltar la hermosa quilla de chopo en pedazos.

Kalervo vino a ver lo que había hecho su hijo y le dijo: «Eres nulo para remar; has roto el barco. Ve a agitar el agua para hacer que los peces entren en la red; tal vez esta ocupación sea más a propósito para ti».

Kullervo fue a agitar el agua, preguntando: «¿Debo agitar el agua con toda mi fuerza, con todo el vigor de mis brazos, o tan sólo con moderación y simplemente en la medida de lo necesario?»

El hombre que tiraba de la red le respondió: «No, agitar el agua con cuanta fuerza se tiene con todo el vigor que los brazos son capaces de desplegar, no es ser buen agitador de agua».

Kullervo, no obstante, agitó el agua con toda su fuerza, con todo el vigor de sus brazos. Y de tal modo la agitó que la redujo a una especie de légamo espeso; la red a una masa de estopa; los pescados a una pasta viscosa.

Kalervo fue a ver lo que había hecho su hijo y dijo: «Agitar el agua no va contigo: has convertido las redes en estopa, has roto los sedales, has reducido todo el tinglado de pesca a un puñado de pedazos inservibles. Paga los perjuicios y vete a viajar. Tal vez en esto tengas más suerte».

Kullervo, el hijo de Kalervo; Kullervo, el joven de las medias azules, el de los cabellos de oro, el bien calzado, pagó el impuesto[48] y luego montó en su trineo y partió para un largo viaje.

Partió con el estrépito del trueno y, sin detenerse, franqueó los amplios campos que parecían no tener fin, los bosques que habían sido incendiados para poder cultivar después su suelo. El semental devoraba el espacio, y pronto llevó al crujiente trineo a través de las desiertas llanuras de Pohjola, más allá de las fronteras de Laponia.

Una joven virgen, cuyo pecho adornaba una fíbula de estaño, avanzó como a su encuentro, en dirección contraria a la que traía el hijo de Kalervo.

Kullervo, hijo de Kalervo, detuvo al punto a su fogoso semental. Luego llamó a la virgen y la dijo, con voz amable: «Entra, ¡oh adorable virgen!, en mi trineo. Ven a sentarte sobre las pieles que le cubren; a comer manzanas conmigo, a partir a mi lado nueces».

La joven virgen le respondió con cólera: «¡Lo que tal vez haré será escupir a tu trineo, miserable atrevido! ¡Tus pieles! ¡Frías son tus pieles! ¡Tu brillante trineo es de hielo! ¡En cuanto a tus manzanas, se te pueden indigestar a ti solo, y con tus nueces rómpete tú solo también los dientes!»

------

[48] La ley exigía que antes de emprender un largo viaje, el viajero pagase cuanto debía al fisco. Luego podía, si quería, no volver, o morirse. Pero no irse sin pagar. Una vez más en el Norte, como en el Sur, muchas cosas iguales. Siempre, la inagotable e implacable necesidad de recursos de los que dirigen a los demás.

Kullervo, el joven de las medias azules, sin hacer caso del mal humor de la joven, se apoderó de la hosca virgen a la fuerza y la metió rudamente en su trineo, en su magnífico trineo.

La joven virgen, furiosa, la hermosa muchacha de la fíbula de estaño, le gritó: «¡Déjame escapar de aquí! ¡Devuélveme mi libertad! ¡Suéltame, desvergonzado, y no pretendas abusar de mí o hundiré de una patada la armazón de tu bien ajustado trineo, desharé la estera en que apoyas los pies y haré astillas cuanto hay en él y a él mismo!»

Kullervo abrió el cofre que contenía sus tesoros y le mostró adornos soberbios, vestidos espléndidos, medias bordadas con oro y cinturones y fíbulas de plata pura.

La vista de los riquísimos trajes trastornó a la joven; la riqueza de los adornos acabó de aturdiría. El dinero es un encantador astuto, el oro y la plata ejercen una atracción irresistible. No hay mejor trineo para recorrer el Mundo que una bolsa bien repleta, ni llave mejor para abrir las puertas de todas las ciudades, reducir conciencias, atraer voluntades y ablandar corazones.

Kullervo, el hijo de Kalervo; Kullervo, el joven de las medias azules, completó lo que su tesoro había empezado poniéndose a acariciar amorosamente a la hermosa muchacha y a murmurar a su oído tiernas y halagadoras palabras. Con una mano sostenía las riendas de su caballo, con la otra buscaba los senos de la casta criatura.

Y al amparo de su trineo, sobre sus blandas pieles, aquellas abundantes pieles que le cubrían, violó brutalmente a la muchacha, aprovechando su interesado embeleso la cubrió de esperanzado deshonor.

Al llegar la nueva aurora enviada por el Creador, cuando Jumala hacía brillar un naciente día, la joven tomó la palabra; hasta entonces su boca cuanto había podido hacer había sido suspirar, y dijo: «¿Cuál es tu origen, ¡oh joven lleno de audacia!, qué sangre es la tuya, de qué raza has salido? ¿Perteneces tal vez, en efecto, a una gran familia? ¿Eres tal vez hijo de un padre ilustre?»

Kullervo, hijo de Kalervo, respondió: «Yo no desciendo ni de una raza grande ni de una pequeña; desciendo de una raza mediana. Yo soy el infortunado hijo de Kalervo, un triste y pobre muchacho, un desdichado cabeza loca, un ser diríase maldito y nacido para sembrar el mal. Por tu parte, cuéntame a tu vez qué familia es la tuya; dime si tú desciendes de una gran raza y si eres hija de un padre ilustre».

La joven le respondió con tristeza: «Yo no desciendo ni de una gran raza ni de una pequeña; desciendo de una raza mediana. Yo soy la infortunada hija de Kalervo, una pobre y desgraciada criatura, una débil criatura nacida para esto, para ser desgraciada.

»Cuando, en tiempos, vivía junto a mi querida madre, salí una mañana para ir a coger bayas al bosque, fresas en la colina. Durante dos días recogí y recogí sin descanso, y llegada la noche dormía sobre la blanda hierba. Pero al llegar el tercer día imposible me fue encontrar el camino que conducía a mi casa; huellas de pasos que seguí me internaron en el bosque, ¡acabando por extraviarme enteramente!

»Si hubiera podido, ¡ay!, morir, tal vez al año siguiente, tal vez al cabo de tres veranos hubiera reverdecido en forma de un montoncillo de hierba fresca o me hubiese abierto convertida en una hermosa flor, o, apetitosa baya, hubiera madurado y sido un regalo para quien me hubiese cogido; o quizá transformada en una fresa roja o en una deliciosa frambuesa, ¡me hubiera librado de esta extraña aventura de hoy, me hubiera ahorrado, sí, las horribles angustias que ahora siento!»

Apenas la muchacha había acabado de proferir estas palabras, arrojándose del trineo, corrió a precipitarse en el torrente que, rugiendo y deshaciéndose en espuma al chocar contra las rocas, descendía estruendosamente allí mismo. Y de este modo, abrazando a la pálida muerte, acabó en aquel instante sus días la agraciada joven[49].

Kullervo, hijo de Kalervo, arrojóse también a su vez del trineo, y tirándose al suelo desesperado, empezó a llorar amargamente y a llenar bosque, torrente y aire con sus angustiadas quejas.

«¡Desgraciado de mí y maldito, ¡ay!, cuanto hago! ¡He violado a mi propia hermana! ¡He deshonrado a la hija de mi madre!»

Luego, de pronto, enloquecido, Kullervo cortó violentamente con su cuchillo las correas que ataban el caballo al trineo y montando sobre la noble bestia, sobre el rápido corcel, botó a través del bosque, y luego a través de las llanuras, hasta alcanzar la casa rodeada de verdes tilos, de su padre.

Su madre estaba de pie en el umbral, y al verle llegar le acogió con una sonrisa. Kullervo, dando libre curso a sus lágrimas, empezó a decir: «¡No sonrías, madre mía, sino llora como yo lloro! ¡Oh madre querida, oh desdichada madre, que sólo para que vaya sembrando el mal me has traído al Mundo! ¿Por qué, dime, por qué en la aurora de mi vida, cuando tan

---

[49] Kullervo es, ya lo he indicado, el Oidipous griego. Es decir, el hombre perseguido sin razón ni motivo, por la desgracia, por un destino funesto. Hasta en la fatalidad de encontrar a la Virgen hermosa a la que, sin saber quién es viola, hay un punto de semejanza con Oidipous (Edipo) que, como se sabe, se unió sin saber quién era asimismo, a su madre, en matrimonio. En todo caso este capítulo de Kullervo es uno de los mejores del *Kalevala* y el final, de gran intensidad dramática, muy hermoso.

sólo tenía un par de noches de edad, no llenaste tu alcoba de humo espeso y tras dejarme en ella envuelto en pañales no saliste, cerrando al hacerlo la puerta con llave y con cerrojo? Y si te parecía que mi muerte podía ser larga, ¿por qué no echaste mi cuna al hogar encendido, en medio de los ardientes tizones?»

La madre de Kullervo dijo: ¿Pero qué te ocurre, hijo mío? ¿Por qué esas lágrimas y por qué esas palabras? ¿Te ha sucedido algo malo y extraordinario?

Kullervo, hijo de Kalervo, respondió: «¡Ay, desgraciadamente, sí! ¡Desgraciadamente me ha ocurrido, sí, algo extraordinariamente malo! ¡Lo peor que tal vez hubiera podido ocurrirme! ¡Una vez más el destino cruel se ha ensañado conmigo! Encontré, según avanzaba, en mi camino a una joven. Me acosté con ella. La violé. ¡Y era mi propia hermana! ¡ La hija de mi propia madre!

»¡Pero ya, ¡ay de mí!, ha acabado! ¡Ya ha dejado escapar su postrer suspiro! ¡Ya está en el seno de la pálida muerte, arrastrada hasta ella por las desencadenadas aguas del torrente, por los torbellinos, de espuma de su catarata! En cuanto a mí, ¿dónde está, por qué ignoro aún el fin que aguarda a mi miserable vida? ¿Dónde, cuándo, de qué modo va a terminar ésta? ¿Por qué no ocurre ya? ¿Está mi fin, que siempre será para mí venturoso, en las fauces del lobo que aúlla siniestro, entre los poderosos brazos del oso que ruge, en el vientre inmenso de la ballena y en los agudos dientes del lucio?»

La madre de Kullervo dijo: «No, hijo mío, no debes arrojarte en las fauces del lobo que aúlla, ni entre las garras del oso que ruge, ni en el vientre de una ballena, ni entre los agudos dientes del lucio. Conoces, sí, las vastas regiones fronterizas de Savo; allí un hombre puede ocultar su crimen, allí puede enrojecer en secreto a causa de sus actos vergonzosos. Apresúrate, pues, a ganar este retiro y permanece allí durante cinco años, durante seis años, durante nueve años, hasta que el tiempo haya mitigado tus dolores, hasta que haya aligerado el pesado fardo que ahora pesa sobre ti».

Kullervo, hijo de Kalervo, respondió: «No, no iré a ocultarme; no privaré de mi miseria al día claro. Lo que haré será ir a los campos de batalla, a los lugares donde los hombres combaten salvajemente. Untamo marcha aún con la cabeza levantada. El monstruo infame no ha sido aún deshecho. No ha pagado todavía las angustias que causó a mi padre ni los dolores que .a ti misma, ¡oh madre mía!, te ha originado. ¡Ello sin recordar aún otros dolores, otras angustias que sufrí yo mismo, pues no he olvidado el modo como por él fui tratado! ¡Ay, pues, de Untamo!»

Kullervo, hijo de Kalervo; Kullervo, el joven de las medias azules, empezó a prepararse para entrar en campaña; a armarse para el combate. Durante una hora afiló su espada, durante otra aguzó su punta.

Luego, dispuesto ya a partir, dijo a su anciano padre: «Adiós ahora, ¡oh mi querido padre! ¿Me llorarás mucho, amargamente, cuando sepas, si llegas a saberlo, que he muerto, que ya no pertenezco al mundo de los vivos, que ya no formo parte de los miembros de la familia?»

El padre respondió: «No, ciertamente no lamentaré tu muerte, cuando tenga noticia de ella. Otro hijo me nacerá tal vez, un hijo que será mejor y más sensato que tú».

Kullervo, hijo de Kalervo, dijo: «Yo tampoco sentiré pena por ti, si llego a saber que has muerto. Sin trabajo podré procurarme otro padre como tú, un padre de cabeza de piedra, de boca de arcilla, con los ojos como una baya de pantano, la barba como paja seca, los pies como un sauce nudoso, la carne como la de los árboles podridos».

A su madre la preguntó: «En cuanto a ti, madre querida, mi dulce nodriza, mi protectora bienamada, ¿sentirás pena por mí si te dicen que he muerto?»

La madre respondió: «¡Bien demuestras no conocer el alma, no saber cómo es el corazón de una madre, ni cómo las madres, cuanto más dignos de lástima, más desgraciados e incluso más perversos son sus hijos, más cerca, ¡ay! están de su corazón! Cuando sepa que has muerto, me esconderé en mi cámara para verter torrentes de lágrimas. Olas de lágrimas que cubrirán enteramente el suelo. Y oirá mis gemidos la escalera. Y gemiré sin descanso en el establo. Y mis suspiros fundirán la nieve de los caminos y el hielo de los estanques. Y mis lágrimas harán germinar el césped, y a través de él correrán murmurando tristemente los arroyos que ellas mismas formen».

Kullervo, hijo de Kalervo, partió entonces para la guerra, triste a causa de su madre, para hundirse en los sangrientos juegos de los combates. Atravesó llanuras y pantanos, los campos de brezos y los campos de verduras, haciendo resonar su cuerno de pastor al soplar en él con inmensa fuerza, y despertando mil ecos fatídicos con el ininterrumpido escándalo de sus acordes.

Pero un mensajero que corría tras él, cuando al fin pudo alcanzarle, murmuró a su oído: «Tu padre, Kullervo, ¡ha muerto! Tu buen padre duerme el sueño eterno, su último sueño. Vuelve pronto sobre tus pasos y ven a ver con tus propios ojos cómo es enterrado».

Kullervo respondió con voz indiferente: «Si ha muerto, me tiene sin cuidado. Ya encontrarán un semental en la casa para conducir su cuerpo a la tumba».

Y empezó a soplar de nuevo en su cuerno, y siguió su camino a través de los pantanos y de los verdeantes campos.

Pero de nuevo un mensajero que llegaba tras él cuando al fin pudo alcanzarle, le dijo: «Kullervo, ¡tu madre ha muerto! Tu dulce nodriza duerme su último sueño. Vuelve rápido sobre tus pasos y ven a ver con tus propios ojos cómo es enterrada».

Kullervo, el hijo de Kalervo, dijo: «¡Desgraciado de mí, infortunado yo, el más desdichado de los hombres! ¡Mi madre ha muerto! ¡Mi querida madre, mi adorada nodriza! ¡Ella que preparaba mi lecho, que me acostaba y arrullaba mientras me dormía, que tejía para mí vestiditos calientes! ¡Y esta afectuosísima e inigualada criatura ha muerto sin que yo estuviese a su lado, sin. que recogiese sus últimas palabras, sin que fuese para mí su último suspiro y, abandonada, sola, triste, su alma ha volado!

»Pues bien, escucha, mensajero: que su cuerpo sea lavado con todo cuidado, que se emplee para ello el mejor jabón; que luego sea envuelta en telas de seda, en tejidos de los más finos, y que al punto sea bajada a la tumba entre cantos de duelo y lamentaciones fúnebres. A mí me es imposible volver aún a la casa, pues todavía no me he vengado de Untamo. Aún el hombre perverso no ha sido abatido. El monstruo infame no ha sido aún exterminado. Ve tú, pues, y que hagan lo que digo».

Y Kullervo hizo de nuevo sonar su cuerno, y siguió su camino hacia el campo de combate, hacia la mansión de Untamo, diciendo: «¡Oh Ukko, dios supremo entre todos los dioses! Dame, te lo suplico, una espada invencible, una hermosa y brillante espada de aguzado filo. Una espada suficientemente poderosa como para luchar con cuantos se me opongan, por numerosos que sean. Para medirme, si necesario es, ¡hasta con cien hombres!»

Y Kullervo recibió la espada que había pedido, la cogió con mano vengadora, y con ella destruyó a Untamo y a toda su raza. Después prendió fuego a su casa y demás dependencias, no dejando bajo un gran montón de brasas sino las calcinadas piedras del hogar y el gran serbal que se levantaba en el recinto.

Luego, satisfecho, Kullervo emprendió, pero solo entonces, la vuelta a la casa paterna. Cuando llegó la encontró desierta y abandonada. Nadie salió a su encuentro. Nadie vino a abrazarle ni a saludarle. Nadie a darle la bienvenida ni a interesarse por él.

Entonces empezó a llorar. Lloró un día, lloró dos días, luego dijo: «¡Oh madre querida, mi dulce y muy amada madre! ¿Qué has dejado a tu hijo? ¿Qué, dime, si has pensado en mí cuando aún estabas en el Mundo?

»¡Ay de mí, que gimo y me lamento sin que puedas oírme! ¡Que en vano estoy aquí, de pie, sobre tus cejas[50], lamentándome sobre tus sienes, exhalando mi dolor sobre tu frente!»

Y Kullervo, el hijo de Kalervo, se sintió tan solo, tan terrible e irremediablemente solo, que arrancándose de allí, desesperado, se dirigió hacia los bosques salvajes y hacia los lugares más incultos y desiertos.

Cuando había caminado quién sabe cuánto, se encontró, sin buscarlo, de improviso, en el mismo lugar en que había violado a la joven, allí donde había deshonrado a la hija de su madre.

Todo parecía llorar aún la desdichada suerte de la pobre y encantadora criatura: el dulce césped, los brotes tiernos, la rumorosa verdura, las menudas plantas humildes, los entristecidos brezales. El césped parecía negarse a mostrar su alegre verdura, las jaras no florecían, hojas y tallos inclinábanse marchitos y como abrumados de dolor. Todo era desolación, todo tristeza, todo angustia allí donde la joven había sido violada, donde el hermano había deshonrado a la hermana.

Kullervo, hijo de Kalervo, sacó su espada de afilado corte, de aguzada punta, y la contempló largamente, volviéndola y revolviéndola en su mano y preguntándola si no la agradaría carne humana, ¡la carne del hombre cargado de infamia! ¡Y beber su sangre criminal!

La espada, presintiendo el deseo del hombre, comprendiendo lo que el héroe meditaba, le respondió: «¿Por qué no habría de comer con gusto la carne del hombre cargado de infamias? ¿Por qué no bebería satisfecha su sangre criminal? ¿Y cómo no, pues que ¡ay, y esto sí que es triste!, con frecuencia he comido carne inocente y he bebido sangre de hombres limpios de crímenes?»

Entonces Kullervo, el hijo de Kalervo, Kullervo, el joven de las medias azules, apoyó su espada en tierra por la parte del puño, y se precipitó sobre la punta, hundiéndosela profundamente en el pecho. Tan profundamente, que el Sol cerró los ojos para no verla salir por el otro lado.

Tal fue el golpe supremo, tal el destino cruel de Kullervo, la muerte del hombre perseguido, ¿por qué, Jumala? Dilo tú, que lo sabes todo; ¿y por qué, asimismo, quisiste que fuese así su destino, tú que lo puedes todo? ¿Por qué no te apiadaste del hombre perseguido fatalmente, continuamente, inexorablemente, por la negra desgracia? ¡Ah, Jumala, cuántas cosas haces que para tus hijos son incomprensibles y cuánto tiempo se las dejas ignorar!

---

[50] Estas expresiones de «sobre tus cejas, sobre tus sienes, sobre tu frente» prueban que lloraba junto a la tumba de su madre.

## XIII. LA PROMETIDA DE ORO Y DE PLATA

Ilmarinen el herrero lloró amargamente a su esposa. Para el que ama nada hay malo en el ser amado. Amar es creer y por eso el que ama es engañado dos veces y gracias a ello, y mientras dura el engaño, dura el amor.

La lloró mañana y tarde durante muchos días, sin tomar alimento. Y durante las noches, sin encontrar a causa de ello reposo. Enterró a la hermosa en la piedra y todo alrededor plantó rosales que sólo daban espinas; los cardos salieron solos entre aquéllos. Pero Ilmarinen no veía las espinas y en cambio sí los cardos como delicadas rosas. Y así un mes, y dos meses, y tres meses. Y durante este tiempo se apagó el fuego de su forja, y su martillo dejó de golpear al yunque en la herrería. Esta parecía muerta también; pero sin cardos, allí no había cardos; aquellos cardos que eran rosas a través de sus ojos de enamorado.

Por fin, el herrero Ilmarinen dijo: hasta entonces el exceso de dolor, ocurre a veces, le había vuelto mudo: «¡Desgraciado de mí, infortunado, el más infortunado de los hombres! ¿Cómo podré vivir en adelante, cómo podré existir? ¿Podré trabajar de día? ¿Y las noches cómo las pasaré, de pie, acostado? ¡Estas noches, ay, tan largas para mi espíritu oscurecido, sin consuelo, roto lo mismo que la fuerza de mis brazos!

»No menos largas son para mí las horas de la mañana, no menos amargas las horas de la tarde; más tristes, más insoportables aún los momentos que preceden a los que en otro tiempo marcaban la llegada del agradable descanso. Pero no, no son mis mañanas, ni mis tardes, ni los demás instantes del día o de la noche lo que calculando lo que eran y lo que son, lamento, sino que lo que lamento, lo que verdaderamente me falta es mi compañera, ¡lo que amargamente lloro es a mi bienamada, a mi querida esposa, la de las negras cejas!

»¡Y mi dolor llega más allá de donde puede llegar el dolor humano cuando soñando despierto, llevo mis brazos buscándola y cuanto abrazo es el vacío! ¡Este vacío que ella ha sembrado en torno mío yéndose!»

Así el pobre herrero Ilmarinen pasaba sus días hablando solo, y solo y sin esposa las noches. Durante dos meses, durante tres meses, lloró a su mujer muerta. Pero al llegar al cuarto mes, tomó de su dinero una gran cantidad, una cantidad semejante en peso a una oveja de otoño, al de una liebre en invierno, y le echó en el fuego de la herrería. Luego ordenó a los esclavos, a los muchachos asalariados, que soplasen.

Los esclavos soplaron con fuerza, sin ponerse guantes en las manos, sin gorro sobre sus cabezas. Ilmarinen mismo se puso a trabajar. Se puso a trabajar porque quería forjarse una mujer de oro, una prometida de plata, eterna.

Pero he aquí que los esclavos se pusieron a soplar con indolencia, que los muchachos asalariados flaquearon. Entonces Ilmarinen se puso al fuelle. Y sopló una vez, y sopló dos veces, y sopló tres veces. Luego miró hacia el fondo de la forja, para ver lo que el fuego había producido, lo que había creado el ardiente hogar.

Una muchacha joven y bella había surgido de los carbones, una virgen de cabeza de plata, con los cabellos de oro y el cuerpo lleno de imperecederos encantos. Otros se hubiesen espantado, Ilmarinen no se espantó.

Trabajó con su martillo la estatua de oro, la trabajó noche y día, sin descanso; la hizo los pies, la formó las manos; pero sus pies permanecieron clavados en el suelo, sus manos no se tendieron hacia él para abrazarle.

Y la forjó orejas, pero las orejas permanecieron sordas; y la forjó una linda boca, y ojos muy hermosos; pero la boca no pronunció palabra alguna, sus ojos no lanzaron una mirada.

Y la llevó hasta un lecho suave y delicado, con blandas almohadas bordadas con seda, y se acostó junto a la muchacha, en su tienda de acero, en su casa de hierro.

Pero, desde la primera noche, tuvo que pedir, reclamar, exigir mantas, dos o tres pieles de oso, cinco o seis camisas de lana, con objeto de poder permanecer junto a su nueva mujer, junto a su estatua de oro.

Y gracias a las mantas y pieles con que se cubría, tenía calor, mas en lo que a la virgen afectaba, por parte de la estatua de oro, sentía frío, mucho frío, un frío terrible. Sentía que se volvía nieve, témpano de hielo de los mares; sentíase yerto, entumecido, endurecido como la piedra.

El herrero Ilmarinen dijo: «Esta muchacha no me sirve para nada. Tal vez lo que debo hacer es llevársela a Vainamoinén para que sea el sostén de sus días, su eterna esposa, ¡la paloma destinada a reposar entre sus brazos!»

Y llevó la muchacha a Vainamoinén; y cuando estuvo junto al héroe le dijo: «Aquí tienes, ¡oh Vainamoinén!, una joven, una muchacha virgen. Es muy hermosa de ver, su boca no es demasiado grande, ni sus mandíbulas excesivamente prominentes».

El viejo, el imperturbable Vainamoinén, llevó sus miradas hacia la estatua, fijó sus ojos sobre el oro, y dijo: «¿Para qué me traes esta criatura, este fantasma de oro?»

El herrero Ilmarinen le respondió: «¿Para qué puede ser sino para tu bien? ¿Para que sea eternamente tu esposa y la paloma que descansará en tus brazos?»

El viejo Vainamoinén dijo: «Herrero Ilmarinen, mi querido hermano, echa de nuevo tu virgen a la fragua y haz de ella lo que quieras; o bien envíala a Rusia o a Germania, con objeto de que los pretendientes ricos e ilustres se la disputen. Para los de mi raza no sería conveniente, ni sería conveniente para mí mismo buscar como esposa a una muchacha de oro, perseguir a una novia de plata».

Y el viejo Vainamoinén, el amigo de la onda, para que el trabajo de Ilmarinen no fuese inútilmente perdido, exhortó a los jóvenes a que no se inclinasen ante el oro a no prosternarse ante la plata. «Jamás, ¡oh mis queridos hijos, oh héroes llenos de juventud!, seáis ricos o pobres, jamás mientras dure esta vida, mientras la Luna extienda su luz, debéis buscar por esposa a una muchacha de oro, ni correr tras una joven de plata. Él brillo del oro no da calor, no lo olvidéis, la plata es brillante, pero fría».

El herrero Ilmarinen, el eterno martilleador de hierro, abandonó su estatua de oro, su virgen de plata; y enganchando su leonado semental a su trineo, a su hermoso trineo, se puso en marcha hacia Pohjola, con objeto de pedir la mano de otra joven.

Caminó un día, caminó dos días; al tercer día, llegó al término de su viaje.

Luhi, la madre de la familia de los de Pohjola, le encontró cuando llegaba al recinto que rodeaba su casa, y al punto le preguntó por su hija. Le preguntó qué tal estaba en casa de su suegro, en casa de su esposo. Triste, la cabeza baja, el gorro inclinado hacia un lado, Ilmarinen respondió: «No me hagas, ¡oh mi querida suegra!, tales preguntas. No me interrogues, no, sobre el estado de tu hija, sobre la permanencia en mi casa de tu tan amada criatura. ¡La muerte se la ha tragado! Un destino cruel la ha herido. Mi baya tan querida está en el seno de la tierra. Mi dulce y graciosa mujer, la de las negras cejas, yace bajo el césped. Precisamente si he venido ha sido para pedirte tu otra hija. Tu hija la más joven. Sí, mi querida suegra, dame tu segunda hija para que ocupe el lugar que ocupaba mi antigua esposa, el lugar de su hermana».

Luhi, la madre de la familia de los de Pohjola, respondió: «¡Qué mal hice, desgraciada de mí, dándote a mi hija! ¡Qué acción tan injusta realicé prometiéndotela y luego cumpliendo mi promesa, puesto que ella ha servido para que se apagase en plena juventud y cuando su hermosura y su brillo eran más esplendorosos! ¡La culpa de que se marchitase en toda la flor de su hermosura, ¡mía es y sólo mía! ¡La arrojé cual si la hubiese arrojado entre los dientes aulladores de los lobos, en las fauces bramadoras del oso!

»¡Pero a mi otra hija no te la daré! ¡No, no te la daré! ¡Busca otra para que te quite el hollín, para que barra las escorias de hierro de tu fragua!

¡Antes de dártela, la precipitaría cien veces entre los mugientes torbellinos de la espumeante catarata!»

Ilmarinen, el herrero, torció la boca, movió la cabeza, sacudió su negra cabellera, y finalmente, entrando en la casa, tras apartar a la vieja de malos modos, gritó con voz potente: «¡Vente conmigo, oh encantadora virgen! ¡Ven a ocupar el puesto de tu hermana, de mi antigua esposa, para que hagas los bollos de miel que ella hacía, y para que prepares mi cerveza!»

La joven respondió ella misma al herrero: «No, no iré contigo. Las almas feroces no me gustan. Has matado a mi hermana y lo mismo me matarías a mí. Yo he sido hecha para un esposo mejor. Para un hombre más hermoso que tú. Aspiro a un trineo más brillante que el que tú puedes ofrecerme. Me hace falta más riqueza de la que tú dispones; dominios más vastos que la humilde casa llena de carbón de un herrero, que la forja de un hombre vulgar como tú eres».

El herrero Ilmarinen, el martilleador eterno del hierro, torció la boca, movió la cabeza, sacudió su negra cabellera, y acto seguido cayó sobre la atrevida joven, la cogió entre sus brazos, se precipitó como un huracán fuera de la casa, se metió en su trineo y puso a su caballo a todo galope. Con una mano sostenía las riendas del animal, con la otra acariciaba los senos de la hermosa.

La muchacha empezó a llorar, que es lo primero que suelen hacer las jóvenes sin experiencia, pero ya con malicia, para tener tiempo de pensar lo que las conviene decir; a llorar y a lamentarse, y sólo luego, cuando estuvo segura de lo que la convenía dejar oír, dijo: «¡Ay de mí, yo que había pensado ir a los campos para coger flores, de esas lindas florecillas que salen entre el musgo, y heme aquí que desaparezco, paloma desdichada, que voy a morir herida por una mano extranjera y cruel!

»Pero escúchame, herrero Ilmarinen: si no me dejas marchar, romperé tú trineo, le haré pedazos con mis rodillas, pues sobrada fuerza tengo para ello».

Ilmarinen, el herrero, replicó: «La caja de mi trineo es de hierro forjado. No te molestes, pues, paloma, pues arañarías en vano tus blancas rodillas».

En lamentaciones no menos vanas y en respuestas no menos justas, transcurrió una parte del camino, una parte pequeña, claro está; no obstante, la boca del caballo empezaba ya a cubrirse de espuma, sus enhiestas orejas a llenarse de sudor.

La joven, que ya se iba calmando y encontrando no desagradable del todo la mano del herrero no obstante ser la mano de un herrero, levantó la cabeza y vio huellas recientes sobre la nieve. Curiosa, dijo entonces: «¿Quién ha pasado antes por este camino?» Cuando la curiosidad aguija a las mujeres, ello prueba no tan sólo que su espíritu está libre de preocupaciones, sino ellas dispuestas a todo con tal de satisfacerla. La curiosidad no es sólo la piedra de toque de la tontería femenina, sino la puerta de entrada del tesoro, siempre a medio llenar, de sus conocimientos.

Ilmarinen, el herrero, respondió: «El lobo. Él es el que ha pasado».

Al oír aquello la joven creyó conveniente hacer que se asustaba y empezar de nuevo a llorar, sin duda para que de nuevo, a su vez, el herrero se llenase de ternura, y suspirando y lamentándose dijo: «¿Dónde habrá otra joven tan desdichada como yo? Triste es estar donde las huellas de un lobo furioso, al alcance tal vez de su largo hocico, pero yo lo prefiero a hallarme en el trineo que me lleva contra mi voluntad; al lado de un hombre rudo y frío. El vellón del lobo, por áspero que sea, lo es menos tal vez que otros; su boca tal vez más amable que otras».

El herrero se limitó a encogerse de hombros, a menear la cabeza y a fustigar con más fuerza a su caballo que ya corría haciendo resonar al trineo como un trueno. Así caminaron sin detenerse hasta el principio de la noche, que llegaron, por fortuna, a una aldea.

Ilmarinen, cansado, cayó rendido por el sueño. Y mientras dormía, un extranjero más despierto que él acarició a su no mal dispuesta para ello, compañera.

A la mañana siguiente, la costumbre despertó muy temprano a Ilmarinen, que al ver a la joven durmiendo, al fin ella también, pero en otros brazos, dijo torciendo la boca, moviendo la cabeza y sacudiendo su negra cabellera: «¡Por Jumala, famosa prometida es ésta! Pero, ¿qué hacer con ella? ¿La transformaré por obra de mis encantos mágicos en una bestia de los bosques y la enviaré a ellos como merece, o al mar profundo, transformada en pez?

»Pero no, no la enviaré al bosque ni la enviaré al mar, pues todo el bosque y todos los peces la verían llegar con desagrado. Lo mejor será que la haga caer bajo el filo de mi espada y que sea su lámina de acero la que la extermine».

Pero la espada, comprendiendo sus palabras y adivinando por ellas su propósito, dijo: «Yo no he sido forjada por ti, Ilmarinen, para exterminar mujeres, para herir a débiles criaturas».

Entonces el herrero empezó a entonar sus cánticos con voz desesperada y transformando a la que debía ser su mujer en gaviota, la ordenó que fuese a morar a una isla lejana, a un solitario escollo del mar, a la cima de un promontorio, para allí hacer su nido, criar y gritar en medio de las tempestades.

Luego volvió a subir a su trineo y se dirigió veloz, triste el corazón, cabizbajo y sombrío, hacia su país, hacia su patria bienamada.

El viejo, el imperturbable Vainamoinén, le salió al encuentro en el propio camino, y le dijo: «¿Por qué estás triste, ¡oh Ilmarinen, hermano mío!, por qué llevas el gorro ladeado, viniendo como vienes de Pohjola?».

El herrero Ilmarinen respondió: «¿Cómo será posible ser tan miserables en Pohjola, lo que prueba un hábito de vida miserable, teniendo el Sampo fabricado por mí que, gracias a su hermosa tapa que se mueve a voluntad, ora muele grano destinado a ser comido, ora aquel que puede ser vendido fácilmente, ya el que puede ser conservado para cuando haya que utilizarle?

«Sí, te lo repito, ¿cómo se puede vivir miserablemente en Pohjola teniendo como tienen el Sampo? ¡Un Sampo prodigioso como hice del cual depende la labranza y siembra de los campos, la germinación de todas las plantas, y, en una palabra, la eterna abundancia y prosperidad?»

El viejo Vainamoinén respondió: «Forjador Ilmarinen, herrero eterno, hermano mío, ¿por dónde van tus pensamientos? Para que pueda seguirte dime primero dónde has dejado a la joven, a tu prometida, a la que fuiste a buscar. Pues veo que vuelves solo y que ninguna mujer te acompaña».

El herrero Ilmarinen respondió: «¡He cambiado la miserable criatura en gaviota y la he expulsado a una isla, para que allí críe sobre una roca que se levante de entre las olas; para que chille eternamente desde la cima de un escollo allá en el lejano y profundo mar!»

## XIV. LA KANTELE[51]

El viejo, el imperturbable Vainamoinén, levantando la voz dijo: «¡Oh herrero Ilmarinen! Partamos juntos hacia Pohjola, con objeto de apoderarnos del Sampo, del Sampo de hermosa tapa».

El herrero Ilmarinen respondió: «Va a ser difícil apoderarnos del Sampo en la sombría Pohjola. El Sampo de hermosa tapa está allí bien guardado; oculto en las entrañas de una roca de cobre, detrás de nueve cerraduras y nueve cerrojos; además, han hundido sus tres raíces a una profundidad de nueve brazas: una en la tierra, otra en el agua, la tercera en la colina sobre la cual ha sido construida la casa de Luhi, la codiciosa vieja de los de Pohjola».

El viejo Vainamoinén dijo: «Herrero, amigo mío, mi hermano, partamos juntos hacia Pohjola y sin miedo ni más preocupación, ¡robemos el Sampo! Armaremos un gran navío en el cual llevaremos instrumentos maravillosos con ayuda de los cuales el Sampo será arrancado de las entrañas de la roca de cobre, no obstante nueve cerraduras y a pesar de los nueve cerrojos.

«Además, fórjame sin tardar una espada, una espada con la punta de fuego, con la cual pueda alejar a los perros, dispersar las masas de hombres, y barrer todo obstáculo cuando vayamos a apoderarnos del Sampo a la fría aldea, allá en la triste Pohjola».

El herrero Ilmarinen, el eterno martilleador, se apresuró a echar hierro al fuego, acero en el horno ardiente; añadió un bloque de oro más un puñado de plata. Luego ordenó a los esclavos que soplasen.

Los esclavos soplaron con fuerza. El hierro se dilató formando caldo; el acero transformose en una pasta blanda; la plata se tornó brillante y límpida, clara como el agua; el todo empezó a hervir como las olas cuando se deshacen en espuma.

Entonces el herrero Ilmarinen, el eterno martilleador del hierro, miró al fondo de su forja y vio que la espada había nacido; que incluso su puño de oro habíase formado.

Al punto la retiró del fuego, la colocó sobre el yunque, y la sometió a los poderosos golpes de su pesado martillo. Y sin fatigarse ni descansar moldeó y compuso la espada a su gusto hasta convertirla en la mejor de

---

[51] *Kantele:* instrumento de música nacional de Finlandia, especie de guitarra de cinco cuerdas. La leyenda trata de explicar y ennoblecer su origen.

las espadas, hecho lo cual, la acabó incrustando en ella misteriosos y mágicos adornos de oro puro mas plata mezclada con cobre.

Vainamoinén ensayó su espada contra una montaña de hierro, diciendo: «¡Qh espada maravillosa, ante la cual y a cuyo corte ni las piedras mismas resistirían, a cuyos golpes las rocas volarían hechas pedazos, muestra la irresistible fuerza de tu filo!» Y la montaña quedó cortada en dos.

De pronto un lamento agudo, una voz triste, lamentable, plañidera, sonó allá al fondo de la playa donde estaba amarrado el prodigioso barco.

El viejo, el imperturbable Vainamoinén, dijo: «Es una joven que llora. Es una paloma que se lamenta. ¿No es preciso avanzar para estar más seguro de ello?»

Y avanzó, en efecto, para asegurarse bien. Pero no era una muchacha que lloraba, no era una paloma que se lamentaba, sino que quien lloraba era un hermoso navío, un hermoso navío el que se lamentaba.

El viejo e imperturbable Vainamoinén se acercó al navío y le dijo: «¿Por qué lloras, barco de madera? ¿Por qué, ¡oh navío ricamente armado de remos!, te lamentas? ¿Es tal vez porque eres pesado y porque estás groseramente construido?»

El barco de madera, el navío poderosa y ricamente armado de remos, respondió: «Del mismo modo que la joven virgen suspira por la casa de un esposo, incluso si la casa de su padre en la que habita es rica, vasta y confortable, así el navío suspira por bogar sobre las olas por amplia, soleada y tranquila, y a causa de ello mismo, que sea la playa o bahía donde está como en carena. Por ello yo lloro y me lamento en espera de aquel que me lance al mar, de la mano que, empuñando mi timón, me conduzca a través del inquieto y espumoso mar.

»Se me había dicho, cuando me construían, se me había asegurado, cuando estaba en el astillero, que sería un navío de guerra, que se me armaría para las batallas. Se me había prometido cargarme con un rico y glorioso botín. ¡Y he aquí que aún no he sido conducido a la guerra, que ni siquiera he servido para transportar modestos forrajes!

»¡Ah, mil veces sería más glorioso para mí, mil veces más agradable, elevarme como me levantaba cuando tan sólo era aún los cien pinos de la colina que abatieron para darme mi actual forma, como los abetos de que también he sido construido. Al menos entonces las ardillas venían a loquear a través de mis tupidas ramas y los perros a ladrar junto a mis bien hundidas raíces!»

El viejo, el imperturbable Vainamoinén dijo: «No llores más, ¡oh mi navío! No te lamentes más, ¡oh barco ricamente dotado de remos! Pronto irás en medio de las batallas, de los salvajes juegos de las espadas».

Luego el viejo Vainamoinén desplegó la fuerza mágica de los cantos y el navío fue misteriosa y firmemente empujado hasta el mar. Después invocó para uno de los costados del navío una tropa de jóvenes prometidos de erizada cabellera y manos duras y rápidas, hombres orgullosos bien calzados y aún mejor armados. Y evocó para el otro costado una tropa de prometidas, engalanadas con fíbulas de estaño y cinturones de cobre; jóvenes con los dedos adornados con preciosos anillos. En fin, evocó, sobre los bancos destinados a los remeros, una tropa de ancianos, una raza casi usada ya por el tiempo.

Luego él mismo se sentó al timón y cogiendo la barra dijo: «Avanza, ¡oh navío!, a través de esta llanura sin árboles. Franquea los vastos estrechos. Boga incansable sobre el mar. Boga sobre las olas, ¡hermoso y seductor como una hoja de nenúfar!»

Entonces el herrero Ilmarinen sentose, a su vez, en el banco de los remeros. Hecho, el navío empezó a agitarse, a deslizarse rápidamente sobre las olas; y el ruido de los remos batiendo contra los flancos de la carena se oyó desde muy lejos.

Ilmarinen redobló su energía; los bancos del navío crujieron, sus curvados maderos se estremecieron, sus remos de madera de serbal rechinaron.

El viejo Vainamoinén empuñaba el timón con mano firme, y dirigía con maravillosa habilidad el curso del navío a través de las ondas.

Pronto surgió a lo lejos un promontorio, una aldea miserable se mostró en el horizonte.

Athi Lemmikainén había fijado allí su residencia. Allí pasaba su vida, deplorando su extremada miseria, su aitta vacía, el triste destino que le había cabido, al fin, en suerte. En aquel momento se entretenía en tallar las vigas de un nuevo navío; trabajaba la quilla, allá en el extremo del árido promontorio, dentro del recinto de la miserable aldea.

Lemmikainén tenía el oído fino, pero sus ojos eran aún más perspicaces. Dirigió sus miradas hacia Occidente; luego, volviendo la cabeza en dirección al Mediodía, advirtió a lo lejos algo como un arco, como un copo de nube.

Pero no era un arco ni un copo de nube; era un pequeño navío, que a medida que avanzaba sobre las olas, crecía. En él, un héroe majestuoso empuñaba el timón, un soberbio guerrero presidía la maniobra.

El alegre Lemmikainén dijo: «No conozco ese navío, no sé qué barco es ese que llega a fuerza de remos desde las regiones de Oriente, con la proa puesta hacia Occidente».

Y el joven héroe, levantando la voz, lanzó un grito poderoso desde lo alto del promontorio, preguntando por encima de las movientes olas: «¿A quién pertenece ese navío que boga sobre el mar?»

Los hombres y las mujeres del navío respondieron: «¿Qué hombre eres tú, pues, qué guerrero, tú que habitas en medio de esos bosques desiertos, para no conocer el navío de Kalevala y para ignorar quién es el piloto y quién el gran remero entre sus remeros?»

El alegre Lemmikainén respondió: «Sé muy bien quién es ese piloto, sé muy bien quién es el gran remero: el viejo, el imperturbable Vainamoinén se sienta al timón; Ilmarinen maneja los remos. Pero decidme, ¿adonde vais, ¡oh hombres!, adónde, ¡oh héroes!, dirigís vuestra embarcación?»

El viejo Vainamoinén respondió: «Vamos derechos hacia el Norte, hacia la región de las grandes ondas, de las olas espumantes. Vamos, ¡óyelo bien!, a apoderarnos del Sampo, a arrancarle, en unión de su hermosa tapa, de la colina de piedra de la montaña de cobre de Pohjola».

El alegre Lemmikainén dijo: «¡Oh viejo Vainamoinén, tómame contigo como tercer héroe, puesto que vas a apoderarte del Sampo, a arrancar de donde le ocultan el incomparable Sampo de hermosa tapa! Puedes estar seguro de que si es necesario combatir, yo desplegaré también mi fuerza de hombre; que mis manos y mis hombros no permanecerán quietos».

El viejo, el imperturbable Vainamoinén consintió en asociar al guerrero, al valeroso héroe, a su expedición. El alegre Lemmikainén bajó al punto a la orilla del mar, llevando con él planchas de refuerzo para los flancos del navío.

El viejo Vainamoinén dijo: «Tengo ya una cantidad suficiente de madera en mi navío, está pesadamente cargado de ella, ¿por qué traer tú aún una sobrecarga de tablas?»

El alegre Lemmikainén respondió: «No son las provisiones lo que hacen naufragar a los navíos; no es el lastre lo que causa su pérdida. Piensa que con frecuencia en los mares de Pohjola la tempestad bate violentamente los flancos, y es preciso que sean suficientemente sólidos para que resistan sus asaltos».

El viejo Vainamoinén dijo: «Precisamente para ello, para que mi navío no sea llevado por los vientos, ni sumergido por la tempestad, su proa ha sido acorazada con hierro y con acero».

El viejo e imperturbable Vainamoinén se alejó del largo promontorio, de la miserable aldea. Dirigió su navío a través de las ondas entonando cantos llenos de alegría.

El navío prosiguió su rápida carrera: el primer día fue a lo largo de la desembocadura de los ríos, el segundo a lo largo de la desembocadura de los lagos, el tercero llegó en medio de las cataratas.

Entonces el alegre Lemmikainén se acordó de las palabras conjuradoras de las caídas estrepitosas de agua, de las fórmulas propias y adecuadas para encadenar los torbellinos de los ríos sagrados, y levantando la voz dijo: «Suspende, ¡oh catarata, tus furiosos saltos y cesa, oh desbordamiento inmenso, de mugir! Y tú, ¡oh virgen de los torrentes!, enderézate como un dique sobre la roca que el agua llena de espuma y sujeta con tus manos, reúne con tus dedos las desenfrenadas ondas para que no vengan a estallar contra nosotros, sino que más bien lo hagan ¡contra tu invulnerable pecho!»

El viejo Vainamoinén volvió a empuñar, y esta vez con renovado vigor, el timón, y empujó al navío a través de los escollos por donde el agua, detenida cien veces, parecía hervir espantosamente. Pero su mano de acero hizo que el barco venciese todos los obstáculos.

Mas cuando de nuevo llegó al despejado seno del ancho mar, el navío se detuvo de pronto y permaneció inmóvil.

Entonces el herrero Ilmarinen y el alegre Lemmikainén hundieron en la masa líquida un sólido remo, poderoso bichero de abeto, con objeto de libertar al atrapado navío, pero sus esfuerzos no tuvieron éxito: el barco no continuó su curso.

El alegre Lemmikainén inclinose entonces sobre el abismo líquido y miró y remiró hasta por debajo de la quilla del buque; luego dijo: «No se trata de una roca, tampoco ha sido detenido el barco por un laberinto de raíces de árboles; lo que le detiene es el lomo de un enorme lucio, el haber encontrado en su camino un tremendo perro de mar».

El viejo, el imperturbable Vainamoinén dijo: «Se encuentra toda clase de cosas en el fondo del mar. Se encuentran raíces de árboles, se encuentran peces, se encuentran bancos de arena, se encuentran rocas cuyas puntas perforan los mejor ensamblados navíos. Pero si el nuestro ha sido detenido por los lomos de un gigantesco lucio, por un monstruoso perro de mar, zambúllete, hunde tu espada en el monstruo y ¡córtale en pedazos!»

El alegre Lemmikainén, el audaz y brillante compadre, sacó su espada de su vaina y la hundió en las ondas hasta bajo la quilla del navío. Pero con tal impulso que él mismo fue tras ella hacia el abismo.

El herrero Ilmarinen pudo coger al héroe por los cabellos y le salvó de una muerte cierta, pues el lucio ya abría la sima de su boca para recibirle. Luego desenvainó a su vez, se tiró por uno de los costados del navío y atacó al lucio. Pero su espada se rompió en mil pedazos al chocar contra el acerado cuerpo del tremendo animal.

Entonces el viejo, el imperturbable Vainamoinén, empuñó a su vez su espada de lámina fulgurante y se zambulló bajo el navío, consiguiendo hundirla en el lomo del lucio, en las partes sensibles del perro de mar.

La acerada hoja se agarró fuertemente a las agallas del monstruo. Entonces el héroe le sacó del fondo del mar y le cortó en dos pedazos: la cola volvió al abismo, la cabeza rodó sobre el puente del navío.

Y de este modo el barco, libre de su prisión, continuó su camino. El viejo Vainamoinén le dirigió hacia una isla. Allí cogió un cuchillo, una lámina de frío acero y se puso a trocear el lucio, diciendo: «¿Cuál es entre las muchachas la más joven? A ella, el cocer este pez para que sirva de alimento delicioso a nuestra comida de mediodía».

Las jóvenes rivalizaron en cuanto a celo y buena voluntad en la tarea de cocer el pez, y su carne fue comida, pero los huesos quedaron desparramados en una roca de la isla.

El viejo, el imperturbable Vainamoinén examinó los huesos por todas partes y luego dijo: «¿Qué podrían llegar a ser los huesos de este lucio, de ser llevados al taller del herrero, de ser puestos entre sus hábiles manos?»

El herrero Ilmarinen dijo: «Nada se puede hacer con lo que nada vale. Nada, pues, llegarían a ser los huesos de este lucio incluso si se los llevase al taller del herrero, si se los dejase entre sus hábiles manos».

El viejo e imperturbable Vainamoinén dijo: «Con los huesos de este lucio se podría hacer, ciertamente, una kantele, de encontrar un maestro capaz de fabricarla».

Pero ningún maestro se presentó, ningún maestro capaz de fabricar el instrumento. Entonces, el viejo e imperturbable Vainamoinén se puso él mismo a la obra. Y con los huesos del lucio construyó una incomparable fuente de melodía, un manantial de alegría eterna.

El viejo Vainamoinén invitó a los jóvenes, invitó a los viejos, a tocar el nuevo instrumento, la kantele salida de los huesos del lucio.

Los jóvenes tocaron y sus dedos crujieron; los viejos tocaron, y sus cabezas se bambolearon, pero la alegría no se unió a la alegría, la armonía no se fundió en la armonía.

El alegre Lemmikainén dijo: «¡Oh jóvenes medio estúpidos, y vosotras, muchachas tan tontas como ignorantes, residuos casi inservibles de una triste raza! Veos incapaces de tocar la kantele, de hacer vibrar sus sonoras cuerdas. ¡Que me traigan el instrumento! ¡Que le coloquen sobre mis rodillas! ¡Que sea puesto al alcance de mis manos!»

El instrumento fue traído a Lemmikainén, y al punto trató de tocar. Pero las cuerdas no emitieron sonido alguno. La kantele permaneció muda.

El viejo Vainamoinén dijo: «No hay nadie aquí, ni entre los jóvenes ni entre los viejos, capaz de hacer sonar la kantele. Si la enviase a Pohjola, tal vez encontrase allí manos más hábiles».

Y la kantele fue enviada a Pohjola. Allí, los jóvenes ensayaron tocar, y tras ellos las muchachas, y luego de éstas las mujeres recién casadas, y los hombres asimismo casados, y la propia madre de la familia de Pohjola, y los habitantes todos de cada casa. Todos la tocaron, todos pusieron en ella los diez dedos de sus manos, sin conseguir hacerla sonar. La alegría no se unió a la alegría, la armonía no se fundió con la armonía. El instrumento cuanto hizo en manos de los más afortunados fue dejar oír sonidos discordantes, chirridos espantosos.

Un anciano ciego dormía en el camaranchón de cierto hogar. De pronto fue arrancado de su sueño y murmuró con sombrías voces: «¿Me escucharéis al fin? ¿Seréis capaces de guardar silencio? Ese ruido que estáis haciendo me desgarra los oídos y perturba mi cabeza. ¡Me ha causado un sufrimiento tan espantoso que seguramente no podré dormir ya en muchas semanas!

»Si ese instrumento no puede despertar alegría, si no mece y convida al más dulce de los reposos, más vale echarle al fondo del mar, o devolvérselo a aquellos que os le han enviado, con objeto de que sea colocado entre las manos del verdadero maestro al alcance de los dedos del único y poderoso runoia capaz de pulsarle».

De pronto las cuerdas de la kantele vibraron, y estas palabras resonaron claramente: «No iré al fondo del mar sin haber sonado entre las manos del gran maestro, sin que me hayan pulsado los dedos del ilustre runoia».

Y la kantele fue devuelta con el mayor cuidado a aquellos que la habían enviado, y fue colocada sobre las rodillas, entre las manos, al alcance de los prodigiosos dedos del gran maestro, ¡del gran runoia!

## XV. EL RUNOIA ETERNO

El viejo e imperturbable Vainamoinén, el runoia eterno, preparó sus dedos, lavó y purificó sus pulgares; luego se sentó en la piedra de la alegría, sobre la roca del canto, en la cima de la colina de plata, de la colina de oro.

Y tomando el instrumento entre sus dedos, apoyando la caja sonora sobre sus rodillas, colocando la kantele bajo sus manos, levantó la voz y dijo: «Que vengan ahora aquellos que quieran escuchar la alegría de los eternos runot, las acordes melodías de la kantele, ¡qué vengan los que aún no las han oído!»

Y el viejo Vainamoinén empezó a tocar magníficamente. Tocó el instrumento formado con los huesos del lucio, la kantele hecha con huesos de pez; sus dedos corrían ágiles y diligentes sobre las cuerdas, su pulgar, tenso y seguro, arrancaba de ellas sonidos maravillosos con sólo rozarlas.

Y la alegría irradiaba verdaderamente en la alegría, el gozo inflamaba al gozo. Las armonías que arrancaba el héroe se elevaban como la flor de las armonías, el canto estallaba con inusitada fuerza; los dientes del lucio resonaban de incomparable modo y los huesos de lo que fueron aletas se estremecían dulce y armoniosamente.

Y mientras el viejo Vainamoinén tocaba la kantele no había un ser en los bosques, ni un animal tan sólo que marchase a cuatro patas, de los que saltan y botan sobre sus zarpas peludas, que no acudiese para escuchar el divino instrumento, para admirar y alegrarse con los acordes de la eterna y sublime alegría[52].

---

[52] ¿Cómo no recordar en este embelesar a hombres y animales la música que Vainamoinén arranca a su kantele, los acordes de Orfeus con su lira que, asimismo, atraían y domesticaban a las fieras? En Finlandia, como en Grecia y como en todas partes, la música triunfante y una leyenda (mil aquí, puesto que el Kalevala es esto en esencia: un canto a la música y a la poesía, forma ésta la más bella, de la música hablada, y a los «runoia», hombres divinos por excelencia) encargada de inmortalizarla.

En realidad nada más lógico si se tiene en cuenta, primero que cuanto más remotos los tiempos y más bárbaras las costumbres, la diferencia entre todo lo material y lo único alado, la música, pues el pensamiento y sus obras alboreaban apenas, era grande y fundamental; segundo, que, a los ruidos, a causa de ser el elemento propio de uno de los sentidos, son sensibles todos los animales, y que basta que sean gratos al que escucha para causar placer sin esfuerzo, es decir sin que en este fenómeno puramente mecánico-auditivo tenga necesidad de intervenir

Las ardillas saltaban de rama en rama, los armiños trepaban a los postes que sostenían los tabiques, los alces botaban a través de las llanuras, los linces se estremecían de placer.

El lobo se conmovió allá en sus pantanos, el oso se despertó en el desierto, al fondo de su madriguera oculta por espesos abetos. El lobo franqueó vastos espacios; el oso, metiéndose por los brezales, se detuvo al llegar al tabique y se puso de patas contra la puerta. Pero el tabique cedió con su peso, la puerta se hundió. Entonces el oso trepó al pino, se izó hasta el abeto, para desde allí escuchar los dulces acordes, para admirar las mil armonías de la alegría.

Todos cuantos habitaban los bosques, todas las muchachas, todos los jóvenes escalaron las cimas rocosas para escuchar la kantele.

Todo cuanto era llamado pájaro del aire, todo cuanto volaba mediante dos alas, bajó del cielo como un huracán de nieve y se precipitó hacia el runoia para escuchar los sonidos que sus dedos arrancaban a la kantele, para admirar aquellos cantos de pura alegría.

El águila escuchó los hermosos cantos desde lo más alto del aire, y, dejando a sus pequeños en el nido, se apresuró a venir a escuchar, cuanto más cerca mejor, los acordes que arrancaba el viejo Vainamoinén, el eterno runoia, a la incomparable kantele.

Y mientras el águila bajaba de los espacios sublimes, el milano se dejó caer a su vez desde el seno de las nubes; los patos salvajes desde las ondas profundas de los lagos en las que nadaban; los cisnes de los charcos en que gustaban vivir; los ligeros pinzones, los pájaros gorjeadores, los jilgueros a centenares, a millares las alondras, todos tomando impulso para

---

la inteligencia. Por ello, el que la música, llamando «música» a los ruidos emitidos con instrumentos más o menos bárbaros, más o menos perfectos, haya nacido en todas partes al tiempo que los primeros albores de civilización; así como que los cantos y las danzas fuesen el resultado inmediato de sus efectos sobre el sistema nervioso de los hombres, los primeros destinados a aliviar la excitación producida por los ruidos modulados; las segundas, destinadas, por el contrario, a activar otro género de excitación, ésta exclusivamente sexual. Pero todo ello dentro del campo de lo puramente sensorial (hablo de los que escuchan, no de los que componen) y sin necesidad de que en esta variedad de goce intervenga la inteligencia. Y precisamente por ello, porque su disfrute se pueda conseguir sin hacer entrar en juego al pensamiento (pensar supone esfuerzo), su éxito en todas partes y en todo tiempo. Más tarde se unió la idea de «arte» a lo que en realidad nada tenía que ver con ella; pero esto no fue sino un modo de disimular y ennoblecer lo tan al alcance de todos, bien que sólo afectase a los sentidos y a la sensualidad.

mejor y más rápidamente poder cruzar las llanuras, acudieron a posarse sobre los hombros del runoia, mezclando sus gorjeos a los alegres cantos de éste, a la suave melodía de la kantele.

Las bellas vírgenes del aire, las hijas bienamadas de la Naturaleza, prestaron también oído atento y encantado a la voz del gran héroe, a los sonidos incomparables del mágico instrumento. Se sentaron graciosamente, deslumbradoramente, unas sobre el arco iris, otras en los sutiles bordes de nubecillas de algodón, de púrpura y de oro.

No hubo ni un solo ser en la tierra, ni uno de *los* que habitaban el mar, ni un solo pez provisto de seis aletas natatorias, que no acudiese para escuchar los sonidos de la kantele, para admirar al gran runoia de la alegría. Los lucios hendieron rápidamente el líquido elemento, los perros de mar olvidaron su natural lentitud, los salmones dejaron los huecos de las rocas, las truchas sus abrigos profundos; las pequeñas rosas de mar, las percas, las brecas, los salmones blancos, todos los peces se precipitaron en masa hacia la orilla para escuchar los cantos de Vainamoinén, para gozar de los acordes de su kantele.

Atho[53], el rey de las olas azules, el de la barba de musgo, se levantó por sobre la bóveda húmeda y se tendió sobre un lecho de nenúfares. Y escuchando atentamente los runot de la alegría, dijo: «¡Jamás había oído nada semejante! ¡Jamás, en todos los días de mi vida, había escuchado acordes parecidos a los de Vainamoinén, a los del runoia eterno!»

La soberana de las ondas, la anciana mujer con el torso envuelto en sauces, surgió de las profundidades del mar[54], y apoyando su pecho contra una roca que emergía del agua quedó inmóvil, fascinada, escuchando la voz de Vainamoinén, la sorprendente armonía de la kantele. Y en su entusiasmo acabó por olvidar que estaba junto a una roca y dulcemente apoyada en ella se quedó dormida.

El viejo Vainamoinén hizo sonar su kantele durante un día, durante dos días. Y durante este tiempo no hubo un héroe, ni un hombre, ni una mujer orgullosa o no de tener una hermosa cabellera que, emocionados hasta lo más profundo de sus sentimientos, no se fundiese en lágrimas, de tal modo

---

[53] Atho: dios de las aguas. Un Poseidón menor, un Neptuno de segunda importancia.

[54] Atta, la anciana del mar. La primera de las diosas marinas. No se tome como falta de sensibilidad acústico-musical el que se duerma oyendo a Vainamoinén arrancar armonías sublimes de su kantele, sino como todo lo contrario, como puro arrobamiento. Además la pobre era ya tan vieja que cualquier cosa, era inevitable, la acercaba al inmediato arrobamiento final.

la voz del runoia era dulce, de tal modo penetraba en lo más profundo de las almas la armonía del divino instrumento.

El viejo Vainamoinén lloró también él mismo. Las lágrimas se escaparon de sus ojos, las gotas de agua salieron de sus párpados, más espesas que las bayas de los bosques, más hinchadas que los huevos de la ganga, más gruesas que las cabezas de las golondrinas.

Las lágrimas inundaron sus mejillas y bañaron su hermoso rostro. Y desde su hermoso rostro rodaron hasta su barba y se deslizaron por ella hasta llegar a su pecho. Y de su amplio pecho cayeron hasta sus rodillas poderosas, y luego sobre sus pies soberbios. Y de sus soberbios pies cayeron a la tierra y ganaron las orillas del mar, y descendieron a través de las claras ondas, hasta el negro légamo.

Entonces el viejo Vainamoinén elevó su voz, y dijo: «¿Hay entre esta juventud, entre esta hermosa juventud, entre esta grande e ilustre raza, alguien que quiera ir a recoger mis lágrimas allá, bajo las ondas claras del abismo?»

Los jóvenes dijeron, los viejos respondieron: «No, entre esta juventud, esta hermosa juventud, esta grande e ilustre raza, no hay nadie, no, que quiera ir a recoger tus lágrimas allá, bajo las ondas claras del abismo».

El viejo Vainamoinén dijo: «Aquel que quiera ir a recoger mis lágrimas allá bajo las ondas claras del abismo recibirá de mis manos un vestido de plumas». Un pato azul oyó estas palabras y se acercó al runoia eterno; el viejo Vainamoinén le dijo: «Con frecuencia el pato azul se zambulle hasta el fondo de las aguas, con frecuencia se baña en la onda fría, y sondea las olas con su pico. Ve tú, ¡oh pato querido! a buscar mis lágrimas bajo las ondas claras del abismo. Por ello recibirás un hermoso regalo; de mis manos recibirás, ¡un vestido de plumas!»

El pato se hundió bajo las ondas claras del abismo, para buscar allí las lágrimas de. Vainamoinén. Sondeó el negro légamo, y en él recogió las lágrimas del héroe, y volvió para depositarlas en sus manos. Pero habían sufrido una metamorfosis maravillosa: ¡se habían transformado en perlas finas resplandecientes para ornamento de reyes, para alegría eterna de los hombres poderosos!

## XVI. LA EXPEDICIÓN A POHJOLA

El viejo Vainamoinén, Ilmarinen y Lemmikainén se habían embarcado de nuevo en el navío, y a través de las olas profundas se dirigían hacia la sombría Pohjola, hacia las regiones heladas en las que los hombres eran devorados y exterminados los héroes.

Y una vez llegados, los héroes sacaron el navío fuera del agua, haciendo que se deslizase mediante rodillos guarnecidos de acero, colocados sobre la árida playa.

Luego se acercaron a la aldea y entraron en la casa de la madre de familia de los de Pohjola. La vieja mujer les dijo: «¿Qué tienen que contar los hombres, qué noticia traen los héroes?»

El viejo, el imperturbable Vainamoinén respondió: «Los hombres cuentan, los héroes dicen que han venido hasta aquí para compartir el Sampo, para examinar su hermosa cobertera».

La madre de la familia de Pohjola replicó: «La ortega[55] no sabría dividirse en dos; la ardilla no podría partirse en tres; el Sampo se complace dando vueltas; a su hermosa tapa le es grato moler en la montaña de cobre de Pohjola; a mí me agrada también ser la dueña soberana del gran Sampo».

El viejo, el imperturbable Vainamoinén dijo: «Si te niegas a compartir con nosotros el Sampo, nos lo llevaremos entero en nuestro navío».

Luhi, la madre de familia de Pohjola, fue presa de una cólera violenta. Llamó a todo el pueblo de Pohjola; a los jóvenes con sus espadas, a los héroes con sus armas, a cuenta todo de la cabeza de Vainamoinén.

Entonces el viejo, el imperturbable Vainamoinén, cogió su kantele, se sentó, y empezó a pulsar con mano hábil las cuerdas del instrumento. Entonces, apenas empezó a sonar la divina armonía, todos acudieron para escuchar, para admirar, para deleitarse con aquellas melodías que llenaban de alegría. Llegaron los hombres con el corazón bien dispuesto y contento; las mujeres con la sonrisa en la boca; los héroes con los ojos llenos de lágrimas; los jóvenes doblando sus rodillas hasta tocar con ellas la tierra.

---

[55] Las *ortegas* son unas aves gallináceas poco mayores que las perdices; su alas son cortas, su color ceniciento. Como las gallinas y como las propias perdices que sólo lo hacen cuando se ven obligadas a ello, corren más que vuelan. Su carne es muy apreciada. Es ave común en toda Europa y bien conocida en España.

Pero pronto al enternecimiento sucedió un entumecimiento mágico; y cuantos escuchaban, todos los que embobados admiraban al gran runoia, jóvenes y viejos, todos quedaron profunda, pesadamente dormidos.

Entonces el sabio Vainamoinén, el eterno tietajá, el divino encantador, rebuscó en su bolsillo, buscó bien en su faltriquera, y de ella sacó las agujas del sueño. Luego empezó a coser los párpados y a trenzar las pestañas del entumecido pueblo, de los dormidos héroes, de todos los habitantes de Pohjola; asegurándose con ello de que dormirían durante mucho tiempo.

Luego se dirigió hacia la montaña de piedra, hacia la montaña de cobre, de Pohjola, para llevarse de ella el Sampo, para arrancarle de allí con su hermosa cobertera, luego de haber violado las nueve cerraduras y descorrido los diez cerrojos.

Y el viejo Vainamoinén entonó un canto mágico ante las puertas de la montaña de piedra, aquellas puertas de la montaña de cobre; y de pronto estas puertas vacilaron.

El herrero Ilmarinen frotó entonces las cerraduras con manteca, los férreos goznes con grasa, con objeto de que no rechinasen estrepitosamente, y al punto hizo que los pestillos se deslizasen suavemente entre sus dedos; descorrió igualmente con toda cautela los cerrojos, y las poderosas puertas abriéronse de par en par tan grandes cuanto eran y lo eran mucho.

El viejo Vainamoinén dijo: «¡Oh alegre hijo de Lempi, tú, el más querido de mis amigos, el momento ha llegado de que te lances a robar el Sampo, a apoderarte de él y de su hermosa tapadera! ¡Ve!

Lemmikainén, acercándose al Sampo, trató de moverle. Cogiole al efecto entre sus brazos, y arrodillado en el suelo, le sacudió con todas sus fuerzas. Pero el Sampo no se movió; la hermosa tapadera permaneció asimismo inmóvil; las raíces que le sostenían se hundían profundamente en las entrañas de la roca hasta una profundidad de nueve brazas.

¿Qué hacer?

Había en Pohjola un toro soberbio; un toro gigantesco: sus costados eran vigorosos, sus músculos duros como el acero, sus cuernos del largo de una braza, su morro tenía media braza de longitud.

Trajéronle del prado en que pacía y le engancharon a un arado de modo que labrase profundamente el sitio en que estaban hundidas las raíces del Sampo, el lugar en que el aparato de la hermosa tapa estaba prisionero. Con ello, el Sampo empezó a moverse; su hermosa tapa a inclinarse hacia adelante.

Entonces el viejo Vainamoinén, el primero, el herrero Ilmarinen el segundo, y el alegre Lemmikainén el tercero, entre los tres, se llevaron el Sampo de la montaña de piedra, le sacaron de las entrañas de la montaña de cobre de Pohjola, y le condujeron a su navío. Luego, lanzáronse de nuevo al mar.

El viejo Vainamoinén, se alejó de Pohjola con el corazón lleno de alegría, y emprendió la vuelta a su país. Y mientras gobernaba su navío, levantó la voz y dijo: «¡Huye, oh navío, lejos de Pohjola! ¡Vuelve, vuelve tu popa hacia donde queda el país extranjero y gana mis propias orillas! Y vosotras, olas del mar, ¡empujadle hacia adelante! En cuanto a ti, viento, ¡hincha la vela y ayuda, haciéndolo a los remeros, para que corten con menos trabajo y de un modo más eficaz las renovadas ondas que llenan los golfos inmensos!»

El viejo Vainamoinén continuó dirigiendo el navío y el herrero Ilmarinén y el alegre Lemmikainén, al frente de los remeros, con su ejemplo, hicieron que los poderosos remos fueran manejados cada vez con más ardor. De este modo el feliz navío avanzó con rápida carrera a través del profundo mar.

El alegre Lemmikainén dijo: «Si en otro tiempo había agua para que en ella hundiesen sus remos los remeros, también había cantos para los runoia; pero ahora ya no se oyen cantos en los navíos, no se escucha la menor melodía y tan sólo el ruido de las monótonas olas».

El viejo, el imperturbable Vainamoinén respondió: «Es aún demasiado pronto para cantar, para dar paso franco a la alegría. Esperamos hasta estar a la vista de nuestros hogares, hasta que oigamos el grato rechinar de sus amadas puertas».

El alegre Lemmikainén replicó: «Si yo estuviese sentado al timón, cantaría cuanto pudiese. Cantaría, sí, pues me siento inclinado a cantar. Y como tal vez otro día este deseo de cantar se habrá desvanecido en mí y no tendré tal vez ánimos ni fuerzas para hacerlo, ahora, si tú no me prometes que lo harás, cantaré yo mismo sin aguardar más».

Y el alegre Lemmikainén, el hermoso Kaukomieli, tras haber armonizado su boca y preludiado con su lengua, se puso a cantar. Dejó oír, el audaz, gritos malsonantes a través de su trémula voz; sacó verdaderos resoplidos horribles allá del fondo de su no apropiada garganta.

Y haciéndolo, su boca se deformaba, y su barba temblaba. Aquel extraño canto resonó muy lejos sobre el mar; fue oído más allá de seis aldeas, más allá de siete golfos.

Había una grulla encaramada en el tronco de un árbol; sobre un terrón de tierra húmeda, entreteníase en levantar las patas y en contar sus dedos. Al oír el canto de Lemmikainén se llenó de espanto.

Luego levantó el vuelo, y lanzando horribles gritos, se dirigió del lado de Pohjola. Llegada, renovó sus chillidos, que llegaron a ser tan fuertes, que tuvieron la potencia suficiente, y funesta por cierto, de despertar a los que allí dormían: a todo el pueblo.

La madre de la familia de Pohjola salió también de su largo sueño. Corrió al establo, corrió a la estufa en la que se secaba el grano, y pasó revista al ganado y a las espigas. El ganado estaba intacto, de las espigas ninguna había desaparecido.

Entonces corrió a la montaña de piedra, a la montaña de cobre; mas apenas llegada, exclamó: «¡Ay desdicha de las desdichas, infortunada de mí! No hay duda, es evidente que un extranjero se ha introducido aquí, y que ha roto todas las cerraduras, ha arrancado los cerrojos de acero y, haciéndolo, ha abierto las puertas de este castillo. ¿Habrá sido robado el Sampo? Su hermosa cobertera, ¿habrá sido arrebatada?»

Ciertamente el Sampo había sido robado, la hermosa tapa arrebatada también. Ambas cosas habían sido arrancadas de la montaña de piedra, de la montaña de cobre de Pohjola, no obstante las nueve cerraduras, a pesar del décimo cerrojo.

Luhi, la madre de la familia de los de Pohjola, se sintió corroída por amarga desesperación; sintió que todo su poder decaía, que su supremacía estaba rota. Entonces, como suele ocurrir a las criaturas terrestres cuando se ven acosadas por males que juzgan invencibles, se acordó del Cielo: la madre de la familia de los de Pohjola empezó a invocar desesperadamente a Uutar, la diosa de la niebla: «¡Oh virgen de las nieblas, cierne con tu cedazo una niebla muy espesa; haz que descienda desde lo alto del cielo hasta la vasta superficie del mar el más tupido de los vapores, para que Vainamoinén no pueda avanzar, para que sea incapaz de hallar el verdadero camino!»

Y Uutar, la virgen de las nieblas, con esa complacencia con que los poderosos se ponen de parte de los que se humillan ante ellos, produjo y sopló sobre el mar, a través del aire, una sombría nube, encadenando al hacerlo, durante tres noches consecutivas, al viejo Vainamoinén, en medio de las olas.

Cuando las tres noches hubieron pasado, el viejo Vainamoinén dijo levantando la voz: «Jamás hombre alguno, incluso el más débil, jamás ningún héroe, ni siquiera el menos despierto, fue vencido, fue destruido por una niebla.»

Y con su espada golpeó las aguas del mar. Haciéndolo, un vapor dulce como la miel se desprendió de la lámina de acero; y de pronto la niebla desvaneciose en el aire, se disipó a través de la vasta inmensidad del cielo; y la mar volvió a adquirir su perdida claridad, que de nuevo empezó a extenderse en todas direcciones con incomparable grandeza; el Mundo se abrió una vez más ante los guerreros.

El viejo Vainamoinén prosiguió su curso a través de los vastos golfos; mas apenas había transcurrido un poco de tiempo, cuando un breve tiempo, sí, había pasado, Ukko, el dios supremo, el dueño soberano de la bóveda etérea, ordenó a los vientos que empezasen a soplar, y como nada resiste al poder que los hombres han concedido a los dioses, la tempestad empezó a desencadenarse con terrible violencia.

Los vientos soplaban furiosos, tanto del Oeste como del Suroeste, y más furiosos aún del Sur. El que ha dicho que el viento es redondo, por algo lo ha dicho, pues cuando es fuerte parece que ataca por todas partes. Entonces, probándolo, empezó a mugir espantosamente llegando del Este y del Sudeste; y aún aullaba más furiosamente el que empezó a atacar por el Norte. Con todo ello, las olas, encrespadas, empezaron a lanzarse contra el navío, y en uno de sus furiosos embates se llevaron la kantele que había sido formada con los huesos del lucio y con sus aletas natatorias.

Entonces el viejo Vainamoinén sintió que las lágrimas subían a sus ojos y tomando la palabra dijo: «¡Ay, mi obra maestra, mi instrumento bienamado ha desaparecido, mi gozo más puro perdido ha sido por culpa de las olas! ¡Imposible me será, desdichado de mí, volver a encontrar en toda mi vida la kantele que había construido con los dientes del lucio, con los huesos del enorme animal! Pero, ¿de quién es la culpa? ¿Quién ha sido el causante de tanto mal y por qué? ¡Una vez más un dios ha envidiado la fortuna de un hombre y a su modo, de ese modo inapelable contra el que no queda sino someterse, ha llevado hasta él sus designios humillándole con más fuerza que justicia!»

Luego, el viejo, el imperturbable Vainamoinén, calló, pero siguió meditando en silencio sobre las causas de la cruel aventura; al cabo dijo aún: «No conviene llorar en un barco, lamentarse en un navío. Las lágrimas no son un socorro eficaz en la desgracia; los lamentos no libran, cuando llegan, de los días funestos».

Al cabo, tras otra pausa silenciosa, exclamó: «¡Huye hacia el cielo, de donde has salido, oh viento! ¡Gana las alturas de las nubes, vuelve a tu punto de origen, vete antes de que vuelques mi navío, antes de precipitarle en el fondo del mar. Si aún te queda cólera, empléala en derribar los árboles de los bosques que se quieren convertir en campos de cultivo, o en hacer andar, sin arrancarlos, los molinos de las colinas!»

El alegre Lemmikainén, el hermoso Kaukomieli dijo a su vez: «¡Oh águila, trae tres de tus plumas; en cuanto a ti, cuervo, préstanos también dos de las tuyas para que sirvan de sostén a nuestro pequeño navío!»

Y Lemmikainén elevó él mismo los lados, añadió nuevas planchas, haciendo mayores en una braza los bordes superiores de los costados del navío, de modo que las olas ya fueron incapaces de saltar sobre ellos.

Gracias a esto los costados del navío fueron dotados de suficiente altura como para resistir la terrible violencia de la tempestad y para desafiar el furioso embate de las enormes olas, gracias a lo cual pudo seguir cruzando a través de los tempestuosos torbellinos, cortando los desencadenados elementos.

Luhi, la madre de familia de los de Pohjola, llamó a las armas a todo el pueblo del país; le dio arcos; le dio espadas; luego dispuso y preparó su navío y equipó y dispuso en él todos los pertrechos de guerra.

Luego colocó a los hombres, disponiéndoles del modo más conveniente a los héroes; como la urraca, como el zorzal ordenan a sus pequeños: cien hombres empuñaban espadas, mil héroes manejaban poderosos arcos.

Al punto suspendió las velas en las vergas, izó la superior en la parte alta del mástil, de modo que pronto el navío parecía una nube desplegada entre el agua y el cielo. Luego se puso en marcha.

El viejo, el imperturbable Vainamoinén, gobernaba su navío con mano segura que, bien conducido, marchaba a través del mar azul. De pronto levantó la voz desde las profundidades de la popa, y dijo: «Escucha, hijo de Lempi, a ti, el alegre Lemmikainén, el más querido de mis amigos, hablo: encarámate hasta la parte más alta del mástil, trepa por las cuerdas, y una vez arriba observa el espacio tanto delante como detrás de nosotros, y mira si las lejanas orillas del aire están claras o, por el contrario oscurecidas por las nieblas».

El alegre Lemmikainén, el alegre compadre de la funesta voz, dispuesto siempre a obrar sin necesidad de gran estímulo, siempre lleno de celo sin que hubiese que insistir demasiado para meterle en faena, trepó, agarrándose al cordaje, hasta la cima del mástil.

Una vez arriba miró hacia Oriente y hacia Occidente, hacia el Sur y hacia el Sudoeste, y luego de haber observado bien en dirección a Pohjola, dijo: «¡El navío de Pohjola avanza hacia nosotros! Cien hombres sentados en los bancos de los remeros manejan los remos; mil héroes les dejan hacer».

El viejo Vainamoinén, presintiendo la verdad, dijo: «¡Rema y haz remar a los demás sin descanso, ¡oh Ilmarinen! ¡Remad cuanto podáis todos vosotros que empuñáis los remos, para que nuestro navío hienda rápidamente las olas y deje atrás al navío de Pohjola!»

Pero no obstante todos los esfuerzos de los hombres, a pesar del renovado ardor de los héroes, el navío no avanzó; imposible le fue alejarse del camino que seguía el barco de Pohjola.

Entonces el viejo Vainamoinén comprendió que la desgracia le amenazaba abiertamente, que el día fatal iba a levantarse contra él, y empezó a preguntarse cómo podría sobrevivir, qué hacer para existir;

luego tomó la palabra y dijo: «Aún recuerdo un artificio útil, me acuerdo, sí, de un pequeño prodigio que puedo suscitar».

Y sacó de su encendedor un trocito de yesca y un pedacito mínimo de sílex, y arrojó ambas cosas al mar por encima de su hombro izquierdo, diciendo al hacerlo: «¡Que nazca un escollo invisible, que surja de las ondas una isla oculta, y que contra sus rocas, que nadie será capaz de distinguir, el navío de Pohjola se rompa en mil pedazos en medio de las mugientes olas y de las montañas de ondas líquidas cada vez más altas!»

Y en efecto, de la yesca y del silex nació un escollo enorme, surgió una isla de las aguas del mar, con la punta vuelta hacia Oriente y formando una barrera por la parte del Norte.

Entre tanto, el navío de Pohjola proseguía su camino, balanceándose ligeramente sobre las olas. Hasta que de pronto encontró el escollo, chocó contra la isla, y la quilla de madera y, con ella el barco de los cien remeros, se deshizo en pedazos. La alegría de caminar aprisa contribuyó en mucho a su pérdida. Que nuestra alegría y nuestro dolor sean siempre moderados, pues juguetes como somos del destino, jamás sabemos en verdad qué es para nosotros bueno y qué malo, qué nos conviene y qué no nos conviene. Los mástiles, las velas, todo lo que poco antes llenaba de seguridad y orgullo a los tripulantes del rápido navío, todo se hundió en el mar; el mismo viento que le empujaba poco antes, ayudó a que sus restos fueran tragados por el abismo; el poco antes orgullo del mar, fue al punto pavesa entre sus inquietas y devoradoras olas.

Lubi, la madre de la familia de Pohjola, se tiró de cabeza en medio de las ondas tratando en vano de recomponer su navío. Pero todos sus esfuerzos resultaron inútiles. Lo que había sido una maravilla de tablas y vigas ensambladas, roto y dislocado por el golpe, era ya un montón de astillas que las olas tragaban o dispersaban.

Entonces se puso a reflexionar diciendo: «¿Qué consejo vendrá en mi socorro? ¿Qué medio emplearé para reparar el desastre?»

Y Luhi cambió de forma: cogió cinco hoces, más seis pinzas viejas y usadas y con todo ello se hizo garras, se hizo poderosas uñas. Luego cogió la mitad del destrozado barco, y con sus bordes se fabricó alas, con su timón una cola; y colocó bajo sus alas cien hombres, bajo su cola mil guerreros, aquéllos armados de espadas, éstos de arcos.

Y de este modo, transformada en águila, tomó impulso y se elevó por los aires buscando la huella de Vainamoinén. Con una de sus alas tocaba las nubes, con la otra barría la superficie del agua.

El viejo, el imperturbable Vainamoinén, que miraba hacia el Mediodía, volvió sus ojos hacia el Noroeste y durante unos instantes atisbó por la parte poco antes posterior a él. En aquel momento la bruja de Pohjola llegaba, el gigantesco pájaro se aproximaba; asemejábase a un buitre, por los hombros; por el resto del cuerpo, a un águila.

Pronto alcanzó la nave del héroe y abatiéndose sobre la cima del mástil y posándose sobre las vergas, hizo balancearse al navío, que a punto estuvo de zozobrar.

El viejo Vainamoinén dijo: «¡Oh madre de la familia de los de Pohjola, escúchame! Te voy a proponer algo: ¿Quieres venir conmigo hasta el promontorio nebuloso, hasta la isla tan abundante en sombras, donde podríamos compartir el Sampo?»

La madre de la familia de Pohjola silbó: «¡No! No iré contigo, ¡miserable! a distribuir el Sampo. ¡Jamás iré en tu compañía ¡odioso Vainamoinén! Escúchame tú a mí: lo que voy a hacer, óyeme bien, es apoderarme del Sampo, que voy a arrebatar de tu navío».

Entonces el alegre Lemmikainén sacó su espada; sacó la afilada hoja de acero de su vaina, y empezó a dar tajos a los pies del águila, a acuchillar las garras del poderoso pájaro. Y según hería iba gritando: «¡Caed, oh hombres, caed, espadas; al agua, miserables héroes! ¡Que los cien hombres caigan de las alas, que los mil héroes caigan de las puntas de las plumas!»

El viejo Vainamoinén, el runoia eterno, sacó del agua la barra de su timón, aquella barra hecha con un enorme tronco de encina, y empezó a golpear a su vez los pies del monstruoso pájaro. En un instante todas las garras fueron deshechas; una tan sólo, una de las más pequeñas, escapó al desastre.

Y los cien hombres cayeron de las alas, y los mil héroes cayeron de la cola, hasta el fondo del mar. El águila misma se desplomó desde lo alto del mástil en que estaba encaramada, como cae un gallo salvaje desde lo alto de un árbol, o la ardilla desde las ramas de un abeto.

Entonces, alargando el dedo sin nombre, el águila se apoderó del Sampo; le arrebató; así, como su hermosa tapa, y arrojó todo él en el mar, en medio de las olas azules. El Sampo se rompió, la hermosa tapa se dislocó.

Y los pedazos del Sampo se dispersaron, cayendo algunos al abismo; y se extendieron por sus profundidades, como fuente de riqueza que hubiera querido favorecer a las ondas. Otras partes del Sampo, los fragmentos más ligeros, quedaron flotando en su superficie, traídos y llevados por el viento y por las olas.

Y los propios vientos los empujaron hasta tierra, las olas los llevaron hasta la orilla.

El viejo, el imperturbable Vainamoinén, alegrose mucho al verlo, y dijo: «Estos restos del Sampo llegarán a ser el principio, la fuente de una prosperidad eterna. Serán, en los campos labrados, la semilla fecunda de la que germinarán plantas de toda especie; por ello la Luna brillará, el benéfico Sol lanzará sus rayos sobre estas hermosas y vastas regiones».

La madre de familia de los de Pohjola dijo a su vez: «¡He aquí, pues, cómo de este modo todo mi poder ha sido destruido, mi prestigio apagado, mi prosperidad, lo que la labraba hundida en el fondo del mar al hundirse los restos del Sampo!»

Y se marchó, llorando, hacia su morada, sin dejar de lamentarse hasta llegar a Pohjola. Tan sólo se llevó lo que pudo recoger del Sampo con su dedo sin nombre; bien poca cosa, no obstante: un fragmento de la tapa y la empuñadura de ésta. Por ello un triste clamor re sonó en Pohjola, ¡el clamor de la miseria! Y una vida sin pan reinó en Laponia.

El viejo, el imperturbable Vainamoinén, al llegar a su país, encontró los restos del Sampo, los fragmentos que habían quedado de la hermosa tapa, todo ello dispersado sobre la fina arena de la playa.

Entonces los reunió y los llevó al extremo del promontorio nebuloso, a la punta de la isla tan rica en sombras a causa de los árboles, para que allí creciesen, para que allí fructificasen, para que multiplicándose engendrasen a profusión la cerveza de cebada y el pan de trigo.

Y el viejo Vainamoinén, elevando la voz, dijo: «¡Danos, oh Creador, una prosperidad deslumbrante! ¡Haz, oh Jumala, que podamos transcurrir felizmente nuestra vida, y que muramos con honor en estas dulces regiones, en este hermoso país de Karelia

»¡Defiéndenos, protégenos contra los caprichosos pensamientos de los hombres y contra los negros designios de las mujeres! ¡Derriba a los envidiosos de la tierra y aplasta a los brujos y brujas de las aguas!

»¡Construye una barrera de hierro, levanta un castillo de piedra en torno a mi pueblo, un bastión que se eleve desde la tierra hasta el cielo, con objeto de que me sirva de morada, que sea mi choza, mi cabaña, mi protección, mi defensa, de modo que la desgracia no pueda caer sobre mí, que la adversidad no consiga alcanzarme, mientras dure esta vida, mientras que brille la luz del benéfico Sol! Porque yo, ¡oh Ukko dios del cielo y del aire, dios creador y todo poderoso, soy el alma de Kalevala y cuanto hagas por mí lo harás por ella!»

## XVII. LA NUEVA KANTELE

El viejo e imperturbable Vainamoinén pensó para sí mismo: «Qué dulce sería ahora tocar el instrumento melodioso, despertar la alegría de sus acordes en estas nuevas orillas, en medio de estos hermosos dominios; pero mi kantele ha desaparecido, ha escapado de mis manos para siempre.

»¡Oh herrero Ilmarinen, en tiempos forjabas, forjabas ayer, aún forjas hoy; puesto que así es, fórjame un rastrillo de hierro, un rastrillo de apretados dientes y mango largo con el cual pueda rastrillar las aguas del mar, apilar las conchas, amontonar las algas, explorar todas las orillas, con objeto de retirar mi kantele de las moradas profundas de los peces, de los rocosos bancos de los salmones!»

El herrero Ilmarinen, el eterno golpeador del hierro, forjó al punto el rastrillo pedido; le armó de dientes largos de cien brazas y de un mango de cobre de quinientas.

El viejo Vainamoinén cogió el rastrillo y se dirigió por un atajo hacia la orilla. Y se puso a remover las olas. Rastrilló las flores de nenúfar, los arbustos y sus ramas, los juncos y sus cañas. Escarbó en todos los agujeros, exploró los bancos y las rocas. Pero no encontró la kantele formada de huesos de lucio; no encontró a la creadora de melodiosa alegría que habíase perdido para siempre; el dulce e incomparable instrumento habíase, sí, perdido sin vuelta.

El viejo, el imperturbable Vainamoinén, emprendió el camino de su morada, triste, la cabeza baja, el gorro inclinado hacia un lado.

Mientras atravesaba un bosque que se extendía a lo largo de un monte, oyó llorar a un abedul; el árbol de moteada corteza vertía lágrimas. Acercándose a él le dijo: «¿Por qué lloras, ¡oh tierno abedul!, por qué derramas lágrimas, ¡oh hermoso árbol!, tronco de la blanca faja, por qué te lamentas? Porque a la guerra no te han llevado, ni te han arrojado a la fuerza en medio del estruendo ensangrentado de las batallas».

El abedul, el hermoso árbol, respondió con inteligencia: «Muchos piensan, muchos cuentan incluso que yo vivo en plena alegría, en perpetua alegría, ¡Ay, infortunado de mí! Lo que vivo es en la angustia y el dolor. Lo que hago es estar devorado por mil desdichas, torturado por mil tormentos.

»Sí, lo que hago es deplorar mi destino cruel, mi existencia vacía de felicidad. Gimo por estar de este modo abandonado, sin defensa, en este lugar funesto, en estos pastizales siempre abiertos a toda mano codiciosa.

»Los felices no tienen sino un deseo: llaman a los hermosos días, a los ardientes días del verano. En cuanto a mí, ¡pobre desgraciado que soy!, todo ocurre de modo contrario. Todo cuanto espero es ver mi corteza destrozada, mi ramaje devastado»[56].

El viejo Vainamoinén dijo: «Cesa, ¡oh verde abedul!, de llorar, Árbol rico en follaje, el de la blanca faja, cesa de lamentarte, pues vas a ser inundado de una alegría eterna; va a empezar para ti una vida nueva y mucho más dulce y favorable. Sí, pronto llorarás, ¡pero será de felicidad!; te estremecerás, ¡ pero de alegría!»

Entonces el viejo Vainamoinén transformó el abedul en instrumento melodioso; le talló y trabajó durante todo un día de verano, y se hizo con él una kantele allá en el promontorio nebuloso; en la isla tan rica en lugares umbríos, labró la caja del instrumento con el corazón del árbol, con la parte fundamental del tronco.

Luego dijo: «Ya la caja, la pieza principal de la kantele, está labrada; ¿dónde encontraré ahora la abrazadera y las clavijas?»

Una encina, una enorme encina se levantaba en el camino, al extremo de la casa. Tenía las ramas de una longitud igual; en cada rama pendía una bellota que parecía una manzana; de cada bellota pendía un globo de oro; de cada globo de oro, un cuclillo.

Cuando el cuclillo hacía oír su voz, cuando modulaba su quíntuple son, el oro caía de su boca, la plata fluía de sus labios sobre la colina de oro, sobre la colina de plata. Vainamoinén recogió este oro y esta plata, y con ella hizo la abrazadera y las clavijas de la kantele.

Luego dijo: «La kantele está guarnecida de su abrazadera y de sus clavijas; pero aún la falta algo, la faltan las cinco cuerdas. ¿Dónde encontraré estas, cinco cuerdas? ¿Dónde hallaré a las dispensadoras de armonía?»

El héroe partió en busca de las cuerdas, caminó por la orilla de un bosque recién roturado. Allí, en la soledad de un valle, había sentada una virgen joven. Esta joven virgen no lloraba, lo que se dice llorar, pero tampoco estaba sonriente, lo que se dice sonriente. Por lo demás, cantaba, pero cantaba sólo para ella; cantaba por consumir las horas de la tarde,

---

[56] El abedul se lamenta por el hecho de ser perseguido por el hombre a causa de su utilidad para muchos usos, pues si ciertamente no es bueno para la ebanistería, sí en cambio para la calefacción, especialmente para los hornos de panadero a causa de producir una llama viva e igual; sin contar que en los países del Norte una variedad de alquitrán que produce es empleada para curtir pieles a las que da ese olor excelente y característico de la llamada piel de Rusia. Es decir, que muchas veces, triste ironía del destino, las excelencias que parece deberían salvar, contribuyen a la pérdida de aquel o aquellos a quienes aparentemente favorecen.

mientras aguardaba la llegada de su prometido, la venida del bienamado de su corazón.

El viejo, el imperturbable Vainamoinén, se descalzó y se acercó a ella; y una vez a su lado la dijo: «¡Oh joven virgen, dame algunos de tus cabellos; dame un bucle de tus cabellos para que haga con ellos cuerdas para mi kantele; para transformarlos en brillantes manantiales de alegría eterna!»

La joven le dio cuantos necesitaba de sus finos y sedosos cabellos; le dio cinco, le dio seis, le dio hasta siete. Y Vainamoinén hizo con ellos las cuerdas de su kantele, los manantiales vibrantes de la alegría eterna.

Con ello la kantele quedó completa en todas sus partes. Entonces el viejo Vainamoinén se sentó sobre una piedra, sobre un bloque de roca; y tomó el instrumento entre sus manos, y volvió su punta hacia el cielo; y apoyando la caja en sus rodillas, arregló y reguló las cuerdas para traer hasta ellas la armonía.

Al punto la pulsó con sus diez dedos; y se oyó a las planchas del abedul estremecerse, al oro dado por el cuclillo temblar, a los cabellos de la joven virgen enamorada resonar alegremente.

Y mientras que Vainamoinén hacía vibrar la kantele, las montañas se agitaron, tronaron las peñas, y por todas partes despertáronse los ecos. Y se vio a las rocas balancearse sobre las olas, a las piedras de los ríos flotar en la superficie de las aguas, a los abetos danzar llenos de alegría, a los troncos de los árboles arquearse en medio de los bosques, pero de gozo, rió como cuando lo hacían, contra su voluntad, doblados por el implacable viento salvaje del Norte.

Y las mujeres de Kalevala dejaron sus trabajos para acudir, rápidas como un río, impacientes como un torrente; las jóvenes, con los entreabiertos labios sonrientes, las ancianas con el corazón alegre y rejuvenecido, todas para gozar y embelesarse escuchando los sones del instrumento, para admirar y deleitarse con sus acentos, que invitaban a la sana alegría.

Todos los hombres de los alrededores, gorro en mano; todas las mujeres, con la suya en la mejilla; todas las muchachas, con los ojos preñados de lágrimas; todos los jóvenes, dispuestos a doblar la rodilla, acudieron a prestar oído atento a los sonidos de la kantele, a admirar su alegre armonía. Y todos decían lo mismo, embelesados: «¡Jamás en el curso de esta vida, desde que la Luna brilla, se han escuchado tan dulces acordes!»

Las vibraciones de la kantele resonaron a través de seis aldeas. De ellas ni una criatura dejó de acudir para escucharlas.

Todos los animales de los bosques se acurrucaron sobre sus patas; los pájaros todos del aire posáronse sobre las menudas ramas; todos los peces de la aguas precipitáronse hacia las orillas; los propios gusanos de tierra dejaron sus húmedos refugios para regocijarse con las melodías de la kantele y para saborear los cantos de Vainamoinén.

El viejo Vainamoinén tocó su instrumento con maravillosa habilidad; obtuvo de él sonidos espléndidos. Tocó durante todo un día, durante dos días, sin interrupción, sin haber tomado sino la comida de la mañana, sin haberse revestido de su túnica sino una vez asimismo.

Cuando tocó en su casa, aquella casa construida con madera de abeto, el tejado resonó desde su altura; la bóveda del techo hizo eco, el entarimado se estremeció, las puertas crujieron, todas las ventanas se echaron a temblar, las piedras del hogar danzaron, la viga de madera veteada de la chimenea, osciló.

Cuando tocó en medio de los bosques, los abetos se inclinaron humildemente, los pinos saludaron, sus piñas cayeron a tierra, sus verdes y perfumadas agujas, creciendo, se enroscaron todo alrededor de sus raíces.

Cuando tocó en medio del boscaje o de los campos recién desbrozados, los boscajes despertaron llenos de alegría; los campos abriéronse asimismo al encanto del gozo; las flores fueron transportadas de amor; los tallos jóvenes se inclinaron graciosamente.

## XVIII. LA GUERRA POR LA LUNA Y POR EL SOL

El viejo Vainamoinén, el imperturbable Vainamoinén, tocó durante mucho tiempo su kantele. Tocó y se acompañó cantando, despertando, al hacerlo, la alegría del Mundo.

Los melodiosos acordes se elevaron hasta la morada de Kuu, la Luna, hasta el palacio de Paiva, el Sol. Y la Luna vino a posarse sobre la copa de un abedul, el Sol en la corona verde de un abeto, ambos, tan sólo por escuchar la kantele, por admirar la alegría que derramaban sus cuerdas y participar de ella.

Entonces Luhi, la madre de la familia de los de Pohjola, la vieja desdentada de la región sombría, aprovechó la ocasión para apoderarse de Kuu, la Luna, y para coger a Paiva, el Sol, con sus propias manos y llevarse a uno y a otra a su brumoso país.

Allí ocultó a la Luna, encerrándola en él corazón de una roca de flancos moteados, con objeto de impedirla que alumbrase; y luego al Sol, que para que asimismo no pudiera prodigar sus benéficos y brillantes rayos, le escondió en las entrañas de una montaña de cobre. Luego, de pronto, levantando la voz, dijo: «¡Oh Luna, oh Sol, no podréis salir de aquí y extender de nuevo vuestra luz, mientras no venga yo misma a sacaros; hasta que yo venga, oídme bien, a buscaros con nueve caballos sementales nacidos de una sola yegua!»

Y cuando de este modo hubo ocultado la Luna, cuando hubo así enterrado al Sol en la roca de piedra, en la montaña de hierro de Pohjola, corrió a robar el fuego a la fragua de Ilmarinen, con lo que las luces se apagaron en las casas de Kalevala.

Entonces, una noche sin fin, una noche tenebrosa e impenetrable, se extendió sobre aquellas desoladas regiones; se extendió incluso a través del cielo, hasta las esferas etéreas en las que domina Ukko.

Las plantas de la Tierra sufrían, los rebaños estaban llenos de angustia, los pájaros del aire languidecían, los hombres se acababan víctimas del aburrimiento y de la melancolía.

El lucio se guiaba por los mugidos del mar, el águila conocía gracias a su instinto los senderos de los pájaros a través del aire; el viento, por haberle recorrido desde que Luonnotar desperezándose creó los elementos, el camino de los navíos sobre las olas; pero los hijos de los hombres ignoraban cuándo un nuevo día se levantaba, cuándo una nueva noche caía sobre el promontorio nebuloso, sobre la isla rica en umbrías, a causa de estar prisioneros sus dos grandes centinelas del tiempo.

Los jóvenes celebraron consejos, los hombres de edad madura meditaron profundamente; unos y otros se preguntaron cómo podrían existir sin la Luna, cómo podrían vivir sin el Sol.

Muchachos y muchachas, hermanos y hermanas, jóvenes y viejos, todos, tras meditar profundamente, fueron al taller del herrero Ilmarinen, y le dijeron: «Ven, ¡oh herrero!, cerca del muro; ven, ¡oh martilleador del hierro!, detrás de la roca; y allí forja una Luna nueva y un nuevo Sol, pues la vida es intolerable cuando el Sol no brilla y cuando la Luna no vierte su dulce luz».

El herrero Ilmarinen respondió: «¿Y cómo podría hacer un nuevo Sol y una nueva Luna sin fuego, pues mi fragua está apagada? Alguien, además de llevarse a Paiva y a Kuu, me ha robado la semilla del fuego que guardaba yo, dentro de un vaso de cobre, debajo de esa piedra grande que veis removida ahí, bajo los carbones ahora apagados, de mi fragua. Era una chispa maravillosa que Ukko, el gran dios, produjo hace mucho tiempo, haciendo chocar su resplandeciente espada contra una de sus uñas. Comprendiendo al punto con su clara inteligencia que entre él y la Casualidad, pues el golpe había sido casual, habían producido un tesoro, confió este tesoro, para que no se perdiera, a una de las Vírgenes del aire. Pero de los dedos de ésta escapó y rodó a través de las nubes, a través de las nueve bóvedas, a través de las seis coberteras del aire, yendo a caer a un lago donde se la tragó una trucha azul, a ésta un salmón rojo y al salmón rojo un tremendo lucio. La Virgen del aire, temerosa de que Ukko castigara su falta de cuidado, vino a buscarnos a Vainamoinén, al viejo e imperturbable Vainamoinén, y a mí, rogándonos que pescásemos el lucio. Para ello tuvimos que engañar a Nakki, el genio del agua, llegándonos hasta el lago y gritando: «¡Nakki, sal del agua que vamos a meternos nosotros!» Y cuando salió le inmovilizamos mediante un conjuro. Echando una moneda a sus pies dijimos: «Que nosotros seamos ligeros como hojas y Nakki pesado como el hierro». Y mientras él quedaba allí clavado, nosotros nos tiramos al agua y conseguimos no sin mucho trabajo apoderarnos del lucio, de cuyo vientre sacamos la chispa que yo encerré en el vaso de cobre. De modo que ahora sin chispa, es decir sin fuego y sin luz, ¿cómo podría fabricaros otro Sol y otra Luna?»

«Te traeremos—le dijeron—un gorro y unos mitones hechos con gusanos de luz, para que veas y tú con tu plata y oro nos fabricarás una luna y un sol». Y le trajeron el gorro y los mitones hechos con gusanos de luz.

El herrero fue entonces junto al muro; el martilleador de hierro marchó hasta detrás de la roca, con objeto de forjar una nueva Luna y un nuevo Sol. A la Luna la forjó con plata, al Sol le forjó con oro[57].

El viejo Vainamoinén fue al taller del herrero. Al llegar a la puerta se detuvo y dijo: «Herrero, herma no mío, ¿en qué trabajos estás ahora ocupado? Oigo a tu martillo sonar durante todo el día».

Ilmarinen respondió: «Forjo una Luna de plata, forjo un Sol de oro, con objeto de suspenderlos en la bóveda del cielo, por encima de las nueve coberteras del aire».

El viejo Vainamoinén dijo: «Trabajas, ¡oh herrero Ilmarinen!, en balde. La plata no brillará como la Luna, el oro no emitirá rayos cómo el Sol».

El herrero acabó su obra; luego levantó los dos astros con alegría; al punto los cogió con mano suave y prudentemente, y suspendió la Luna en la copa de un pino; el Sol en la parte más elevada de la corona de verdura de un gigantesco abeto. Realizando esta operación fatigosa y difícil, el sudor caía a chorros por su cara, toda su cabeza estaba enteramente mojada.

Así, la Luna quedó atada a la copa de un pino; el Sol en la parte superior de un abeto; pero ni la Luna brillaba ni el Sol emitía rayos de luz.

El viejo Vainamoinén dijo: «El momento ha llegado de interrogar a la Suerte; el momento, sí, en que los hombres deben consultar los signos, y preguntarles dónde ha acabado la carrera del Sol, dónde la Luna ha desaparecido».

El viejo Vainamoinén, el runoia eterno, talló eclipses en un tronco de aliso y luego volvió a su casa; los puso en orden con la mano y dijo: «Interrogaré al Creador, le pediré que me responda. Y, en efecto, dirigiéndose al Poderoso, añadió: «Dime la verdad, ¡oh Creador!, habla, Jumala, ¡oh gran augur!: ¿Dónde el Sol ha acabado su carrera, dónde la Luna ha desaparecido, puesto que ya no se muestran en el vasto cielo?»

---

[57] El texto dice exactamente lo contrario: que a la Luna la forjó con oro y al Sol con plata. Ello es natural en regiones casi polares en que nuestro radiante astro no tan sólo no brilla como entre nosotros, pues a medida que nos aproximamos a los polos los períodos de día y de noche son más largos y aquéllos jamás tan brillantes, pues el fulgor del Sol es mucho más pálido que en las regiones templadas y tórridas, mientras que por el contrario la claridad de la Luna es, en proporción, más refulgente; por eso, el dejar el oro para lo que más brilla y la plata para lo que brilla menos; es decir, al revés que entre nosotros, que se puede comparar sin exageración la Luna a un disco de plata y el Sol a una bola de fuego color de oro.

La Suerte trajo un mensaje verídico; el Signo de los hombres respondió; dijo que el Sol había sido ocultado y que la Luna había desaparecido en las montañas de piedra, en el castillo de cobre de Pohjola.

Entonces el viejo Vainamoinén dijo: «Si voy a Pohjola conseguiré seguramente traer la luz de la Luna y los rayos de oro del Sol».

Y el viejo Vainamoinén se apresuró a ponerse en camino. Marchó durante un día, caminó durante dos días; al tercero, las puertas de Pohjola aparecieron ante él; la alta montaña de piedra se mostró ante sus ojos.

Entonces, deteniéndose al borde del río, gritó con voz tonante: «¡Traedme una barca para que pueda atravesar esta indómita corriente de agua!»

Pero sus gritos no fueron escuchados; ninguna barca fue traída. Entonces amontonó sobre la orilla una gran cantidad de ramas de abeto, secas, y las prendió fuego. La llama creció al instante y el humo se elevó por el aire en forma de torbellino espeso.

Luhi, la madre de familia de los de Pohjola, estaba sentada cerca de la ventana, con los ojos vueltos hacia el río. Al ver lo que ocurría, tomó la palabra y dijo: «¿Qué fuego es ese que arde allá abajo, en la desembocadura del río? Es demasiado pequeño para un fuego de guerreros, demasiado grande para un fuego de pescadores».

El hijo de Pohjola salió del recinto, para ver mejor, para oír con más claridad. Al punto dijo: «Un hombre magnífico está allá paseándose al otro lado del río».

El viejo Vainamoinén gritó por segunda vez: «Tú, hijo de Pohjola, ¡tráeme una barca! ¡Trae una barca a Vainamoinén!»

El hijo de Pohjola respondió: «No hay ninguna barca disponible. Atraviesa el río por ti mismo remando con tus dedos y sirviéndote de tus manos como timón».

El viejo Vainamoinén se puso a pensar, a reflexionar profundamente; luego dijo: «Aquel que sin cumplir lo que se propone volviese sobre sus pasos, no sería un hombre». Y se lanzó al agua, como el lucio se lanza al mar, como la trucha al río. Y nadando con todo su cuerpo franqueó rápidamente la distancia, no tardando en alcanzar la orilla de Pohjola.

Y Vainamoinén entró en la casa de Pohjola. Los hombres estaban reunidos en ella, bebiendo hidromiel, hartándose de esta meliflua bebida. Todos llevaban su armadura de guerra y la espada al cinto, dispuestos a matar a Vainamoinén.

Empezaron por dirigirle la palabra, por interrogarle: «¿Qué quiere de nosotros el hombre miserable? ¿Qué viene a contarnos el nadador?»

El viejo, el imperturbable Vainamoinén, respondió: «Tengo que contaros algo extraño, algo sorprendente a propósito del Sol y de la Luna.

¿Dónde se ha refugiado el Sol, abandonándonos? ¿Adónde ha huido la Luna?»

Los muchachos de Pohjola, casta maldita, respondieron: «El Sol, abandonándoos, ha venido a retirarse aquí; la Luna ha desaparecido en una roca de flancos moteados, en una montaña de hierro. No serás tú quien los haga salir, si no les dejamos escapar; no serás tú quien los libertará, sí no les damos nosotros libertad».

El viejo Vainamoinén dijo: «Si el Sol no es sacado de la roca, si la Luna no es retirada de la montaña, vendremos a las manos; la lucha con la espada empezará».

Y el héroe desenvainó la espada; desnudó el hiriente acero: la Luna brillaba en su punta, el Sol resplandecía en su guarda; un caballo piafaba en su lámina; un gato maullaba en su empuñadura.

La batalla empezó, las espadas se midieron. La de Vainamoinén sobrepujaba en largura a las otras en un grano de trigo, en anchura en el triple del ancho de una paja.

El viejo Vainamoinén blandió su espada una vez, la blandió dos veces, y, cual si hubiesen sido hojas de nabo, cual tallos de lino, segó las cabezas de los hijos de Pohjola.

Luego el héroe se fue decidido a sacar la Luna, a arrancar el Sol de las entrañas de la roca de los costados moteados, de la montaña de acero, de la montaña de hierro.

Cuando llevaba hecho un poco de camino, vio una isla verdeante, y en esta isla un abedul soberbio, y al pie del abedul una roca enorme, y bajo esta roca una profunda caverna, con nueve puertas cerradas con cien cerrojos.

Una fisura, una imperceptible grieta había en el corazón de la roca. Vainamoinén hundió en ella su aguda espada, su deslumbrante lámina, y la roca crujió y se partió en dos

El viejo Vainamoinén, el runoia eterno, trató de hundir las puertas con sus puños, de hacer saltar los cerrojos mediante la potencia de la palabra. Pero las puertas resistieron al esfuerzo de los puños; los cerrojos no fueron en modo alguno impresionados por las palabras.

El viejo Vainamoinén dijo: «Un hombre sin armas es como una pobre mujer vieja; el hacha sin filo es un útil inútil». Y emprendió el camino que conducía a su país, con la cabeza baja, con el corazón triste, a causa de no haber podido libertar al Sol y a la Luna.

Al llegar fue derecho al taller del herrero Ilmarinen, y le dijo: «Fórjame, ¡oh herrero Ilmarinen!, una horca de triple punta y una docena de cuñas muy agudas; fórjame un excelente manojo de llaves de todos tamaños. Todo ello lo quiero para sacar al Sol y a la Luna, a ésta de la roca moteada, a aquél de la montaña de hierro».

El herrero Ilmarinen, el eterno golpeador del hierro, satisfizo la petición del héroe; forjó una docena de cuñas, un manojo completo de llaves y una horca de aguda triple punta.

Luhi, la madre de familia de los de Pohjola, la vieja desdentada, se fabricó, a su vez, alas de pluma y se lanzó por los aires. Primero voló en torno a su propia casa. Luego se aventuró lejos: franqueó el mar de Pohjola, y se abatió cerca de la herrería de Ilmarinen.

El herrero abrió la ventana para ver si era la tormenta lo que llegaba; pero no era la tormenta, era un buitre gris.

Ilmarinen le dijo: «¿Qué buscas aquí, bajo mi ventana, asqueroso pájaro?»

El buitre respondió: «Escúchame, ¡oh herrero Ilmarinen, escúchame tú, golpeador eterno del hierro! Eres un hábil obrero, un forjador sin igual, esto es cierto».

Ilmarinen dijo: «No es sorprendente que sea un hábil herrero, puesto que he sido capaz de forjar el cielo y la cobertera del aire».

El pájaro volvió a tomar la palabra, el buitre dijo: «¿Qué estás forjando ahora, ¡oh tú, el más ilustre de los herreros!, qué haces en este momento?»

El herrero Ilmarinen respondió: «Forjo una argolla de hierro, para con ella encadenar a la miserable vieja de Pohjola al costado de la montaña».

Luhi, la madre de los de Pohjola, la desdentada vieja, comprendió entonces que la desgracia estaba próxima, que el día del peligro era inminente, y se apresuró a emprender el vuelo y a dirigirse a su país.

Llegada, sacó a la Luna de la roca y al Sol de la montaña. Luego, tras metamorfosearse en paloma, volvió a la herrería de Ilmarinen.

Ilmarinen la dijo: «¿Qué haces aquí, hermoso pájaro, en el umbral de mi herrería?»

La paloma respondió: «He venido para traerte una noticia: la Luna ha surgido del seno de la roca moteada; el Sol se ha escapado de las entrañas de la montaña de hierro». Luego echó a volar hacia Pohjola diciéndose a sí misma mientras cortaba el aire: «Tendréis el Sol y la Luna, pero no el fuego, y tú, herrero Ilmarinen, tendrás que cerrar tu herrería, y los hombres de Kalevala, sin fuego y los beneficios que éste procura, volverán a la barbarie sin que lo pueda evitar Vainamoinén con su nueva kantele».

El herrero Ilmarinen salió de su herrería, y levantando los ojos hacia el cielo, vio a la Luna brillar y al Sol emitir de nuevo sus rayos.

Al punto fue al encuentro de Vainamoinén, y le dijo: «¡Oh viejo Vainamoinén, oh runoia eterno, ven, ven a ver la Luna, ven a contemplar al Sol, que están de nuevo donde estaban antes, en el cielo!»

El viejo, el imperturbable Vainamoinén, se precipitó fuera de su casa, y levantó la cabeza, elevó sus ojos hacia el cielo: los dos astros estaban allí brillando, el Sol había vuelto a su sitio en la bóveda etérea.

Entonces el héroe dejó oír su voz poderosa, y dijo: «¡Salve a ti, oh Luna, que de nuevo nos muestras tu esplendorosa faz; y salve a ti también, oh Sol de oro, que otra vez resplandeces iluminando al Mundo!

»¡Que siempre, en adelante, puedas, luego de hoy, levantarte cada mañana! ¡Que sigas procurándonos salud, fecundando nuestras tierras, multiplicando los peces para que llenen nuestras redes!

»¡Prosigue, sí, tu curso con el mismo esplendor siempre; sigue corriendo lleno de prodigalidad y de brillo; que tu disco sea eternamente glorioso y magnífico, y que siga derramando luz y alegría de la mañana a la tarde!»

## XIX. MUERTE DE LUHI, LA PODEROSA VIEJA DE POHJOLA

Ausente el fuego, la vida era cada vez más difícil en Kalevala. La mitad de la actividad había quedado detenida. Flechas, lanzas, cepos y cuantos útiles eran empleados hasta entonces para la caza, así como redes, nasas, anzuelos, arpones y cuanto asimismo había servido para la pesca, dormían amontonados en las aittas, pues ¿para qué coger animales que hubiera habido que comer crudos?

La idea de que tal vez hubiera que volver a ello preocupaba a todos. Pero mucho más aún pensar que en cuanto acabase la buena estación, de continuar el fuego ausente, el frío empezaría a dar fin a la vida de las criaturas humanas y sería el principio del gran banquete de buitres y cuervos.

La tristeza fue pronto tan general que incluso si Vainamoinén, el gran runoia, pulsaba su kantele por ver de derramar un poco de alegría, nadie acudía a escucharle. Tuvo, pues, que colgarla de uno de los clavos en la gran habitación de su casa, y él mismo pasaba los días tristemente, meditando dónde podría estar la divina chispa que en otro tiempo había conseguido recuperar con la ayuda del herrero Ilmarinen, y qué habría que hacer para repetir de nuevo la hazaña.

En cuanto a éste, el habilísimo herrero, sus horas eran asimismo un continuo desesperar inactivo. Sentado al Sol a la puerta de su herrería mientras Paiva lucía, si dejaba el banco de piedra empujado por inútil esperanza, era para ir una y otra vez a mirar la muerta fragua y verter lágrimas al verla apagada.

Al fin, desesperado, decidió ir a ver si al hermano, el viejo e imperturbable Vainamoinén, que solía discurrir con inteligencia, se le ocurría algo para ver de salir de aquel como ningún otro apurado trance.

Y reunidos discurrieron inteligentemente un día, discurrieron dos días con sus noches, y al tercero, con un plan ya decidido, fueron en busca del tercer compañero en las andanzas graves: el joven y alegre Lemmikainén, el hermoso Kaukomieli.

Que tampoco brillaba ya por su alegría. La que había sentido viendo volver a Tiera, el gran amigo a propósito del cual la deslenguada hembra del zorzal insinuó cierto día que había escapado con Kylliki (por si acaso no le preguntó nada; se contentó con el gozo de verle volver solo), fue pronto enturbiada, como toda alegría, por la persistencia del gran mal: la ausencia del fuego.

El viejo e imperturbable Vainamoinén y el herrero Ilmarinen encontraron a Lemmikainén y a Tiera cuando cruzaban el bosque

inmediato a la casa del primero, tratando de calmar su hambre con
arándanos, fresas, frambuesas y buscando afanosamente incluso algún
panal de miel en los huecos de los árboles. Buscando todo cuanto era
comestible en su estado natural.

Reunidos los cuatro en consejo al pie de un enebro, pronto estuvieron
de acuerdo: El fuego tenía que haber sido robado por Luhi, la perversa
vieja de Pohjola, al mismo tiempo que robó el Sol y la Luna. Y puesto que
a Paiva y a Kuu los había devuelto, atemorizada, al saber que Ilmarinen
forjaba una argolla para encadenarla a una roca, sólo atemorizándola de
nuevo se conseguiría que devolviese también el fuego. Y para ello nada
mejor que ir a Pohjola, apoderarse de ella y obligarla a confesar, primero,
que se le había llevado, al punto, dónde le había escondido.

El alegre y simpático Lemmikainén, el hermoso Kaukomieli, completó
el programa: «Y una vez que diga dónde está el fuego y rescatado éste,
¡que vaya a Manala! Sólo enviándola a hilar junto a Tuonetar, que no la
dejará escapar, estaremos seguros contra sus funestas artes. De otro modo,
mientras no se haya bañado, cruzándolas, en las negras ondas del Tuoni,
no habrá paz y tranquilidad en Kalevala».

Los que le escuchaban admiraron la prudencia de sus palabras y nada
tuvieron que objetar a ellas.

Vainamoinén, el eterno runoia, se limitó a añadir: «Ultimemos con
cuidado los detalles. Grandes empresas han fracasado, y ésta no es
mediana, por haber descuidado lo que parecía mínimo. No hay ni enemigo
pequeño ni detalle que carezca de importancia».

Una corneja echando en aquel momento a volar dijo, graznando, al
hacerlo: «Y si lo sabías, ¡oh gran runoia!, ¿por qué combinar aquí, en el
bosque, lleno de oídos, lo que hubierais debido fraguar en secreto? ¿Era
éste detalle mínimo?» Estas palabras les hicieron levantar la cabeza, pero
cuanto pudieron hacer fue contemplar, consternados, cómo el maldito
pájaro empezaba a volar rápidamente en dirección al Norte.

Poco después, bien encerrados ya en casa de Lemmikainén, empezaron
de nuevo a discurrir. Esta vez más inteligentemente, puesto que con más
prudencia. Seguros de que la vieja de Pohjola, advertida por el negro
pajarraco, se dispondría a la batalla, lo primero que hicieron, pues hubo
que empezar a combinarlo todo, fue proceder a un recuento de fuerzas.

¿Qué dioses, espíritus y monstruos se pondrían de parte de Luhi y
cuáles de la suya?

El viejo e imperturbable Vainamoinén volvió a tomar la palabra: «Con
los grandes dioses no hay que contar ni a favor ni en contra. Invocados por
una tan sólo de las dos partes hubiesen tal vez acudido. Reclamados por
las dos se abstendrán prudentemente. La justicia no es fácil de reconocer.
Mucho menos si aboga en su favor el egoísmo de los hombres. Cada uno,

bien lo sabéis, empujado por lo que le conviene, se forja la suya; como jura que es tan sólo verdad lo que él como tal imagina, y por defender su justicia y su verdad hará cuanto haya que hacer, empezando por hablar y diciendo, bajo juramento si hace falta, cada dos palabras tres mentiras por lo menos. Como los dioses lo saben muy bien, son cautos.

«El viejo y tonante Jumala pues, o si queréis el poderoso Ukko, en quien no faltan los que se aseguran se ha desdoblado, pues no pudiendo los dioses envejecer, cuando el tiempo pasa sobre ellos como sobre todo, se limitan a hacer lo que las culebras, pues de ellas lo han aprendido: a desprenderse de la piel saliendo un animal nuevo bien que el mismo. El viejo Jumala o Ukko, decía, y Roni, la mujer de éste, más la madre de Manu (los cuatro se incorporaron un instante con respeto, pues el runoia sin nombrarla había nombrado a la Madre Tierra), y la Madre de Matsola, la gran diosa de los bosques, se limitarán pues, seguramente, a ser simples testigos de lo que hagamos. Sólo, quizá, una vez la cuestión vencida, se inclinarán en favor del vencedor para facilitar su triunfo. Pues la victoria, heraldo de la fuerza y de la autoridad, hasta a los dioses les convence.

»En cuanto a Pallervoinén, dios protector, como bien sabéis, de campos, árboles y plantas, éste, de intervenir lo haría en favor de Kalevala, es decir, a favor nuestro, pues entre nosotros la agricultura es mucho más activa que en Pohjola, donde el hielo tiene a la tierra agobiada casi todo el año. Y lo mismo hay que pensar de Topio, el de la barba sombría, el gorro de abeto y la capa de musgo, de Millikki su mujer, de su hijo Nyysikki y de su hija Tuulikki, divinidades todas no de las tundras heladas, sino de nuestros bosques y de nuestros campos. ¿Por qué se interesarían por los de Pohjola ni por su poderosa abuela, que jamás se acuerdan de ellos, porque no tienen necesidad, todo lo contrario que ocurre y se hace aquí? De interesarles la cuestión, nuestros pues también.

»Tampoco es probable que por tan poca cosa para él se molestase, aunque fuese rogado, Atho, el dios de las aguas. Creo, si digo algo que no os parece verdadero u oportuno, advertídmelo con objeto de estar enteramente de acuerdo; creo, decía, que es la mucha necesidad que a veces sienten los hombres de que los dioses les socorran, lo que les hace creer que éstos se interesan por ellos más de lo que en realidad debe ocurrir. ¿Nos ocupamos nosotros de seres que nos son tan inferiores como los insectos, sino cuando nos molestan? Por nuestra parte, ¿podríamos siquiera molestar a los dioses? ¿Cómo? Sea como sea, no creo que Atho, que con Vallamo y sus hijos habita, como sabéis, en el extremo del cabo nebuloso, bajo las olas profundas en medio del cieno, del limo negro, en el corazón de la enorme roca de donde no gustan salir, se enteren siquiera de lo que ahora va a ocurrir. Si Luhi consiguiera sacarles de su calma a fuerza de conjuros, lo más que harían sería enviar a Vetchinén y a Tursas el terrible oso-uro. Estos genios monstruosos no son en modo alguno despreciables, pero a fuerza de conjuros también haríamos que les saliesen al paso Vu-murt, Viz-anya y Vizi-bang. Ya sabéis que a causa de anunciar siempre desgracias la sola presencia del Hombre, la Madre y la Mujer del agua son siempre temibles. Vetchinén y Tursas harían marcha atrás.

»También podría tal vez contar Luhi con Kivutar y con Vammalar, a causa de ser, puesto que diosas de las enfermedades y del dolor, tan malas como ella. Y como lo semejante con lo semejante se complace y tan sólo con lo semejante disfruta, seguro que en cuanto las llamase acudirían a ayudarla. Si así ocurriera, hablo siempre de cosas improbables, porque prevenir es preferible a tener luego que remediar, nosotros podríamos atraernos a Kalma, ¡potencia en modo alguno despreciable! Pocos dejan de temblar, en efecto, ante la Muerte. No tendría ni siquiera que molestarse en acudir en nuestro socorro. Con enviarnos lo que su nombre «kalma» indica, el olor a cadáver, tendríamos bastante. Y si no que nos enviase a su compañero, a Surma, el destino fatal. Al verle, seguro que Kivutar y Vammalar retrocedían.

»De modo que la cuestión, bien pesada y medida, hace suponer que pensando con inteligencia, como ellos lo hacen siempre, dioses, espíritus y monstruos se abstendrán de la lucha, y que ésta se resolverá entre nosotros. De parte de Luhi, ella y los que aún estén en Pohjola en condición de empuñar las armas. No muchos seguramente. Los mejores acabaron con motivo de la querella por el Sampo. Con no pocos también di yo fin en mi último viaje a Pohjola en busca de la Luna y del Sol. De modo que pensemos tan sólo en Luhi y los suyos y en nosotros cuatro».

Fue decidido, pues, que por tierra irían hasta Pohjola el gran runoia e Ilmarinen, y por mar Lemmikainén y Tiera. Que lo esencial, si llegaban y conseguían reunirse no lejos de la casa de Luhi, era hacer salir a ésta de ella. Y... y lo demás, por exceso de prudencia se lo dijeron de boca a boca en voz muy baja y con las cabezas muy juntas.

De haber estado allí un espíritu invisible y haberse acercado sin ser advertido, no sin dificultad hubiese oído asegurar al alegre y entonces rabioso .Lemmikainén: «¡Y la clavaré, como las enamoradas celosas a las mariposas más grandes que encuentran, con una aguja, a la corteza de un abedul, para con ello hechizar a las que odian!»

Luego se separaron.

Las seis hogazas estaban siempre por cocer, en masa que poco a poco se agrietaba, al secarse, cubiertas con el paño blanco. Junto a ellas el pernil de ante joven y el pastel de salmón. Todo ello dispuesto para ir al horno. Pero el horno estaba frío hacía ya muchos días, desde que el calor faltaba, y todo ello esperando ser echado a los colas de lana. Por su parte, los dos héroes, antes de partir, acababan el último puchero de percas en escabeche y el postrer tarro de compota de ciruelas. A falta de pan empujaban con bellotas.

Comían en silencio.

De pronto, la enorme olla de cobre que allí, sobre su trébede, dormía llena de agua hacía también muchos días en espera de con qué echarse a hervir, se llenó de hollín que empezó a caer de la chimenea, al tiempo que un fresco y agradable olor a menta se esparcía por la vasta cocina.

«Que Lempi me lleve—dijo el herrero Ilmarinen— si no es Kul, el amable y benévolo Kul, el que llega. Pues siempre al salir del agua gusta, para secarse, restregarse bien restregado con matas de menta».

En efecto, poco después, entrando por la chimenea, empezó a sacudirse para librarse del hollín, un enanillo que sobre un cuerpo muy sin grasa lucía una cabeza enorme adornada de una nariz tremenda, unas orejas fenomenales y una expresiva boca de una a otra de éstas. El todo muy feo, pero muy sonriente y muy simpático. Completaban el desmirriado cuerpo unas manos y unos pies enormes, aquéllas muy elocuentes, éstos muy ágiles.

Era, sí, Kul y no otro el que llegaba, trayendo al brazo una cesta mayor que él. El amable y benévolo Kul, que avanzó hacia los dos héroes diciendo:

«Lo sé todo y vengo a ayudaros. Yankimurt estará a estas horas con Lemmikainén y Tiera, que, según convinisteis, empezaron a navegar ayer en cuanto cerró la noche. Luhi, advertida de ello al punto, pues tiene de su parte a las aves menos gratas, a esas que cazan de noche, tienen los ojos siempre muy abiertos y viven de ratones, ha llamado al Frío y le ha dicho: «¡Oh Frío, mi tierno hijo! Ve adonde te invito a ir. Haz que el navío del alegre Lemmikainén, del hermoso Kaukomieli con el que está Tiera, su amigo, sea encadenado por los hielos». Y el frío ha empezado a someter al mar a su poder. Esta primera noche ha atacado a los golfos y las bahías. Los osos y las focas, para salir a respirar, están ya golpeando la dura costra blanca. La próxima, desplegará su violencia aún de modo más terrible: el hielo subirá una vara con objeto de envolver e inmovilizar a los héroes. Pero éstos se librarán de sus ataques pues allí está con ellos, como os digo, Yankimurt, que les enseñará las palabras eficaces. Y cuando sepan los «orígenes» del frío ya nada tendrán que temer de él».

El viejo e imperturbable Vainamoinén dijo: «Pero cuando la vieja de Pohjola, Luhi, vea que el Frío ha sido vencido, enviará contra Lemmikainén y contra Tiera a un monstruo cualquiera, por ejemplo al terrible Tursas, el oso-uro, que destrozará su barco de un zarpazo».

«Previsto—dijo sonriendo siempre el simpático enanillo—. Vu-vozo se ha adelantado yendo a visitarle. Y como conviene cuando se va de visita y se quiere ser bien recibido, llevando no un cesto lleno de ropa, como yo traigo, sino un tonel de cerveza de la fuerte. A Tursas le gusta mucho.

»En cuanto a vosotros, no iréis a Pohjola en el trineo que os aguarda, pues de intentarlo no llegaríais nunca. Una grieta enorme, sólo visible para los que la han abierto, tragaría trineo, caballo y a vosotros mismos, de pronto, cuando fueseis más veloces.

»Por supuesto, tragará, sí, pero sólo a un fantasma de trineo con dos fantasmas de héroes. Cambiad vuestros trajes y vuestros gorros por estos que traigo aquí en el cesto. Cuando lleven a Luhi lo que cubrirá a los fantasmas, como lo que llevaban Lemmikainén y Tiera, perderá la desconfianza y ella misma llena de alegría se pondrá al alcance de las flechas del aún más alegre y hermoso Kaukomieli».

«Y nosotros, ¿cómo iremos a Pohjola?»

El gran Albatros os aguarda fuera. Teka, su hembra, llevará a vuestros amigos.

Delante de la casa de Luhi, la poderosa abuela de los de Pohjola, el viento bamboleaba cuatro gorros, cuatro espesas zamarras, cuatro calzones, cuatro pares de medias de pintada lana y cuatro pares de botas forradas de piel de reno. El todo, colgando de una cuerda tendida entre dos estacas.

En el interior todo era jolgorio: Luhi, para celebrar su triunfo, había invitado a cuantos hombres y adultos quedaban en la aldea, y a las mujeres, y los gritos, y las voces, y el barullo, y la música, y los cantos demostraban que no había faltado con qué remojar lo injerido. Y que lo líquido, tras lo sólido, seguía entrando en abundancia.

Una de las criaditas que servía a la mesa chilló de pronto: «¡Ahí está al fin Pol con la fresa!» Le había visto llegar a través de una de las ventanas.

Luhi, levantándose, se acercó a su vez y, en efecto, vio cómo el viejo avanzaba con su paso vacilante, cargado con un gran cesto todo lleno de fresas. Vio también cómo los tres colas de lana corrían hacia él para darle la bienvenida agitando alegremente el apéndice timón de su alegría. (¿Por qué, poderoso Jumala, en vez de una cola expresiva, que nunca engaña, como a los perros, a los hombres les diste una inteligencia que muchas tan mal, falsa y traidoramente emplean?) Vio, en fin, cómo el entusiasmo de uno de ellos, su exceso de cariño hacia Pol, que día tras día les sacaba su comida, le hizo llevar sus patas delanteras hasta el pecho del viejo, haciéndole perder el equilibrio y dar con él y con el cesto de fresas por el suelo. El Destino había dispuesto, sin duda, que los héroes de Pohjola no tuviesen, como postre, fresa, aquel día.

Instintivamente Luhi y la criadita que había visto a Pol la primera, corrieron hacia la pesada puerta, y ésta descorrió con mano ligera los cerrojos que su ama, cada vez más prudente, no hay mejor escuela que los golpes y los desengaños, había hecho pasar, para comer tranquilos.

Y abierta, Luhi salió levantando sus brazos como muestra de la inútil ira contra los colas de lana, que empezaron a retirarse con las lanudas entre las patas al oírla increparles con agrias y destempladas palabras.

Cortó sus voces el ruido de la puerta cerrándose tras ella con terrible violencia. Se volvió sorprendida dispuesta a acabar de descargar su cólera contra la criadita, pues la cólera para morir tiene previamente que matar; pero no la vio, no estaba allí. Y aún quedó más sorprendida al darse cuenta de que de pronto había cesado dentro todo estrépito, cual si le hubiese aplastado la puerta cerrándose de golpe.

Entonces, sin ocuparse ya de Pol, de la fresa ni de los colas de lana, y sospechando que algo anormal ocurría, iba a correr, para enterarse, a una de las ventanas, cuando una voz dura, al tiempo que irónica, la dijo:

«No te molestes ni te tomes el trabajo de ir hasta la ventana, ¡oh tú, Luhi la bien desdentada! Algo bien hecho había de haber en ti. En vez de ello, ¡pégate, vieja maldita, a la puerta y no abras la boca porque antes de que acabaras de lanzar el primer conjuro estarías con Tuoni! ¡Con Tuoni y haciendo, sí, lo que te encargase la dura Tuonetar! ¡Contra la puerta, digo!»

Luhi obedeció fulminando con los ojos al que hablaba y meditando qué podría hacer, cómo engañar. El que había hablado siguió con voz cada vez más sarcástica y dura:

«Pero yo voy a ser amable contigo y te voy a decir lo que ha pasado. El que ha cerrado la puerta con un poco de violencia ha sido Yankimurt («¡Maldito sea!», rechinó la vieja para ella.) El que ha hecho enmudecer a tus invitados, Vovozo mirándoles con sus ojos sin pupilas, muy abiertos. («¡Mil veces maldito también!») En cuanto a nosotros, abre bien los tuyos para vernos a placer. Una vez más hemos venido aquí sin que nos invites, guiados ahora por Kul, Vainamoinén, el gran runoia; Ilmarinen, el incomparable herrero generoso que hizo para ti el Sampo, además tu yerno; Tiera, mi amigo, ¡y yo!»

Y, en efecto, los desorbitados ojos de Luhi vieron a todos los nombrados y a Lemmikainén apoyando el pie contra una roca para afianzarse bien, el pie izquierdo, y el derecho, muy levantado, sobre otra, tendiendo cuanto podía su enorme arco, dispuesto a lanzar contra ella la acerada flecha.

«¿Qué queréis?», rugió Luhi.

«Poca cosa. Tranquilízate. No hemos venido a que nos invites, sino a recoger nuestra ropa. ¿Por qué la has tendido al Sol si no estaba mojada?»

«¿Qué queréis? Decidlo pronto».

La voz burlona de Lemmikainén se volvió enteramente de acero.

«¿Dónde tienes, vieja maldita, escondido el Fuego?»

«¡No os lo diré—silbó la pérfida vieja—si no me juráis por los cuatro grandes dioses, por la Aurora y los dos Crepúsculos y por las negras ondas del Tuoni, marcharos con él sin hacer nada contra mí!»

Kul habló:

«Si no le encontramos entre los siete, ¡y ya tendría que estar oculto!, sobre que alguien la habrá visto esconderle, y en todo caso o Paiva o Kuu, los cuatro grandes para los que nada hay que no sepan preferirían decírnoslo a oír tan terrible juramento. ¡Acaba, hermoso Kaukomieli, cuanto antes!»

Lemmikainén separó los crispados dedos que sujetaban la cuerda contra el emplumado cabo de la flecha, ésta partió silbando, entre el chasquido, y silbando alcanzó el pecho huesudo de Luhi, le atravesó, y seis de las siete planchas de encina y enebro con que había sido formada la bien trabajada puerta.

Y allí quedó clavado el repugnante cuerpo, como el de una mariposa al tronco de un abedul por la aguja de una enamorada celosa, mientras el alma, negra, iba a hundirse para siempre en las no más negras ondas del río que circunda el reino de los muertos.

## XX. EL CREPÚSCULO. LOS TIEMPOS NUEVOS[58]

Marjatta, la encantadora criatura, vivía desde siempre en la ilustre casa de su padre, en la célebre casa de su madre. Vivía santa y pura, guardando fielmente la castidad. Alimentábase de pescado fresco y de cortecitas de pan tierno. En cambio, negábase a comer huevos de gallina que hubiese conocido al gallo, ni carne de oveja que hubiese tenido contacto con el carnero.

Su madre la mandó que fuese a ordeñar; se negó diciendo: «Una muchacha como yo no toca la teta de la vaca que ha soportado el abrazo del toro; sólo la tocaría de ser aún ternera, si, no obstante, fuese capaz de dar leche».

Su padre la invitó a subir a un trineo enganchado a un caballo semental, pero se negó diciendo: «No me sentaré detrás de un semental que ha perseguido a las yeguas; no quiero sino mi trineo tirado por un potro joven, un potro de seis años».

Marjatta, la bella niña, la tímida y casta virgen, fue encargada de guardar las ovejas.

---

[58] Sobre este último runo, a propósito de las influencias que desbaratando el postrer canto del poema del cual, del primitivo, apenas dejó los diez o doce últimos versos, no creo que haga falta insistir. Un bardo retardado, un poeta de sacristía más sobrado seguramente de sotana que de inspiración, añadió con tanta torpeza como probablemente piedad y buena fe, una serie de bobaditas que se despegan enteramente del conjunto de la narración. Y no es lo malo, con serlo mucho lo añadido, sino que aún hay algo peor, a saber, que por interpolar lo que a todas luces sobra y se despega, suprimió e hizo olvidar sustituyendo malo por bueno, el fin del poema, es decir, el momento en que el simpático Yainamoinén se va mar adentro, pero luego de haber dejado a su pueblo el maravilloso kantele, es decir, la poesía, la música y el arte de, mediante ésta, entonar aquélla; que es lo que late en el fondo de todo el poema y lo que constituye su parte más noble. En fin, qué le hemos de hacer. Ya digo que indudablemente de toda buena fe, el que aplicó este desdichado parche final lo hizo creyendo que a un poema, a una serie de cantos puramente míticos, enteramente paganos, les vendría muy bien un poquito del perfume que a él le gustaba; y sin darse cuenta de la tontería y sacrilegio que cometía, cogió su pobre incensario y sahumó lo que en modo alguno necesitaba de su sahumerio. La voluntad fue buena; descanse en paz el piadoso y desacertado vate. Cierto que la idea de que fuese una pequeña baya, arándano, mirtilo, zarzamora, botón maduro de escaramujo, endrina, lo que se quiera, lo que fecunda a Marjatta, es delicada y hay que anotarla como tanto en favor del vate.

Las condujo a la colina, apacentándolas ora en sus costados, ora en su cima; luego costeó el bosque hasta llegar y meterse por el macizo de los alisos, donde cantaba el cuclillo de oro, allí donde su argentada voz modulaba más dulcemente sus trinos.

Marjatta, la bella niña, apacentó mucho tiempo las ovejas. Ello constituía una tarea difícil, sobre todo para una jovencita como ella, pues la serpiente se arrastra continuamente entre la hierba, los reptiles venenosos deslízanse también sin cesar entre el césped.

Sin embargo, ninguna serpiente se arrastró por la hierba, ningún reptil venenoso se deslizó entre el césped allí donde estaba Marjatta.

Una baya de la colina, o tal vez fue una baya roja de la llanura, levantó su voz para decirla: «Ven, ¡oh dulce, hermosa y casta niña!, a cogerme. Ven, ¡oh virgen de la fíbula de estaño, del cinturón de cobre, de las mejillas de rosa!, a separarme de mi tallo antes de que el gusano me haya roído, que la negra serpiente me haya devorado. Ya cien muchachas, mil mujeres jóvenes y una multitud innumerable de niños y niñas pasaron junto a mí, pero ninguna mano, tal vez pensando en ti, se alargó para tomarme».

Marjatta, la bella niña, se acercó un poco para ver a la baya, para acariciarla con la punta de sus delicados dedos de pétalo y de marfil.

Pero la pequeña baya de la colina o el rojo arándano de la llanura, si fue un arándano de la llanura, estaban una y otro demasiado altos para que la niña pudiese cogerlos con la azucena de su mano. Ella estaba demasiado baja y era necesario algo en lo que pudiera subirse para llegar hasta donde pendían.

Marjatta cogió un palo que encontró allí mismo, en el campo en que se hallaba, y ayudándose de él hizo caer a la pequeña baya, que, en efecto, rodó por el suelo.

La niña dejó oír entonces su voz de plata, diciendo: «Sube, encantadora baya, sube hasta las franjas de mi vestido».

La pequeña baya subió hasta las franjas de su vestido.

La niña añadió:

«Sube ahora, pequeña baya, hasta mi cintura».

La pequeña baya subió hasta su cintura.

«Sube, pequeña baya, hasta mi pecho».

La pequeña baya subió hasta su pecho.

«Sube, mi pequeña baya, hasta mis labios».

La pequeña baya subió hasta sus labios, y de los labios pasó a su lengua, y de su lengua a su garganta, y de su garganta descendió a su seno.

Marjatta, la bella niña, fue fecundada por la pequeña baya, y su seno empezó a aumentar.

Y empezó a andar con el traje suelto, sin cinturón. Y visitó en secreto la cámara del baño[59]; llegó hasta ella deslizándose en medio de las tinieblas de la noche.

Su madre estaba inquieta; preguntábase sin cesar: «¿Qué tiene nuestra Marjatta? ¿Qué le sucede a nuestra paloma que va de este modo, con el vestido flojo y sin cinturón? ¿Por qué motivo visita en secreto la cámara del baño, deslizándose hasta ella a favor de las tinieblas de la noche?»

Cuando el décimo mes hubo llegado, la joven virgen se sintió víctima de horribles sufrimientos.

Entonces rogó a su madre que la preparase un baño: «¡Oh madre mía, prepara un sitio retirado, una habitación bien caliente que sirva de refugio a la joven, de asilo a la mujer que sufre!»

La madre la dijo: «¡Maldición a ti, prostituida! ¿A quién te has entregado? ¿Ha sido a un hombre casado o a un héroe no casado?»

Marjatta, la bella, la dulce, la pura criatura, respondió: «Yo no me he dado a ningún hombre casado, ni tampoco a un héroe no casado. Yo fui a la colina para coger en ella bayas, para buscar en ella mirtilos, arándanos rojos. Y cogí uno con la boca, y de ella el arándano se deslizó por mi garganta y de ésta hasta mi seno, ¡y ha sido la baya la que me ha hecho fecunda!»

Marjatta rogó a su padre que la preparase un baño: «¡Oh mi querido padre, prepárame un sitio retirado, una habitación bien caliente, para que la débil niña encuentre en él alivio a sus dolores!»

El padre la dijo: «¡Escapa lejos de mi, prostituida! ¡Huye, mujer perdida! ¡Escóndete en la sombría caverna del oso y suelta allí lo que llevas contigo!»

Marjatta, la linda, la dulce, la pura y casta criatura, respondió humildemente: «Yo no soy una prostituida, yo no soy una mujer perdida; yo traeré al Mundo a un gran hombre, yo daré el día a un héroe insigne que vencerá a los fuertes y a los poderosos, ¡que vencerá al propio Vainamoinén!»

La joven virgen era víctima de dolorosísimas angustias. No sabía adónde ir, dónde dirigir sus pasos, a quién pedir el baño que tan necesario le era. Entonces, tomando la palabra, dijo: «¡Oh Pillti, la más humilde de mis siervas, la mejor de mis servidoras!, ve a pedir un baño a la aldea, en

---

[59] Las mujeres de Finlandia tenían la costumbre de dar a la luz en el cuarto de baño, cuyo vapor dulce y bienhechor las ayudaba, o al menos así lo creían, a salir mejor del desagradable trance.

las casas de Sariola[60], para que yo, débil y pobre de mí, encuentre allí algún alivio a mis dolores, fin a mis tormentos. ¡Ve, apresúrate, pues la necesidad se hace cada vez más urgente!»

Pillti, la pequeña sirvienta, dijo: «¿A quién pediré el baño? ¿A quién imploraré socorro?»

Marjatta la respondió: «Pide el baño a Ruotus, a Ruotus de Sariola».

Pillti, la pequeña sirviente, la humilde muchacha, se precipitó como una nube de vapor, como un penacho de humo. Recogiendo con sus manos los pliegues de su vestido, se dirigió corriendo a casa de Ruotus. Las colmas inclinábanse a su paso, las montañas oscilaban, las piñas de los pinos caían a lo largo del bosque, la arena hundíase en los pantanos. Al fin llegó al término de su viaje.

El horrible Ruotus comía y bebía al modo de los grandes, sentado a la cabecera de su mesa, vestido con una camisa de amplios pliegues, tan sólo de una camisa[61].

Sin interrumpir su banquete y apoyándose en la mesa, preguntó con voz ronca: «¿Qué vienes; tú a decir? ¿Por qué has llegado hasta mí, miserable?»

Pillti, la pequeña sirvienta, respondió: «He venido hasta aquí para pedirte un baño con objeto de que la desvalida pueda encontrar alivio a sus dolores, ayuda y socorro la infortunada».

La mujer del horrible Ruotus avanzó bruscamente hasta en medio del cuarto y dijo: «¿Para quién pides ese baño? ¿Para quién buscas ayuda y socorro?»

Pillti, la pequeña sirviente, respondió: «Es para nuestra Marjatta».

Entonces la mujer del horrible Ruotus se expresó de este modo: «No hay ninguna casa de baño en la aldea, ninguna habitación con baño en Sariola que esté disponible. Pero en la cima de la montaña de Kyto, en un bosque de abetos, hay una cuadra en la cual la prostituida puede dar a luz, la mujer perdida parir lo que traiga; ¡que la sirva de baño el aliento húmedo del caballo!»

Pillti, la criadita, se apresuró a volver junto a Marjatta y la repitió la respuesta de la perversa mujer.

Marjalta, la pobre criatura, se deshizo en lágrimas; luego, tomando la palabra dijo: «Me es preciso ir, como una mercenaria, ¡ay!, bien lo veo,

---

[60] *Sariola:* otro nombre de Kalevala.

[61] El detalle de estar sentado a la mesa tan sólo cubierto con una camisa, es, y no otra cosa, una prueba de riqueza, pues quiere decir que su casa estaba de tal modo acondicionada y caldeada que no precisaba más indumentaria.

como una esclava asalariada, a la montaña de Kyto. ¡Allá, en medio de los bosques de abetos!»

Y, levantando los pliegues de su falda, se fue a toda prisa, con las entrañas desgarradas por dolores espantosos, a la habitación de madera de abeto, a la cuadra situada en la colina.

Y cuando hubo penetrado en el fondo de la cuadra dijo: «¡Oh buen caballo, oh vigoroso potro, resopla ahora, envíame un dulce y cálido vapor que me sirva de tibio baño con objeto de que sea aliviada, de que la infortunada reciba de alguien ayuda y socorro!»

El buen caballo, el vigoroso potro, resopló poderosamente sobre el seno dolorido de la desdichada virgen, y su aliento fue como un baño caliente, como una onda santa.

Entonces Marjatta, la pobre criatura, la dulce y casta virgen, se bañó cuanto la fue preciso en el abundante vapor. Y trajo al mundo un niñito. Dio a luz a un tierno niño, allí, sobre la paja, tumbada, en el pesebre, al pie del caballo de las hermosas crines.

Y lavó a su niñito, y le envolvió en pañales, y le acostó sobre sus rodillas, y le meció apretándole suavemente contra su seno. Y llena de dulzura cuidó con todo amor a su lindo tesoro, a su manzanita de oro, a su bastón de plata. Y le dio de mamar, y peinó sus finos cabellos, y cepilló su cabecita, y le acunó entre sus brazos.

Pero de pronto el niño se precipitó desde las rodillas de su madre, en las que estaba; del seno contra el que ésta le había cobijado, y desapareció.

Marjatta, la pobre virgen, fue cogida de un dolor inmenso. Corrió tras él, buscó a su niñito, a su manzanita de oro, a su bastón de plata. Y le buscó bajo la piedra del molino, bajo la caja del trineo, bajo el tamiz de la harina, bajo el cubo del salvado. Le buscó de árbol en árbol, por entre las hierbas y entre el césped más fino. Le buscó en los bosques de abetos, en la cima de las colinas, entre las flores de los brezales, entre la maleza, mirando y removiendo las ramas, escarbando por las raíces.

Mientras llena de dolor caminaba buscando de un lado para otro, el Sol vino a su encuentro. Entonces ella, inclinándose ante él, le dijo: «¡Oh Sol, creado por Dios, Sol bueno y benéfico! ¿Sabes acaso qué ha sido de mi hijito, de mi niño, de mi manzanita de oro?»

El Sol respondió, inteligentemente: «Sí; sé lo que ha sido de tu hijo. Lo sé tan bien como que he sido creado para alumbrar los días felices, para ir vestido con un manto de oro, para brillar con deslumbradora magnificencia.

»Sí, pobre criatura, sé lo que ha sido de tu hijo; tu niñito, tu manzanita de oro, se encuentra hundido en el pantano hasta la mitad de su cuerpo, en los terrenos movedizos, hasta los brazos».

Marjatta, la pobre virgen, se precipitó hacia los pantanos; de ellos sacó al niñito y volvió con él a la casa.

Y, junto a nuestra buena Marjatta, el lindo niñito creció. Pero aún no tenía nombre; su madre le llamó «botón de flor», los demás le llamaban «el desocupado, el ocioso maldito».

Luego se buscó alguien que le bautizase. El viejo Virokannas[62] se presentó y tomando la palabra dijo: «No bautizaré a un ser sumido en el error; yo no haré cristiano a un pobre miserable, si antes no es examinado y juzgado».

¿Quién, pues, examinará al niño, quién le juzgará?

El viejo, el imperturbable Vainamoinén, el runoia eterno, fue encargado de esta misión.

El viejo, el imperturbable Vainamoinén, pronunció la sentencia: «Si el muchacho ha sido traído del pantano, si ha sido engendrado por la baya de la colina, es preciso que sea enterrado en la tierra, cerca del arbusto cargado de bayas, o bien que sea llevado al pantano y allí ¡que sea rota su cabeza contra un árbol!»

El niñito, el niño de dos semanas de edad dijo: «¡Desdichado de ti, viejo estúpido; desdichado de ti, viejo ciego, que has pronunciado una sentencia injusta, un decreto insensato! A ti no te llevaron al pantano, no te rompieron la cabeza contra un árbol cuando cometiste crímenes mucho más graves, actos mucho más perversos; cuando en tu juventud entregaste al hijo de tu propia madre para rescatarte, para salvar tu vida. Ni siquiera te llevaron al pantano cuando en tu juventud precipitaste a las jóvenes en las olas profundas, en medio del negro cieno».

Y el anciano Virokannas bautizó al niño, y le llamó rey, y le nombró soberano absoluto de Karelia.

Entonces Vainamoinén fue víctima de tanta cólera como vergüenza. Y se fue a vagar a lo largo de la orilla del mar, y allí cantó, cantó por última vez[63], y por la fuerza de su canto creó una barca, una preciosa barca de cobre.

---

[62] *Virokannas:* dios protector de los campos de avena. Su presencia está tan justificada aquí como lo que viene a hacer.

[63] De haber ocurrido lo que refiere esta poco afortunada interpolación en este último episodio del Poema, Vainamoinén hubiese empezado su canto postrero poco más o menos con estas palabras: «¡Desdichado de mí que tengo que huir de mi Patria! Bogaré un día, bogaré dos días, bogaré sin descanso hasta que al tercero esté ya donde nadie se acuerde del vencido runoia. ¿Qué podría ya hacer aquí? ¡El bardo que inventó a este niño tiene una kantele que ha hecho enmudecer la mía!» (Nota de Lönnrot).

Luego se sentó al timón y se dirigió hacia alta mar. Y mientras hendía las olas, levantando la voz dijo: «Otros tiempos pasarán, otros días nacerán y desaparecerán. Entonces de nuevo se tendrá necesidad de mí. Y se me esperará. Y se me deseará para que traiga aún un nuevo Sampo, para que fabrique una nueva kantele, para que vuelva a encontrar a la Luna y al Sol, para que con ellos traiga otra vez la alegría que de la Tierra habrá desterrado su ausencia».

Y el viejo Vainamoinén se fue en su navío de cobre, a través de las tormentuosas olas, y ganó los lejanos horizontes, los espacios inferiores del cielo.

Allí se detuvo con su barca, allí inmovilizó su navío. Pero dejó su kantele, su melodioso instrumento a Finlandia. Dejó la alegría eterna a su pueblo, los runot sublimes a los hijos de su raza.

FIN

# EL CRÍTICO y EDITOR - JUAN BAUTISTA BERGUA

Juan Bautista Bergua nació en España en 1892. Ya desde joven sobresalió por su capacidad para el estudio y su determinación para el trabajo. A los 16 años empezó la universidad y obtuvo el título de abogado en tan sólo dos años. Fascinado por los idiomas, en especial los clásicos, latín y griego, llegó a convertirse en un célebre crítico literario, traductor de una gran colección de obras de la literatura clásica y en un especialista en filosofía y religiones del mundo. A lo largo de su extraordinaria vida tradujo por primera vez al español las más importantes obras de la antigüedad, además de ser autor de numerosos títulos propios.

## SU LIBRERÍA, LA EDITORIAL Y LA "GENERACIÓN DEL 27"

Juan B. Bergua fundó la Librería-Editorial Bergua en 1927, luego Ediciones Ibéricas y Clásicos Bergua. Quiso que la lectura de España dejara de ser una afición elitista. Publicó títulos importantes a precios asequibles a todos, entre otros, los diálogos de Platón, las obras de Darwin, Sócrates, Pitágoras, Séneca, Descartes, Voltaire, Erasmo de Rotterdam, Nietzsche, Kant y los poemas épicos de La Ilíada, La Odisea y La Eneida. Se atrevió con colecciones de las grandes obras eróticas, filosóficas, políticas, y la literatura y poesía castellana. Su librería fue un epicentro cultural para los aficionados a literatura, y sus compañeros fueron conocidos autores y poetas como Valle-Inclán, Machado y los de la Generación del 27.

## EL PARTIDO COMUNISTA LIBRE ESPAÑOL Y LAS AMENAZAS DE LA IZQUIERDA

Poco antes de la Guerra Civil Española, en los años 30, Juan B. Bergua publicó varios títulos sobre el comunismo. El éxito, mucho mayor de lo esperado, le llevó a fundar el Partido Comunista Libre Español que llegaría a tener mas de 12.000 afiliados, superando en número al Partido Comunista prosoviético oficial existente. Su carrera política no duró mucho después que estos últimos le amenazaran de muerte viéndose obligado a esconderse en Getafe.

## LA CENSURA, QUEMA DE LIBROS Y SENTENCIA DE MUERTE DE LA DERECHA

Juan B. Bergua ofreció a la sociedad española la oportunidad de conocer otras culturas, la literatura universal y las religiones del mundo, algo peligrosamente progresivo durante esta época en España.

En el 1936 el ejército nacionalista del General Franco llegó hasta Getafe, donde Bergua tenía los almacenes de la editorial. Fue capturado, encarcelado y sentenciado a muerte por los Falangistas, la extrema derecha.

Mientras estuvo en la cárcel temiendo su fusilamiento, fueron quemados miles de libros por encontrarlos contradictorios a la Censura, todas las existencias de las colecciones de la Historia de Las Religiones y la Mitología Universal, los libros sagrados de los muertos de los Egipcios y Tibetanos, las traducciones de El Corán, El Avesta de Zoroastrismo, Los Vedas (hinduismo), las enseñanzas de Confucio y El Mito de Jesús de Georg Brandes, entre otros.

Aparte de los libros religiosos y políticos, se perdieron otras colecciones como Los Grandes Hitos Del Pensamiento. Ardieron 40.000 ejemplares de La Crítica de la Razón Pura de Kant, y miles de libros más de la filosofía y la literatura clásica universal. La pérdida de su negocio fue un golpe tremendo, el fin de tantos esfuerzos y el sustento para él y su familia…fue una gran pérdida también para el pueblo español.

## PROTEGIDO POR GENERAL MOLA Y EXILIADO A FRANCIA

Cuando General Emilio Mola, jefe del Ejército del Norte nacionalista y gran amigo de Bergua, recibe el telegrama de su detención en Getafe intercede inmediatamente para evitar su fusilamiento. Le fue alternando en cárceles según el peligro en cada momento.

–El General y "El Rojo"–Su amistad venia de cuando Mola había sido Director General de Seguridad antes de la guerra civil. En 1931, tras la proclamación de la Segunda República, Mola se refugió durante casi tres meses en casa de Bergua y para solventar sus dificultades económicas Bergua publicó sus memorias. Mola fue encarcelado, pero en 1934 regresó al ejército nacionalista y en 1936 encabezó el golpe de estado contra la República que dio origen a la Guerra Civil Española. Mola fue nombrado jefe del Ejército del Norte de España, mientras Franco controlaba el Sur.

Tras la muerte de Mola en 1937, su coronel ayudante dio a Bergua un salvoconducto con el que pudo escapar a Francia. Allí siguió traduciendo y escribiendo sus libros y comentarios. En 1959, después de 22 años de exilio, el escritor regresó a España y a sus 65 años comenzó a publicar de nuevo hasta su fallecimiento en 1991. Juan Bautista Bergua llegó a su fin casi centenario.

Escritor, traductor y maestro de la literatura clásica, todas sus traducciones están acompañadas de extensas y exhaustivas anotaciones referentes a la obra original. Gracias a su dedicado esfuerzo y su cuidado en los detalles, nos sumerge con su prosa clara y su perspicaz sentido del humor en las grandes obras de la literatura universal con prólogos y notas fundamentales para su entendimiento y disfrute.

*Cultura unde abiit, libertas nunquam redit.*
Donde no hay cultura, la libertad no existe.

# LA CRÍTICA LITERARIA

WWW.LaCriticaLiteraria.com

## Todo sobre literatura clásica, religión, mitología, poesía, filosofía...

La Crítica Literaria es la librería y distribuidor oficial de Ediciones Ibéricas, Clásicos Bergua y la Librería-Editorial Bergua fundada en 1927 por Juan Bautista Bergua, crítico literario y célebre autor de una gran colección de obras de la literatura clásica.

Nuestra página web, LaCriticaLiteraria.com, es el portal al mundo de la literatura clásica, la religión, la mitología, la poesía y la filosofía. Ofrecemos al lector libros de calidad de las editoriales más competentes.

### Leer los libros gratis online

www.LaCriticaLiteraria.com

La Crítica Literaria no sólo está dedicada a la venta de libros nacional e internacional, también permite al lector la oportunidad de leer la colección de Ediciones Ibéricas gratis online, acceso gratuito a más que 100.000 páginas de estas obras literarias.

LaCriticaLiteraria.com ofrece al lector un importante fondo cultural y un mayor conocimiento de la literatura clásica universal con experto análisis y crítica. También permite leer y conocer nuestros libros antes de la adquisición, y tener la facilidad de compra online en forma de libros tradicionales y libros digitales (ebooks).

### Colección La Crítica Literaria

Nuestra nueva **"Colección La Crítica Literaria"** ofrece lo mejor de los clásicos y análisis de la literatura universal con traducciones, prólogos, resúmenes y anotaciones originales, fundamentales para el entendimiento de las obras más importantes de la antigüedad.

Disfrute de su experiencia con nosotros.

**www.LaCriticaLiteraria.com**

www.ingramcontent.com/pod-product-compliance
Lightning Source LLC
Chambersburg PA
CBHW051825040426
42447CB00006B/369